Domagalski · Trivialliteratur

Peter Domagalski

Trivialliteratur

Geschichte · Produktion · Rezeption

Herder Freiburg · Basel · Wien

Alle Rechte vorbehalten – Printed in Germany
© Verlag Herder Freiburg im Breisgau 1981
Satz und Druck: B+K Offsetdruck Ottersweier 1981
Einband: Freiburger Graphische Betriebe 1981
ISBN 3-451-17401-4

Inhalt

Vorwort

Gegenstand der vorliegenden Arbeit ist das, was *heute* Triviallieteratur genannt wird und was heute *die* massenhaft verbreitete Literatur ist; die Darstellung verfährt indessen exemplarisch und beschränkt sich aus praktischen Gründen im wesentlichen auf die erzählenden Formen, d. h. den Roman.

Ziel der Arbeit ist, in die Fragestellungen einzuführen, die die einschlägige literatur- und sozialwissenschaftliche Forschung leiten, und über deren wichtigste Ergebnisse zu berichten. Die Interessenschwerpunkte sind dabei – neben der Abgrenzungs- und Wertungsproblematik – die geschichtlichen Ursprünge und Wandlungsprozesse der vorherrschenden Stoffe, Motive, Gestalten und Themen sowie der Zusammenhang zwischen den Texten, den Produktionsbedingungen und den Lesern.

Für die kritische und geduldige Begleitung der Arbeit danke ich Rosemarie Waßmer.

Bielefeld, im Herbst 1980   Peter Domagalski

Begriffsbestimmung

Definition durch Merkmale von Text, Autor und Leser

Der Versuch, Trivialliteratur nach ihren Merkmalen zu bestimmen, hat verschiedene Resultate gebracht, seit der Begriff 1923 von Marianne Thalmann in die Literaturwissenschaft eingeführt und der entsprechende Gegenstandsbereich von den sechziger Jahren an immer häufiger untersucht wurde. Ausgangspunkte waren einerseits die Bedeutung von *trivial* und andererseits eine Reihe von Texten, die beim – literaturwissenschaftlich ausgebildeten – Leser den Eindruck der Trivialität erweckten. Das Problem schien sich darin zu erschöpfen, die diesen Texten *gemeinsamen Kennzeichen* ausfindig zu machen und sie, das Ergebnis generalisierend, zum ästhetischen Wert beliebiger literarischer Texte in eine gesetzmäßige Beziehung zu bringen.

Das Wort „trivial", heute synonym mit „platt", „abgedroschen", „seicht", „alltäglich", „gemein", ist abgeleitet von lat. „trivialis" (= „am Kreuzweg/auf der Straße befindlich", „allgemein zugänglich", „gewöhnlich").

Als Kennzeichen der Trivialität wurden insbesondere genannt:

a) *im sprachlich-stilistischen Bereich:* Primitivität, Banalität oder Preziosität in Wortwahl und Satzbau; Häufung von Adjektiven, Superlativen und Diminutiven; stereotype Wendungen, Klischees;
b) *in der Darstellung der Personen und ihrer Beziehungen:* Typisierung, Zeichnung „flacher" Charaktere, Schwarz-Weiß-Malerei, konstante Rollenverteilungen;
c) *im Handlungsaufbau:* Austauschbarkeit oder Funktionslosigkeit von Handlungselementen, Verwendung von Handlungsschablonen (z. B. happy-end), Kumulation dramatischer Momente;
d) *bezogen auf vermutete Wesenszüge oder Intentionen des Autors:* Naivität oder Verlogenheit, Berechnung auf Erwartungen („Tagträume") des Lesers und deren Bestätigung, Nachahmung historischer Vorbilder, bloße Unterhaltungsabsicht und deshalb Reduktion des Interesses auf das Stoffliche oder Dominanz einer „ungestalteten", d. h. nicht integrierten Weltanschauung, Darstellung einer Scheinproblematik, Verharmlosung von Krankheit, Tod, menschlichem Leid, sozialen Konflikten, Harmonisierung und Idealisierung, Vermittlung einer („konservativen", systemkonformen) Ideologie;
e) *bezogen auf vermutete Rezeptionsweisen des Lesers:* mangelnde Distanzierung, sentimentales Einfühlen, Selbstbestätigung im Klischee, geistige Trägheit und Kritiklosigkeit.

Ein erster Einwand gegen die Gültigkeit dieser Zuordnungskriterien betrifft offensichtliche *Tautologien* von der Form: „Ein Text ist trivial, weil er sprachlich primitiv ist oder weil er eine Scheinproblematik darstellt", pointiert: „Er ist schlecht, weil er schlecht ist." Weitere Bedenken richten sich gegen die *Widersprüchlichkeit* einiger Bestimmungen wie Primitivität/Preziosität, Naivität/Berechnung, reine Unterhaltung/Ideologievermittlung. Sie haben dazu geführt, daß innerhalb der nichtkanonisierten Literatur weiter differenziert wurde nach „zweitrangiger" Literatur, Unterhaltungs- und Banalliteratur, Kitsch, Schmutz und Schund. Diese Abgrenzungen sollen hier uner- örtert bleiben, weil sie derselben Kritik unterliegen wie die Scheidung zwischen „hoher" und „trivialer" Literatur. – Auch ist die *Präzision und Konsistenz der Begriffe* gering: Unklar bleibt, was den trivialen Gemeinplatz, das Klischee, vom dichteri- schen Gemeinplatz, dem Topos, trennt oder welche Aspekte für die Frage der Funktionslosigkeit von Textbestandteilen maßgebend sind. Ebenso unklar ist, wie die Absichten des Au- tors als Definitionsmerkmale für einen Text benutzt werden können. Gegen die Möglichkeit ihrer Berücksichtigung spricht, daß Intentionen niemals mit Sicherheit aus dem Text zu er- schließen sind und biographische Daten, die Hypothesen dar- über erlauben könnten, bei der Mehrzahl der Schriftsteller nicht zur Verfügung stehen; gegen die Notwendigkeit ihrer Berücksichtigung spricht, daß selbst autorenbezogene, also etwa psychoanalytische und literatursoziologische Forschungs- richtungen auf die Erkenntnis von in der Regel nichtbewußten psychischen und sozialen Faktoren des Schaffensprozesses zie- len und daß die Absicht für die Beschreibung und Erklärung eines Textes irrelevant ist: ein Text ist nicht deshalb für eine Epoche repräsentativ, er gehört nicht deshalb zur hoch- oder geringgeschätzten Literatur, weil der Verfasser es wollte. Im übrigen gilt der Vorwurf fehlender Präzision und Anwendbar- keit auch für den Begriff der Intentionalität eines Werkes, der aufgrund solcher Überlegungen eingeführt wurde.

Während die bisherige Kritik nur einzelne (zur Not entbehrli- che oder neu definierbare) Klassifikationsmerkmale betrifft und sie nicht insgesamt in Frage stellt, ergeben sich nun ent- scheidende Einwände aus dem Nachweis, daß die genannten Kriterien 1) *von den „literaturpolitischen" Auseinandersetzungen einer bestimmten Periode der deutschen Literaturgeschichte geprägt* sind und 2) *den Unterschied zwischen den beiden Kategorien von Li- teratur nicht erfassen.*

Zu 1): Wie Jochen Schulte-Sasse (1971a, 1971b) gezeigt hat, geht die in der deutschen Literaturwissenschaft und -kritik übliche und für sie spezifische Charakterisierung der Trivialliteratur auf die Goethezeit zurück. Die klassisch-romantische Literatur- theorie teilte die Gesamtheit der fiktionalen und lyrischen Tex- te in zwei einander ausschließende Klassen „Kunst" und „Un- kunst" ein; Grundlage für die Zuweisung war das Vorhanden- sein bestimmter Eigenschaften des Werks bzw. des Autors und des Lesers.

Zu 2): Das 18. Jh. ist die Zeit eines Traditionsbruchs. Die Rolle des Dichters und die Aufgabe der Literatur wurden neu inter- pretiert und für die Folgezeit innerhalb der geschmacksbestim-

„Kunst" und „Unkunst" in der klassisch-romanti- schen Literaturtheorie (Klassifikation aufgrund bestimmter Eigenschaf- ten)

architektonische Struktur – kumulative Struktur

distanzierter Genuß – distanzloser Genuß

Geist – Sinnlichkeit

geistige Beweglichkeit – Trägheit

„echtgeschöpfte Reali- tätsvokabel" (Hermann Broch 1955) – Klischee.

Der enge Zusammenhang der jeweils zweiten Be- griffe mit den S. 8 unter a) – e) aufgezählten ist of- fenbar, so daß auf eine nä- here Erläuterung verzich- tet werden kann.

„Der anwachsende Buch-
markt zieht immer mehr
Autoren an: ihre Zahl
wächst und damit auch ih-
re Konkurrenz. Wie ant-
worten die Autoren dar-
auf? Der einzelne kann
versuchen, sich zu profi-
lieren, sich durch beson-
ders eigenwillig gestaltete Texte von der Menge
seiner Konkurrenten zu
unterscheiden. Der be-
sondere Gebrauchswert
seines Produkts wird dann
nicht mehr durch die Be-
stellung des Adressaten
gesichert, sondern durch
die ‚Originalität' des Autors garantiert; hierin liegt
eine der Wurzeln der Ge-
niepoetik." (Wernsing/
Wucherpfennig 1976, S.
16).

Am Beispiel der französi-
schen Entwicklung in der
zweiten Hälfte des 19. Jh.
weist Charle (1975, S. 56)
auf den Zusammenhang
hin, der zwischen dem An-
stieg der Zahl der Studen-
ten, ihrer Konzentration
im Pariser Quartier latin,
der damit ermöglichten
Erweiterung und Differen-
zierung des Publikums ei-
nerseits, der „Byzantini-
sierung" der Literatur und
dem Entstehen der Avant-
garde andererseits vor-
liegt.

menden Gruppen durchgesetzt (vgl. vor allem die Begriffe des
Genies und der Originalität). Die Auseinandersetzung mit der
überlieferten Dichtung und mit daran orientierter, publikums-
wirksamer Konkurrenz bediente sich des öfteren derselben Ar-
gumente. Die Herkunft aus dieser Situation erklärt, warum sich
die oben unter a)–c) genannten Merkmalsbestimmungen teilweise gehäuft anwenden lassen auf das antike und mittelalter-
liche Epos, den höfischen Roman und den Schelmenroman, auf
Komödien sowie auf den Minnesang und barocke Gedichte.
Der erneute Traditionsbruch und die Ausrichtung auf vorklassi-
sche oder außereuropäische Modelle haben dazu geführt, daß
auch zeitgenössische Werke den klassischen Normen nicht
mehr entsprechen. So wird tatsächlich weithin weder ältere, d. h.
vor der Mitte des 18. Jh. entstandene noch moderne Literatur
an jenem Wertmaßstab gemessen.

Die unter d) dem Autor trivialer Werke zugeschriebenen Wesenszüge, vor allem bezüglich der Ideologieproblematik und
der Einbeziehung der Lesererwartungen, haben das Gegenbild
eines Dichters provoziert, der weder sozialen Einflüssen unterliegt noch soziale, außerästhetische Bedürfnisse befriedigt, der
also dem gesellschaftlichen Kommunikationsprozeß völlig entzogen ist. Wie realitätsfern diese Vorstellung ist, beweist nicht
nur ein Blick auf die Position und Rolle z. B. Racines und Mo-
lières am Hof Ludwigs XIV.; auch der sich isolierende Ästheti-
zist des 19. und beginnenden 20. Jh. kann nur existieren im Rahmen einer mit der Gesellschaft geteilten, individualistischen
Ideologie und im Kontakt mit einem – möglicherweise sehr
kleinen – Publikum.

Ungeeignet zur Klassifikation von Texten sind schließlich die
(freilich ebenfalls operationalisierungsbedürftigen) Annahmen
zu den Leserreaktionen (vgl. oben Punkt e), da diese nicht
von bestimmten Textqualitäten, sondern von vorgängigen Einstellungen und Bedürfnissen determiniert sind: die Lektüre
eines trivialen Werks schließt Distanzlosigkeit oder Sentimentalität nicht notwendig ein, die Lektüre eines kanonisierten
Werks schließt sie nicht aus.

**Definition aufgrund eines Werterlebnisses oder eines
Wertgefühls**

Daß zwischen rational-empirisch feststellbaren Eigenschaften
des Textes und seinem ästhetischen Wert keine gesetzmäßige,
zeitunabhängige Beziehung besteht, ist bereits eine Erkenntnis
der Diskussion um das Problem der literarischen Wertung
eine Erkenntnis, die in die Trivialliteraturforschung nur zö-
gernd Eingang findet. Allerdings bedeutet sie auch im Rahmen

10

jener Diskussion nicht, daß auf jede übergeschichtliche Fundierung des literarischen Werturteils verzichtet wird; vielmehr gilt eine absolute Rangordnung der Werke weiterhin als herstellbar.

Die *Kritik* an den dargestellten Konzeptionen (vgl. S. 12 f.) betrifft zunächst *Punkte,* die *für die einzelnen Autoren spezifisch* sind. So setzt *Emrich* den traditionellen Kanon als gültig voraus, obwohl das von ihm selbst geforderte Instrument der Rechtfertigung und Begründung, jene „Phänomenologie der menschlichen Daseins- und Bewußtseinsstufen", nicht zur Verfügung steht. Hinter dem logischen Fehler verbirgt sich sowohl eine Unterschätzung der historischen Probleme, die die Kanonbildung aufwirft, als auch eine Geschichtsauffassung, nach der im Kampf um ästhetische Anerkennung die Auslese des Besten automatisch erfolgt. Escarpit (1967) zeigt am Beispiel Frankreichs und für die Zeit seit der Erfindung des Buchdrucks, daß die in Literaturgeschichten aufgezählten Schriftsteller weniger als ein Prozent der in der Nationalbibliothek katalogisierten 100 000 Namen ausmachen; das Bild der französischen Literatur ist außerhalb des engen Kreises der Spezialisten gar nur von zwanzig Autoren geprägt. Für Deutschland können ähnliche Proportionen angenommen werden. Welche Bedeutung in diesem Selektionsprozeß außerästhetischen Faktoren zukommt, d. h. den interessegeleiteten Einflüssen von Gruppen und Institutionen oder den Bedürfnissen nach Zugehörigkeit und Prestige, ist kaum zu überschätzen.

Diese letzte Feststellung beruht auf einer 1962 durchgeführten Befragung von 4716 französischen Rekruten unterschiedlichen Ausbildungsniveaus.

Giesz' Konstruktion des „Kitsch-Menschen" ist nach empirischem Gehalt und ideologischer Funktion verwandt mit dem „Massenmenschen", wie ihn u. a. *Ortega y Gasset* beschreibt, nämlich als den jede Moral negierenden Durchschnittsmenschen, der nur „einen generellen Typus in sich wiederholt" und dem „nicht schaudert [. . .], wenn er merkt, daß er ist wie alle", als menschliche (nicht soziale) Kategorie, die der Elite entgegengesetzt ist (Ortega y Gasset 1956, S. 9 f.). Die Unterscheidung verschiedener Genußformen ist ebenso unpräzis – wenn auch möglicherweise eher präzisierbar – wie diese Bestimmungen, und sie erfüllt mit ihrer kulturkritisch-moralischen Absicht dieselbe Rolle: Indem sie die „niedrigen" Bedürfnisse einer ganzen Leserschicht für die Existenz „schlechter" Literatur verantwortlich macht, löst sie die negativen (Fremd-)Bewertungen wie die positiven (Selbst-)Bewertungen von ihrem historischen und sozialen Boden und verankert sie im Überzeitlichen und Übergesellschaftlichen; auf diese Weise ist sie wie die massenpsychologische Ideologie geeignet, „dem sich in seiner Zeit unbehaglich fühlenden Intellektuellen" Rechtfertigung und Selbstbestätigung zu liefern (Hofstätter 1957, S. 11).

Ein historisches Beispiel für die möglichen Konsequenzen der wiedergegebenen Positionen und für ihre ideologisch-politische Nutzbarkeit liefert der Antiintellektualismus und Individualismus der Heimatkunstbewegung um 1900.

Darstellung der Konzeptionen von Emrich, Müller-Seidel, Wutz und Giesz

Wilhelm Emrich, ein Vertreter dieser Auffassung, geht davon aus, daß ein literarisches Erzeugnis, sofern es ein Kunstwerk ist, „ein Kontinuum der Reflexion, d. h. eine ununterbrochene wechselseitige Spiegelung und Rückspiegelung aller Teile" enthalte und daß sich die Existenz eines solchen unausschöpfbaren ‚Beziehungsgewebes' im konstanten Erfolg, in der Anerkennung durch alle folgenden Generationen erweise; der Ausleseprozeß, dem die Literatur so unterworfen ist, erbringe objektive Resultate deshalb, weil sich in der Konfrontation mit den vielfältigen und widersprüchlichen Erwartungen, Interessen und Motiven nur das durchsetzen könne, was alle „einzelnen geschichtlichen Gehalte und Formen in einer eigentümlich überlegenen Weise" überschreite (Emrich 1965, S. 19). Als Indikatoren für das ja prinzipiell unverifizierbare Vorhandensein der Unausschöpfbarkeit, des unendlichen Reflexionskontinuums und des postulierten auch künftig andauernden Erfolgs gelten die Einstimmigkeit vor allem die Komplexität des Werkes. Diese Komplexität spiegle die menschliche Wirklichkeit, und deshalb sei sie Ausdruck der vom Künstler erreichten Wahrheit, die von Emrich mit dem Schönen und Guten identisch gedacht ist. Freilich setze die Anwendung des Maßstabs den ‚differenzierten Betrachter' voraus: nur er besitze „ein Bewußtsein von der Komplexität des Phänomens [= der Wirklichkeit], demgegenüber die vereinfachende Darstellung als Unwahrheit, Entstellung oder als eine sprachlich ungemäße Verzeichnung erscheinen muß", und nur er sei darüber hinaus fähig, die Wertungskriterien „sinnvoll einzuordnen in eine [noch nicht existierende] Phänomenologie der menschlichen Daseins- und Bewußtseinsstufen, denen bestimmte stilistische Phänomene entsprechen. Eine solche Phänomenologie erst kann erweisen, was innerhalb einer bestimmten Stufe gelungen oder nicht gelungen ist, und sie könnte auch eine gegliederte Rangordnung der literarischen Werke ermöglichen." (Emrich 1965, S. 33 und S. 35).
Walter Müller-Seidel, Autor einer der meistzitierten Arbeiten über literarische Wertung (Müller-Seidel 1965), versucht auf andere Weise, die Zeitgebundenheit aller gängigen Wertkriterien zu transzendieren und zu übergeschichtlichen Normen zu gelangen. Basis seines Vorgehens sind
– die Diltheysche Konzeption, ein Kunstwerk sei „in seinem Wesen resp. seinen Grundstrukturen zeitlos gegenwärtig und von allen historisch-variablen kommuni-

kativen Bezugssystemen unabhängig" (Schulte-Sasse 1971b, S. 67);
– die Überzeugung, mit dem Sein eines Kunstwerks sei „ein bestimmter Wert schon immer mitgegeben" (Müller-Seidel 1969, S. 15), so daß Wesenserkenntnis und Werterkenntnis, Tatsachenurteil und Werturteil identisch seien;
– die Auffassung, wir seien „auf ein ‚Wertgefühl' angewiesen, das wir haben müssen, ehe wir über ein literarisches Werk irgend etwas sagen" (Müller-Seidel 1965, S. 23); bestätigt und verschärft wird diese Auffassung im Vorwort zur zweiten Auflage 1969: „Hohe wie niedere Literatur [...] setzen noch vor jedem Umgang mit ihr [...] eine Wertung voraus, weil man Trivialliteratur nicht in gleicher Weise interpretieren kann, wie man beispielsweise Goethes ‚Wahlverwandtschaften' interpretiert."
– Darauf aufbauend, werden die „Normen" entwickelt; es sind dies *das Öffentliche* (als Gegensatz zum Privaten und Unverbindlichen), *das Höhere* (als Gegensatz zum Alltäglichen und Distanzlosen), *das Ganze* (als Gegensatz zur Desintegration), *das Wahre* (ähnlich wie bei Emrich als Erfassung des Wesens und der Bedeutung einer geschichtlichen Wirklichkeit definiert) und *das Menschliche.* Müller-Seidel illustriert diese Kategorien an einzelnen Beispielen, vermeidet aber jede Konkretisierung, die, den Begriffsumfang einschränkend und den Begriffsinhalt erhöhend, eine Verallgemeinerung ermöglichen könnte; das „Ganze" z. B. schließt Einstimmigkeit im klassisch-romantischen Sinn ebenso ein wie den Stilbruch, und das „Menschliche" ist an keine bestimmte Humanitäts- oder Moralvorstellung gebunden. Da also die „übergeschichtliche Norm [...] sich der Fixierung entzieht und darum von den sich ändernden Situationen des geschichtlichen Lebens jeweils neu zu durchdenken bleibt" und da sie erst „vom Bewußtsein der geschichtlichen Stunde ihren zutiefst lebendigen Sinn" erhält (Müller-Seidel 1965, S. 32 und S. 24), verlangt folgerichtig nicht nur ihre Konzipierung, sondern auch ihre Anwendung das vorausgesetzte unmittelbare Wertgefühl.
Konsequenter noch als Emrich und Müller-Seidel kritisiert *Herbert Wutz* (1957) die Ableitung eines Werturteils von begrifflich faßbaren, ‚sachlichen' Textqualitäten, auf die die dort entwickelten Kategorien, wenn auch sehr indirekt und nicht ohne Widersprüche, stets bezogen bleiben. Er nennt für seine Position drei Gründe, nämlich zunächst die mangelnde Eindeutigkeit und

„Offensichtlich besteht nach wie vor ein starkes Bedürfnis, ästhetische Literatur als idealen, metaphysischen Bereich zu bewahren, der irrationale, erhebende, der wirklichkeitstranszendierende Verhaltensmuster und durch sie geistesaristokratische Selbstbestätigung liefert, der kryptoreligiöse und pseudoglaubenshafte Verhaltensweisen erlaubt und mit ihnen die durch die Selbstaufhebung des metaphysischen und religiösen Überbaus entstandenen allgemein weltanschaulichen und speziell ersatzreligiösen Kompensationsbedürfnisse bedient." (Waldmann 1973, S. 91).

Hier schließt die Kritik an den Punkten an, die *allen Autoren gemeinsam* sind. Sie betrifft 1) den *Anspruch auf exklusive Erkenntnis* und 2) – damit zusammenhängend – *bestimmte Aspekte des Wissenschaftsbegriffs und der Wissenschaftspraxis.*
Zu 1): Die *erkenntnistheoretische Grundlage* der vorgestellten Konzeptionen ist das Postulat eines vom Verstand zu unterscheidenden, von ihm nicht kontrollierbaren, nur „Berufenen" zugänglichen Organs der Werterkenntnis. Dieses Postulat ist aus der Phänomenologie (M. Scheler, N. Hartmann) übernommen; es findet sich jedoch in vielen philosophischen Doktrinen und stammt letztlich wohl aus religiös-theologischen Gedankengängen, für die es konstitutiv ist. Die Legitimation bezieht es, wie gesagt, aus der unmittelbaren Evidenz, die Akten der Werterkenntnis zugesprochen wird. Zweifel an dieser Legitimation entstehen aus folgenden Gründen:

Konkretheit der traditionellen deskriptiv-normativen Bestimmungen wie Organismus, Symbol, Einstimmigkeit, sodann den absolut individuellen Charakter der Dichtung und schließlich die Unabhängigkeit der Werterfahrung von der Sachverhaltserkenntnis. Hier sind die letzteren beiden Gründe wichtig. Aus der Einstufung künstlerischer Produkte als einzigartiger und einmaliger Gegebenheiten folgert Wutz, daß „unbedingt geltende Normen für den wertvollen dichterischen Sprachgebrauch zu ermitteln" unmöglich sei und daß es weder „Begriffe des Schönen überhaupt" noch „allgemeine und apriorische Maßstäbe und Gesetze für wertvolle dichterische Werke" gebe (Wutz 1957, S. 134 u. S. 136f.); das bedeutet den Verzicht auf die Analyse: „Warum gerade diese bestimmte Form schön wirkt [...], das zu sagen [müssen] Ästhetik und Poetik] aufgeben. Das eben gehört in das unaufhebbare Geheimnis der Kunst; gehört in jene Region, von der auch der Künstler das Gesetz nicht weiß, sondern es nur aus dem sicheren Gefühl des Genialen heraus befolgen kann." (Hartmann 1953, S. 222f.).

Welcher erkenntnistheoretische Status wird nun diesem Wertgefühl des Dichters sowohl wie des Kritikers zugesprochen? Im Anschluß an Scheler sieht Wutz darin ein Erkenntnisorgan, das vom Verstand unabhängig ist, dessen Gegenstände der Verstand unzugänglich sind und in dem „unsere Vernunft eine ebenso ernst gemeinte Offenbarung besitzt, wie sie in den Grundsätzen der verstandesgemäßen Forschung ein unentbehrliches Werkzeug der Erfahrung hat" (Lotze 1908, S. 64). Dem korrespondiert die Behauptung, Werte seien objektive Gegebenheiten, die unabhängig vom Bewußtsein bestehen. Sie stützt sich zum einen darauf, daß es Wörter wie „Schönheit", „Güte", „Wert" gibt; deren Vorhandensein wird als „Beweis" dafür angesehen, „dass das in ihnen Bedeutete etwas und nicht nichts" sei (Wutz 1957, S. 58). Sie rechtfertigt sich auch damit, daß in bezug auf Werte Täuschung und Irrtum möglich seien, diese aber „die Sache als ansichseiende" voraussetzten.

Entscheidendes Argument für die Verläßlichkeit des Wertgefühls und für die Objektivität der Werte ist für Wutz indessen die unmittelbare Evidenz, die dem Werterlebnis innewohne. Sie verleihe dem das Erlebnis artikulierenden Werturteil quasi den Rang eines Axioms, einer Aussage also, die einer Theorie zugrunde liegt und aus ihr nicht ableitbar ist, aber (nach traditionellem Verständnis) ohne weiteres einleuchtet.

Aus dieser Analogie wie schon aus der Unabhängigkeit der emotionalen von der rationalen Erkenntnis folgt, daß Werturteile nicht zu beweisen sind und nicht bewiesen zu werden brauchen. Ihre Anerkennung gründet sich auf den „Aufweis", daß sie „in einem echten Werterlebnis fundiert" sind (Hessen 1948, S. 89); ein solches Werterlebnis ist freilich nur dem ‚Aufgeschlossenen und adäquat Eingestellten' möglich (Hartmann 1953, S. 363), während dem von „Ressentiment, Neid, Mißgunst, Eifersucht" und anderen verfälschenden Motiven Bewegten weder das Erlebnis selbst noch die Einsicht in seine Echtheit gewährt sind (S. 67). Die Entscheidung über Meinungsverschiedenheiten wird so auf die – wiederum nur emotional verbürgte – Einschätzung des sittlichen Werts der beteiligten Personen zurückgeführt. Das Komplement zum ‚differenzierten Betrachter', zum ‚adäquat Eingestellten', zum ‚berufenen' Kritiker ist der „Kitsch-Mensch", wie ihn Ludwig Giesz (²1971), einen Begriff Brochs (1955) aufnehmend und systematisierend, entwirft. Ausgangspunkt Giesz' ist die Unterscheidung verschiedener Formen des Genusses. Deren eine, der künstlerische Genuß, wird gekennzeichnet durch ein distanziertes, kontemplatives Verhältnis des Genießenden zum Objekt, „durch ein reflektiertes Wohlgefallen an ihm, das (im Sinne von Kants interesselosem Wohlgefallen) das Interesse zum Teil vom Genußobjekt und seinem Genuß selbst abzieht und als ‚ästhetisches' Genießen auf das Bewußtsein seiner Genußqualitäten [...] lenkt" (Waldmann 1973, S. 98). Die zweite Form, der Kitschgenuß, wird definiert als „Selbstgenuß, in dem der rein (also nicht ästhetisch und nicht spielend) Genießende sich als Genießenden genießt" (Giesz ²1971, S. 33).

Beim Vergleich mit den wichtigsten Wertbestimmungen der klassisch-idealistischen Kunsttheorie wird die Herkunft dieser Konzeption deutlich. Sie zielt indessen stärker und ausschließlicher noch als jene auf den Produktions- und Rezeptionsprozeß, so daß aus ihr eine Klassifikation von Texten nicht abgeleitet werden kann. Vielmehr geht es dem Autor darum, einen Typus – eben den „Kitsch-Menschen" – als „latente Möglichkeit des Menschen überhaupt" zu erkennen (Giesz ²1971, S. 55) und damit die Existenz zweier Kulturen, sie enthistorisierend und moralisierend, auf ein abstraktes, von gesellschaftlichen Faktoren losgelöstes Wesen des Menschen zurückzuführen.

– Wegen fehlender Kriterien ist die Frage unentscheidbar, ob eine echte Evidenz vorliegt oder nur eine beliebige subjektive Meinung;

– der Schluß von der Evidenz auf die Wahrheit verlangt – wenn es kein Zirkelschluß sein soll –, daß die letztere unabhängig von der ersteren festgestellt werden kann; dasselbe gilt, wenn die Wahrheit als Merkmal in die Definition der Evidenz aufgenommen wird; diese Forderung ist nicht erfüllt.

Im übrigen geht der Versuch, durch die Parallelisierung von Werturteil und Axiom, von Werterkenntnis und rationaler Erkenntnis den Geltungsanspruch des Wertgefühls plausibel zu machen, von der falschen Vorstellung aus, Axiome seien einleuchtende, universal gültige Prinzipien. Die moderne Axiomatik sieht in Axiomen Aussageformen, die die Basis eines Aussagensystems bilden und weder wahr noch falsch sind, da die in ihnen enthaltenen Ausdrücke keine feste Bedeutung haben und verschiedene Interpretationen erlauben; werden diesen Ausdrücken substantielle, aus der Erfahrung herrührende Begriffe zugeordnet, dann bedürfen die gewonnenen Sätze empirischer Prüfung.

Obwohl also die kognitive Leistungsfähigkeit des Wertgefühls nicht nachgewiesen ist, ist sie doch auch nicht widerlegt, und zwar deshalb, weil sie nicht widerlegbar ist: Jedem Einwand kann entgegengehalten werden, daß er, insofern er rational ist, unangemessen sei und, insofern er einem bestimmten Werturteil widerspricht, von der Inkompetenz oder Insuffizienz des Verfechters zeuge. Auf diese Weise werden Wertungskonflikte zu Auseinandersetzungen über die moralische Qualität der Kontrahenten; die einzigen Lösungen sind Unterwerfung oder Diffamierung. – Hier ist an Giesz zu erinnern: Aus dem Anspruch auf exklusive Erkenntnis, der hinter den referierten Thesen wie hinter jeder Wertung steht, die den Erfolg (genauer: eine relative Erfolglosigkeit) zu ihrem Maßstab macht, erklärt sich die behauptete Komplementarität des „differenzierten Betrachters" und des „Kitsch-Menschen"; aus dieser wiederum resultiert ihre gleiche ideologische Funktion, d. h. daß die einschlägigen Feststellungen zum „Kitsch-Menschen" übertragbar sind.

Zu 2): Während Emrich, Müller-Seidel und Giesz (inkonsequenterweise) von der Identität von Tatsachen- und Werturteilen ausgehen, scheidet Wutz sie streng. Dadurch aber, daß alle vier Autoren dem Sachverhalt selbst Wertcharakter zuschreiben und auch Wutz für Werturteile objektive Gültigkeit annimmt, sind die Folgen die gleichen:

– Rational nicht erweisbare Sätze werden in wissenschaftlichen Aussagensystemen zugelassen. Demgegenüber ist festzuhalten, daß solche Urteile unerlaubt sind, wenn wissenschaftliche Sätze und Glaubenssätze auseinandergehalten werden sollen. Das gilt unabhängig von der hier nicht zu beantwortenden Frage, ob Werturteile grundsätzlich in ein wissenschaftliches System eingeführt werden können, d. h. ob sie empirisch fundierbar und prüfbar sind.

– Die Beschaffenheit der verwendeten Begriffe ist problematisch. Da sie, wenn man nicht wie Wutz schon die Möglichkeit ihrer Existenz bestreitet, keinen übereinstimmend und genau festgelegten empirischen Bezug zu haben brauchen, können sie noch das Gegensätzlichste umfassen: was, bei Müller-Seidel zumal, als Paradoxie ausgegeben wird, die das „Spannungsgefüge der geschichtlichen Vielfalt" reflektiere, ist oft genug entweder eine logische Kontradiktion oder eine Leerformel.

Zusammenfassung und Schlußfolgerung

Die skizzierten Konzeptionen beabsichtigten, hinreichende Bedingungen für die Unterscheidung von kanonisierter und nicht-kanonisierter Literatur zu liefern. Sie versuchten dies einerseits dadurch, daß sie die differentiellen Merkmale von Produktion, erzeugtem Text und Rezeption beschrieben (Phasen 1, 2 und 3a der Abbildung) und diese mit dem Wert des Textes in einen

1. Produktionsphase als individueller schöpferischer Prozeß; besteht aus a) ästhetischem Erleben b) eigentlicher Produktion Produkt: Kunstwerk

2. Übermittlungsphase; Medium: Kunstwerk

4. Phase der öffentlichen Kritik; Kritik als Steuerung der Produktionsphase

3. Rezeptionsphase als gesellschaftlich-kulturelle Prozeßphase; besteht aus a) ästhetischem Erleben (passiv) b) privater Kritik (aktiv)

unvermittelten Zusammenhang brachten. Sie versuchten es andererseits dadurch, daß sie für das ästhetische Erleben und die Kritik einzelner, aber nicht bestimmter Rezipienten objektive Geltung forderten. Ihr Ziel haben sie, wie gezeigt wurde, nicht erreicht. Gründe des Scheiterns sind

Modell des literarischen Kommunikationsprozesses (nach Leinfellner [2]1967, S. 187).

– „die ontologische Auffassung, daß es ein ideales Kunstschöne [sic] gebe, eine Auffassung, mit der man den Veränderungen des Schönheitsideals oder sogar seinem Fehlen hilflos gegenüber steht" (Leinfellner [2]1967, S. 186), und

– die Reduktion der Dreiheit „wertendes Subjekt" – „zu bewertendes Objekt" – „Wertmaßstab" auf das Paar „Subjekt" – „Objekt", indem Objekt und Wert so in eins gesetzt werden, als sei der Wert eine Eigenschaft des Objekts und keine Relation.

Sie hindern daran, die Kritik selbst (Phasen 3b und 4) zum Gegenstand der Untersuchung zu machen, d. h. den Standpunkt des Kritikers als Teil eines Kommunikationsprozesses zu sehen und ihn als historisch, sozial und individuell bedingt zu begreifen.

Es ergeben sich nun einige Schlußfolgerungen: *Der Terminus „Trivialliteratur" ist neu zu bestimmen. Er soll die erzählenden, dramatischen und lyrischen Texte bezeichnen, die von der öffentlichen Kritik* (s. Phase 4) – und das bedeutet im wesentlichen: von den Literaturwissenschaftlern in den Massenmedien, an der Universität und an der Schule – *trivial genannt werden.* Er verwandelt

15

sich damit „aus einem analytischen Instrument in ein kultur-
historisches Objekt der Wissenschaft [...], aus einem poetolo-
gischen Terminus der Werkanalyse in einen Begriff der empirischen Wirkungsforschung und Geschmacksgeschichte" (Kreuzer 1967, S. 184).

Unmittelbare Konsequenz dieser Neudefinition ist die *Einbeziehung des gesamten Kommunikationsprozesses,* innerhalb dessen
die betreffenden Texte gemacht und gelesen werden, also der
sozialen, ökonomischen, technischen und psychischen Aspekte
von Produktion, Distribution und Rezeption. Angesichts der
Forschungslage und im gegebenen Rahmen kann diese Konsequenz freilich nur eine bruchstückhaft realisierte Wunschvor-
stellung, eine Zielangabe sein.

Zur Geschichte der Trivialliteratur

„Ich Elender aber liebte damals den Schmerz, suchte [im Theater] auf, worüber ich trauern könn-te, und bei solch frem-dem, falschem und vorge-gaukeltem Leid gefiel mir um so mehr und lockte mich um so mächtiger des Schauspielers Darstel-lung, je mehr Tränen sie mir auspreßte. Was Wun-der, wenn ich armes Schäflein, abirrend von deiner Herde, deiner Ob-hut überdrüssig, von häß-licher Räude befallen wur-de." (Augustinus, „Con-fessiones" III).

Literatur, die von bestimmten gesellschaftlichen Gruppen für
minderwertig gehalten wurde, gab es in allen geschichtlichen
Zeiten. Philosophisch oder theologisch begründete rigoristi-
sche Kritik behauptete die moralische Schädlichkeit des Theaters, der Unterhaltungsliteratur, ja der Dichtung überhaupt. *Platon* wollte in seinem Staat nur „Gesänge an die Götter und Lob-
lieder auf treffliche Männer" zulassen, weil Homer wie die Dramatiker imstande seien, „auch die Wohlgesinnten zu verderben" und ihre niedrigen Begierden zu wecken („Politeia" X, 7).
Tertullian nannte das Theater eine „ecclesia diaboli". Er steht
damit am Anfang einer andauernden Debatte über die Vereinbarkeit von ästhetischem Genuß und christlicher Moral: Die
Jansenisten des 17. Jh. bezichtigten Romanschreiber und Theaterdichter des Mordes an den Seelen ungezählter Gläubiger,
und hundert Jahre später wurde erneut gefragt, „ob das Theater
zu den sündlichen und auf alle Fälle zu vermeidenden Dingen
gehöre, oder zu den gleichgültigen, welche dem Guten gut, und
nur dem Bösen bös werden könnten. Strenge Eiferer verneinten
das letztere, und hielten fest darüber, daß kein Geistlicher je
ins Theater gehen solle." (Goethe [5]1964, S. 567). In diese Tradition gehören noch Kierkegaard und, in gewisser Weise, Egenter
(1950), der den Kitsch aus der Erbsünde erklärt. – Die unglück-

„Christlich betrachtet, ist jede Dichterexistenz Sün-de." (Kierkegaard 1961, S. 138.)

16

seligen Folgen besonders der Romanlektüre werden seit Dantes „Göttlicher Komödie" in der Literatur selbst immer wieder beschworen: „Lancelot", eine der Gestaltungen des Artusstoffes, leistet Kupplerdienste zwischen Francesca da Rimini und ihrem Schwager (Hölle, 5. Gesang). Abscheu gegen die Ritterbücher zu erzeugen, ist das Ziel des Erzählers in Cervantes' „Don Quijote"; Flaubert beschreibt in „Madame Bovary" ein Syndrom, in dem das Lesen romantischer und galanter Romane eine auslösende Rolle spielt; die Titelgestalt in Kellers „Grünem Heinrich" schließlich berichtet von den asozialisierenden Wirkungen einer Lesewut, die sich an Verführungsgeschichten und Ritterromanen ergötzt und in diesen „gemeinen unpoetischen Machwerken" nur „Stoff zu törichten Gesprächen", Erhitzung der Phantasie, Vergessen von „Zank, Not und Sorge" sucht. Bevorzugte Objekte der Kritik sind, wie die Beispiele andeuten, Bearbeitungen mittelalterlicher Epen, die seit dem 15. Jh. eine weite Verbreitung erfuhren. Daß das so ist, verweist auf die Existenz zweier Kulturen, einer Elitekultur und einer Popularkultur. Das Bewußtsein von diesem sozialen Tatbestand äußert sich etwa da, wo Boileau Molière vorwirft, er orientiere sich bei der Übernahme von Elementen der commedia dell'arte nicht am Geschmack von „la Cour et la Ville", sondern er schmeichle den Erwartungen der am Pariser Pont-Neuf versammelten Lakaien („Art poétique" III, 391 ff.). Es äußert sich noch deutlicher dort, wo die Geringschätzung eines Textes nicht allein mit seinem Stil und seiner Sprache erklärt wird, sondern damit, daß er dem Amüsement des Pöbels diene.

Die jeweilige Ausprägung des Bewußtseins, daß es (mindestens) zwei Kategorien von Literatur und (mindestens) zwei Kategorien von Lesern gibt, – also die Definition der Kategorien, die Rechtfertigung der Kategorisierung usw. – spiegelt die Zusammensetzung und Lage der sozialen Gruppen und ihr Verhältnis zueinander, und sie spiegelt folglich in ihren Konstanten und in ihren Veränderungen die Kontinuität und den Wandel der Gesellschaft. So ist bezeichnend, worauf schon hingewiesen wurde und worauf zurückzukommen sein wird: Für die Angehörigen der gegenwärtigen literarischen Elitekultur – vor allem eben die Literaturwissenschaftler – stellt sich die Frage nach der Trivialität erst mit Erzeugnissen, die frühestens aus der zweiten Hälfte des 18. Jh. stammen. Zwischen Literatur, die vor dieser Zeit geringgeschätzt wurde, und der Trivialliteratur gibt es keinen bruchlosen Übergang; die letztere entsteht im 18. Jh. (zusammen mit neuen Wertmaßstäben, einer neuen geschmacksbestimmenden Gruppe, neuen Leserschichten). Damit ist der Anfangspunkt für den literarhistorischen Überblick festgelegt.

„Ein Romanschreiber und Theaterdichter ist ein öffentlicher Giftmischer; er vergiftet nicht die Körper, sondern die Seelen der Gläubigen, und so muß er sich als unendlich vieler seelischer Morde schuldig betrachten, die er tatsächlich oder möglicherweise mit seinen verderblichen Schriften verursacht hat. Je mehr er dafür gesorgt hat, die darin beschriebenen verbrecherischen Leidenschaften mit einem Schleier von Tugendhaftigkeit zu verhüllen, desto gefährlicher hat er sie gemacht, und desto eher sind sie fähig, die einfachen und unschuldigen Seelen zu verderben." (Pierre Nicole, zit. in Pascal 1963, S. 324; Original französisch).

Im Rahmen der Rechtfertigung einer „Nouvelle Bibliothèque bleue" schreibt ihr Herausgeber 1783:

„Es wird wohl sehr sonderbar erscheinen, daß man sich die Mühe gemacht hat, Werke wiederaufzulegen, die seit mehr als zwei Jahrhunderten dem Volk überlassen worden sind; die unbedeutendste Bürgerin würde sich der Lektüre dieser Romane nicht zu rühmen wagen, und zwar nicht wegen des Stils und der Sprache . . ., sondern gerade deshalb, weil sie dem Amüsement des ordinärsten Pöbels gedient haben."

Aus demselben Jahr stammt das folgende Zitat, in dem eine Verbindung von sozialem Stand und erwarteter Lektüre hergestellt wird:

„Madame de N. . . . läutete nach ihrem Zimmermädchen und bat es um die Geschichte von Pierre de Provence. Erstaunt ließ die Zofe sich diesen seltsamen Auftrag dreimal wiederholen und nahm ihn schließlich mit Verachtung entgegen: sie mußte ja gehorchen; sie ging in die Küche hinunter und brachte das Heft schamrot" (Französisch zitiert in Mandrou ²1975, S. 15).

17

Der Trivialroman

Der Schwerpunkt der folgenden Ausführungen liegt, wie in den einschlägigen Studien überhaupt, beim Roman. Zwei Gründe sind dafür zu nennen: a) Erschienen in Deutschland um 1740 jährlich etwa zehn Romantitel, so waren es um 1800 bereits zwischen 250 und 500, und heute sind es mehrere tausend; ein Blick auf die Auflagezahlen ergäbe eine noch eindrucksvollere Differenz. Gleichzeitig ist der Anteil der Gattung innerhalb der literarischen Gesamtproduktion derart gewachsen, daß die Geschichte des trivialen, auflagestarken Lesestoffes in Buchform weitgehend ein Teil der Geschichte des Romans ist. – b) Wegen seiner untergeordneten Stellung im Kanon der traditionellen Poetik und wegen seiner sowohl in formaler wie inhaltlicher Hinsicht kaum begrenzten Freiheit und Aufnahmefähigkeit ist

Entwicklungen und Umschichtungen innerhalb der deutschen Buchproduktion des 18. Jh. (nach: Rarisch 1976 und Langenbucher 1964)

Sachgebiet	Zahl der Titel			Prozentualer Anteil an der Gesamtproduktion		
	1740	1770	1800	1740	1770	1800
Theologie	291	280	348	38,5	24,5	13,6
davon: Erbauungsliteratur	ca. 144	ca. 124	ca. 148	19,1	10,8	5,8
Jurisprudenz	97	61	129	12,9	5,3	5,0
Geschichte/Geographie	85	110	272	11,3	9,6	10,6
Philosophie	44	34	94	5,8	3,0	3,7
Schöne Künste und Wissenschaften	44	188	551	5,8	16,4	21,5
davon: Allgemeines, Theorie usw.	5	14	9	0,7	1,2	0,4
Bildende Künste	–	13	30	–	1,1	1,2
Musik	7	8	88	0,9	0,7	3,4
Dichtung:						
Gesammelte Werke u. ä.	–	28	26	–	2,5	1,0
Lyrik	10	37	34	1,3	3,2	1,3
Drama	2	42	64	0,3	3,7	2,5
Roman	20	46	300	2,7	4,0	11,7
Allgemeine Gelehrsamkeit	40	52	37	5,3	4,6	1,4
Populär-moralische Schriften	25	39	102	3,3	3,4	4,0
Mathematik/Naturwissenschaften	25	71	183	3,3	6,2	7,1
Staatswissenschaften	10	32	93	1,3	2,8	3,6
Landwirtschaft/Gewerbe usw.	8	60	221	1,1	5,2	8,6
Praktische Hausbücher	7	16	53	0,9	1,4	2,1
Erziehung und Unterricht	4	20	105	0,5	1,8	4,1
Populär periodische Schriften	2	35	49	0,3	3,1	1,9
Sonstige Literatur	73	142	315	9,7	12,5	12,2
insgesamt:	755	1144	2569	100	100	100

der Roman *die* „Einbruchsstelle des Trivialen" (Bausinger 1968a). Er bietet deshalb einen geeigneten Zugang für die Erfassung des Repertoires, aus dem bis heute Themen, Stoffe, Motive und Gestalten bezogen werden, und zwar auch von Theater, Film und (in geringerem Umfang) lyrischen Produkten.

Der Trivialroman im 18. Jahrhundert

Am Anfang der Geschichte der Trivialliteratur stehen Texte, die (vereinfacht und logisch nicht ganz befriedigend, weil die Typen einander überschneiden) zu zwei Ausformungen der Romangattung zu rechnen sind: zum empfindsamen Roman und zum Abenteuerroman.

Der empfindsame Roman

Beispiele für den *empfindsamen Roman* sind *Sophie von La Roches* „Geschichte des Fräuleins von Sternheim" (1771), *Johann Martin Millers* „Siegwart" (1776) sowie Werke *August Lafontaines* und *August von Kotzebues* (vgl. S. 20).

In diesen vier Romanen ist eine Vielzahl literarischer Vorbilder und Einflüsse nachzuweisen: der englische Familienroman – Hauptvertreter ist Samuel Richardson –, das Werk des Abbé Prévost, Rousseau.

Richardson, beauftragt, einen Briefsteller für den Gebrauch bürgerlicher Damen zu verfassen, entledigte sich der Aufgabe, indem er „Pamela" (1740) schrieb. Unabhängig vom äußeren Anlaß, wird in diesem Roman die Briefform Mittel, die seelischen Regungen eines Menschen unmittelbar und undistanziert zum Vorschein zu bringen und der Darstellung durch die Fiktion der Selbstbeobachtung und Selbstschilderung Wahrscheinlichkeit zu verleihen. Gleiches gilt für das andere Hauptwerk Ri-

Richardson, *Samuel,* englischer Schriftsteller, * 1689 Derbyshire, † 4. 7. 1761 London; Druckereibesitzer; Begründer des empfindsamen Familienromans, in seiner Zeit berühmt. Hauptwerke sind die Briefromane *Pamela, Or Virtue Rewarded* (1740) u. *Clarissa* (1747/48), beides Geschichten verfolgter tugendhafter Mädchen; von großer Wirkung u. a. auf Werke von Rousseau, Lessing.

Pamela Andrews, die Heldin des erstgenannten Romans, wird, obwohl Dienstmädchen, von ihrer Herrin, Mrs. B., als junge Dame erzogen. Nach deren Tod wird sie vom Sohn der Verstorbenen bedrängt und, da sie seinen Wünschen nicht nachgibt, gefangengesetzt. Mit Klugheit und Raffinesse leistet sie erfolgreichen Widerstand. Als ihr Tagebuch Mr. B. in die Hände fällt, wird er durch die darin sich offenbarende Tugend erschüttert und geläutert. Er läßt Pamela entfliehen und wirbt fortan in ehrenhafter Weise um sie, bis sie, sich ihre Liebe zu ihm schließlich eingestehend, seine Frau wird (wobei seine gesellschaftliche Stellung nicht ohne Einfluß auf ihre Entscheidung ist). – In „Clarissa" geht es „um die in der Mitte des 18. Jahrhunderts noch offene Frage, ob eine Tochter das Recht habe, gegen den Willen ihres Vaters zu handeln, wenn dieser sie einem minderwertigen Manne geben will, ferner um den Vorzug sittlicher Grundsätze gegenüber guten Manieren, also um die Überlegenheit des bürgerlichen Ideals der Middle Class über das Gentleman: ‚rather useful than glancing'. Es ist nicht nur ein höchst moralischer Roman, der die Zustände bessern wollte, sondern die Heldin prüft sich auch selbst in jeder Lebenslage, ob sie überall sittlichen Leitsätzen folge. Der Mann, zu dem sie flüchtet, entehrt sie; daran geht sie schließlich zugrunde – eine der Richardsonschen Phantasie entsprossene Märtyrerin für die tatsächliche und die seelische Gleichberechtigung der Frau, die der Verfasser mit viel Realismus in ein genau gezeichnetes Milieu hineinstellte, das es so und ähnlich überall da gab, wo Bürgertum sich seiner Eigenart bewußt wurde." (Schramm 1963, S. 213 f.)

La Roche *Sophie,* geborene *Gutermann von Gutershofen,* deutsche Schriftstellerin, * 6. 12. 1731 Kaufbeuren, †18. 2. 1807 Offenbach, Jugendfreundin Wielands, Großmutter der Geschwister Brentano; von Goethe geschätzt; mit der aufklärerisch-empfindsamen *Geschichte des Fräuleins von Sternheim* (1771) begründete sie den deutschen Frauenroman.

Miller, Johann Martin, deutscher Schriftsteller und Theologe, * 3. 12. 1750 Ulm, †21. 6. 1814 Ulm; schloß sich zeitweise dem Göttinger Dichterbund an; verfaßte in der Werther-Nachfolge den – zum Teil eigene Erfahrungen einbeziehenden – sentimentalen Entwicklungs- und Liebesroman „Siegwart".

Titelseite der Erstausgabe von Millers „Siegwart"

Beispiele für den empfindsamen Roman

Sophie von La Roche: „Geschichte des Fräuleins von Sternheim"

Die „Geschichte des Fräuleins von Sternheim" berichtet vom Schicksal einer jungen Frau, die, früh verwaist, am Fürstenhof zum Ziel männlicher Begierden wird und sich vor den Verfolgungen nur durch die Ehe mit einem Ungeliebten zu retten weiß. Dieser enttäuscht ihr Vertrauen und verläßt sie bald. Sie faßt sich und widmet sich der Erziehung junger Mädchen. Nachdem sie zufällig und unerkannt bei der Erbtante ihres treulosen Gatten Aufnahme gefunden hat, sieht dieser sich aus Angst vor der drohenden Entlarvung gezwungen, sie entführen zu lassen und sie in ärmlichsten Verhältnissen versteckt zu halten. Ungebrochen übt sie von neuem ihre caritative Tätigkeit aus. Aus allen Unbilden rettet sie endlich ein Edelmann, der sie seit langem liebt. Während beide nun glücklich zusammenfinden, stirbt der betrügerische Ehemann einen qualvollen Tod.

Johann Martin Miller: „Siegwart"

Millers dreibändiger Roman erzählt das Leben Siegwarts, eines Helden „in jedem nur vorstellbaren positiven Sinne". Er ist „schon in der Jugend allen überlegen und später nicht nur ein seelenvoller Liebender, ein virtuoser Musiker und gewandter Tänzer, sondern auch ein sicherer Schütze und mutiger Lebensretter. Dazu ist er aber – ganz im Zeitgeschmack – ein passiver Empfindsamer" (Greiner 1964, S. 48). Diese Eigenschaften gewinnen ihm die Liebe Mariannes, eines über die Maßen schönen Mädchens. Ihr Vater steht jedoch einer Verbindung im Wege und zwingt sie zum Eintritt in ein Kloster, da sie sich weigert, eine von ihm gewünschte, finanziell vorteilhafte Ehe einzugehen. Nach einem durch Arglist vereitelten Befreiungsversuch tritt auch Siegwart in ein Kloster ein, des Glaubens, seine Geliebte sei tot. Als er Jahre später als Beichtvater ans Sterbebett einer Nonne gerufen wird, erkennt er in ihr Marianne. Sie stirbt, und er folgt ihr in den Tod.

August Lafontaine: „Natur und Liebe oder der Naturmensch"

In einem seiner ungefähr 150 erfolgreichen Familienromane, der den Titel „Natur und Liebe oder der Naturmensch. Ein Gemälde des menschlichen Herzens" (1792) trägt, schildert *Lafontaine* die Geschicke eines jungen Lords. Dieser wächst fern der Zivilisation auf, nur von seinem Vater und einem Diener behütet und unterrichtet. Doch wie einst Parzival, so zieht es auch ihn in die Welt. Er begegnet zwei Frauen und verliebt sich in sie; aber beide erweisen sich als seiner Liebe unwürdig, da die eine kalt, herrschsüchtig und begehrlich ist und die andere, obwohl tugendhaft, für ihre Gefühle nicht einzustehen vermag. Sein Glück findet er erst während weiterer Reisen bei einem reinen Naturkind in Indien; mit ihm zusammen kehrt er nach England zurück.

August von Kotzebue: „Philibert oder die Verhältnisse"

Wenn auch *Kotzebue* besonders als Theaterautor hervorgetreten ist, so verdient doch sein erzählerisches Werk ebenfalls Erwähnung, und das nicht nur, weil es einige Dutzend Bände umfaßt. Stellvertretend kann der Roman „Philibert oder die Verhältnisse" (1809) stehen: Philibert, ein unschuldiger Tor, verbringt Kindheit und Jugend auf dem Lande; er verliebt sich in die schöne Blandine und verlobt sich heimlich mit ihr. Als sein Vater, Minister an einem absolutistischen Fürstenhof, Opfer von Intrigen wird und ins Gefängnis kommt, löst sie berechnet die Verlobung. Philibert, von allen Freunden verlassen, wird schließlich selbst verhaftet, da er sich in den Tücken und Verworfenheiten des Hoflebens nicht zurechtfindet. Indessen wandelt sich die Laune des Fürsten. Beide, Vater und Sohn, werden befreit, und der Vater nimmt die alte Stellung ein, so daß Philibert für Blandine wieder interessant wird. Er heiratet sie und führt mit ihr ein scheinbar glückliches Ehe- und Familienleben, bis ihn mit einem Freund betrügt und ihm Sogleich eilt Ottilie, die Schwester Blandines, herbei, um sich der Kinder anzunehmen; sie ist es gewesen, die Philibert immer die Treue gehalten und auch die Gesinnungsänderung des Fürsten erreicht hat, aber erst jetzt erkennt er in ihr die ihm bestimmte Ehefrau.

chardsons, „Clarissa Harlowe" (1747/48). Beide sind undenkbar ohne die Vorbereitung durch die puritanische Erbauungsliteratur, vor allem die geistlichen Tagebücher, undenkbar aber auch ohne den sozialgeschichtlichen Hintergrund des fortschreitenden bürgerlichen Aufstiegs und einer beginnenden Emanzipation der Frau. – Voraussetzung für ihren Erfolg in Deutschland (und zwar im protestantischen Deutschland) war eine in wesentlichen Zügen ähnliche Situation, wobei an die Stelle des Puritanismus der Pietismus trat; dieser förderte hier die Wendung zu Gefühl und Innerlichkeit, die Hochschätzung von Spontaneität und Originalität, die Bevorzugung unkünstlich-authentischer Formen wie Autobiographie, Tagebuch oder Brief. Ein erstes literarisches Ergebnis der beschriebenen Konstellation ist *Gellerts* Ich-Roman „Das Leben der schwedischen Gräfin von G . . ." (1747/48), in dem sich freilich Richardsons Einfluß mit dem des Abbé Prévost mischt.

Lafontaine, *August Heinrich,* deutscher Schriftsteller, * 20. 10. 1758 Braunschweig, † 20. 4. 1831 Halle (Saale); zahlreiche sentimentale Romane; Modeerzähler seiner Zeit.

Romane u. a.: Familiengeschichten (1797); Die Pfarre am See (1816); Die Stiefgeschwister (1822)

Der Lebensbericht der Gräfin von G. . . . schildert zunächst ihre Erziehung und ihre glückliche Ehe mit dem Grafen von G.; die Krise tritt ein, als sie vom Prinzen von S. begehrt wird und dieser die Versetzung ihres Mannes an die Front bewirkt. G. wird verwundet und gerät in russische Gefangenschaft, wird aber für tot gehalten. Die Gräfin flieht mit Herrn R., einem Freund ihres Mannes, nach Holland und heiratet ihn dort später. Der Totgeglaubte kehrt jedoch zurück. Nach allseitigem edlem Verzichtangebot nehmen Graf und Gräfin von G. ihre unterbrochene Ehe wieder auf; Herr R. und die seinerzeit mitentflohene ehemalige Geliebte des Grafen teilen die Gemeinschaft mit ihnen. Als der Graf stirbt, weist die Gräfin das Eheangebot des inzwischen reuigen Prinzen von S. ab und kehrt zu R. zurück. Nach dessen Tod bleibt sie Witwe. – Eingeschoben sind die Berichte von den Abenteuern des Grafen G. während seiner Gefangenschaft und vor allem vom Schicksal der beiden Kinder, die G. mit seiner Geliebten hatte (Geschwisterehe, Ermordung des Bruders durch einen Freund, Selbstmord der Schwester, als sie erfährt, daß ihr zweiter Mann eben dieser Mörder ist).

In der „Histoire de Monsieur Cleveland" (1731) und in den „Mémoires et Aventures d'un homme de qualité", zu welch letzteren die „Histoire du chevalier des Grieux et de Manon Lescaut" (1731) gehört, nimmt *Prévost* Elemente des sentimentalen, heroisch-galanten und Abenteuerromans aus dem französischen 17. Jh. auf. Er entwickelt einerseits die vorhandenen Mittel psychologischer Analyse fort (und gibt übrigens damit Richardson wichtige Anstöße, wie auch er selbst als Übersetzer und Nachahmer des Engländers in späteren Werken von diesem abhängt); er vermittelt andererseits – und das ist seine primäre Bedeutung für den Trivialroman – in großer Masse die traditionellen Stoffe und Motive.

Rousseaus Einfluß manifestiert sich in der Wahl und Behandlung der Themen: sein Naturbegriff und seine in „Emile" (1762) dargelegte Erziehungstheorie prägen die Adels- und Hofkritik und erklären die spezifische Verwendung der seit dem Zeitalter der Entdeckungen aktuellen Gestalt des edlen Wilden. Ansätze eines neuen Frauenbildes, die relative Verfeinerung der Charak-

Prévost d'Exiles, *Antoine François,* Abbé, französischer Schriftsteller, * 1. 4. 1697 Hesdin, † 23. 11. 1763 Courteuil; war Soldat, Mönch, floh aus seiner Abtei, zuletzt wieder Prior; schrieb zahlreiche Romane, von denen *L'histoire du chevalier des Grieux et de Manon Lescaut* (1731, im 7. Band seiner Memoiren) als Schilderung leidenschaftl., schicksalsbestimmender Liebe zu großer Wirkung kam (danach auch mehrere Opern).

Rousseau, *Jean-Jacques,* französisch-schweizerischer Schriftsteller und Philosoph, * 28. 6. 1712 Genf, † 2. 7. 1778 Ermenonville bei Paris; entfloh 16jährig der Lehre bei einem Kupferstecher und begann ein Vagantenleben, wie er es in seinen *Confessions* (gedruckt 1782) in epochemachender, rücksichtsloser Selbstdarstellung beschrieben hat. Versuchte sich in vielen Berufen (Notenschreiber, Operettenkomponist, Botschaftssekretär u. a.); lebte seit 56 in Montmorency, wo er seine meisten Werke schrieb, mußte 62 in die Schweiz fliehen, war dann auf Einladung Humes in England, seit 70 wieder in Paris. Rousseaus ungeheure Wirkung beruht auf der Neuentdeckung der „Natur" und des Herzens im Zeitalter des Rationalismus. Sein *Discours sur les sciences et les arts . . .* (1750), mit dem er den Preis der Akademie zu Lyon und zugleich erste Berühmtheit erlangte, stellte Wissenschaften und Künste als verderblich hin, während die Menschen ursprünglich in natürlicher Unschuld und Armut ein glückliches Leben geführt hätten. Später führte Rousseau im *Discours sur l'origine et les fondements de l'inégalité parmi les hommes* (1754) die Entstehung des Eigentums als Grund für die politische Ungleichheit an. In *Du contrat social ou principes du droit politiques* (1762) wird eine Lehre der Volkssouveränität entwickelt. Rousseau wurde durch seine staatspolitischen Ideen zum Haupttheoretiker der Französischen Revolution. Seine Erziehungslehre, hauptsächlich in *Émile ou sur l'éducation* (1762) dargelegt, will den „natürlichen Menschen" möglichst erhalten; deshalb soll das Kind den schlechten Einflüssen der Gesellschaft entzogen werden (Privaterziehung). Von großer Wirkung war auch sein Briefroman *Julie ou la nouvelle Héloïse* (1761).

Kotzebue, *August* von, deutscher Schriftsteller, * 3. 5. 1761 Weimar, † 23. 3. 1819 Mannheim; 1781–90 in russischen Diensten, später unter anderem Theaterdichter in Wien, 1800 wieder in Rußland, nach Sibirien verbannt, begnadigt; dann in Berlin und St. Petersburg; 1817 Berichterstatter des Zaren in Deutschland; wegen Verspottung der Burschenschaften in seiner Zeitschrift „Literarisches Wochenblatt" von K. L. Sand ermordet. Schrieb über 200 effektsichere, vielgespielte Theaterstücke, häufig rührseliger Art.

Stücke u. a.:
Menschenhaß und Reue (1789); Gustav Wasa (1801); Die Deutschen Kleinstädter (1803)

terisierungstechniken, die Briefform in der „Geschichte des Fräuleins von Sternheim" leiten sich – außer von Richardson – wesentlich her aus „Julie ou La Nouvelle Héloïse" (1761). In der fast vierzig Jahre umfassenden Abfolge der Romane La Roches, Millers, Lafontaines und Kotzebues vollzieht sich eine zunehmende Entfernung von der zeitgenössischen, heute kanonisierten Literatur. Während Sophie von La Roches Werk beim Erscheinen noch „besonders modern und aktuell" war und, wegen seines ‚ungezwungenen und bekenntnishaften Tonfalls' vom jungen Goethe als Offenbarung einer Menschenseele gerühmt, den „Leiden des jungen Werthers" (1774) den Weg bereitete, ist „Siegwart" nur mehr „ein Nachklang [. . .] aus dem verworrenen Brausen der zahlreichen Nachfolgeromane" zum „Werther" (Greiner 1964, S. 35 ff.). An die Stelle der Wechselwirkung zwischen den beiden Textkategorien tritt zunächst eine einseitige Abhängigkeit, dann die Isolierung. Die weiteren Wandlungen des europäischen Romans, die neuen Ideen des Sturm und Drang, der Klassik, der Romantik finden bei Lafontaine und Kotzebue keine Resonanz mehr. Gleichzeitig werden die strukturellen Innovationen Prévosts, Richardsons und Rousseaus abgebaut, und die älteste Traditionsschicht gewinnt die Oberhand: Ein feststehendes Handlungsmuster – den unveränderlich guten Helden treibt es immer tiefer ins Leid, bis er am Ende zu verdientem Glück findet oder, seltener, in rührend-verklärter Weise scheitert – bildet das Gerüst, in das, bei dominierender Liebesthematik, die überlieferten Abenteuermotive eingefügt werden, wie im Barockroman, anders aber als im Entwicklungsroman, kommt diesen Motiven eine psychologisierende Funktion nicht oder kaum zu.

Neben den empfindsamen Romanen steht die Gruppe der *Abenteuerromane;* damit sind *Robinsonaden, Ritter-, Räuber-* und *Schauerromane* gemeint.

ROBINSONADE. Die Situation des Schiffbrüchigen, der sich auf eine einsame Insel rettet und dort sein Leben fristet, lag bereits Abenteuer- und Reisegeschichten des 17. Jh. zugrunde. Aber erst in *Daniel Defoes* „Robinson Crusoe" (1719) fand sie die Gestaltung, die den damaligen Lesern als geradezu mythischer Ausdruck ihrer Existenzproblematik erschien. Diese Problematik war bestimmt von der Auflösung der feudalen Ordnung, von der in England zuerst einsetzenden Entwicklung zum liberalistischen Hochkapitalismus, vom Kolonialismus und von deren ideologischen Korrelaten, besonders dem Puritanismus und Individualismus; das Werk spiegelt sie, indem es in den Mittelpunkt keinen adligen, sondern einen bürgerlichen Helden stellt und dessen Lebensweg als Bekehrung zu den Werten des puritanischen Bürgertums sowie als modellhafte Verwirklichung dieser Werte deutet.

Nachdem in Deutschland die erste Übersetzung schon 1720 erschienen war, entstanden allein hier bis 1760 etwa 50 Nachahmungen. Die bedeutendste - und selbst wiederum einflußreichste – Fassung ist *Johann Gottfried Schnabels* „Insel Felsenburg" (1731–43). Sie verbindet mit den vorgegebenen Handlungselementen den Entwurf eines pietistisch inspirierten idealen Gemeinwesens; sie paßt sich so, „die Bürgerlichkeit aus einem Exil in ein Asyl" verwandelnd (Greiner 1964, S. 27), den Erwartungen des deutschen Publikums an, das in einer – trotz vergleichbarer Grundzüge – weniger fortgeschrittenen Phase der sozioökonomischen und kulturellen Evolution stand. Im Entwicklungsgang der Robinsonaden ist sie eine Etappe auf dem Weg zum utopischen Staatsroman; da aber in den späteren

Defoe, eigentlich *Foe, Daniel,* englischer Schriftsteller, * um 1660 Cripplegate, † 26. 4. 1731 Moorgate; war Handelsreisender, Journalist, als Dissenter verfolgt; verfaßte politische u. religiöse Streitschriften; schrieb etwa 250 Werke; die Romane weisen zum Teil auf den Realismus vor; erlangte Weltruhm mit dem *Robinson*-Roman über Leben und Abenteuer des Helden (Vorbild: Alexander Selkirk) nach Schiffbruch auf einer einsamen Insel, auf der er verschiedene Stufen der Kulturentwicklung durchmacht; regte damit die Gattung der Robinsonade an; zwei Fortsetzungen; weitere Romane.

Erzählerische Werke u. a.: The Life and Surprising Adventures of Robinson Crusoe of York, Mariner (1719); The Fortunes and Misfortunes of the Famous Moll Flanders (1722)

Bericht vom Pestjahr 1665 in London: A. Journal of the Plague Year (1722)

„Der einzelne und vereinzelte Jäger und Fischer [. . .] gehört zu den phantasielosen Einbildungen der 18.-Jahrhundert-Robinsonaden, die keineswegs [. . .] bloß einen Rückschlag gegen Überverfeinerung und Rückkehr zu einem mißverstandenen Naturleben ausdrücken. [. . .]. Es ist vielmehr die Vorwegnahme der ‚bürgerlichen Gesellschaft', die seit dem 16. Jahrhundert sich vorbereitete und im 18. Riesenschritte zu ihrer Reife machte. In dieser Gesellschaft der freien Konkurrenz erscheint der Einzelne losgelöst von den Naturbanden usw., die ihn in frühern Geschichtsepochen zum Zubehör eines bestimmten, begrenzten menschlichen Konglo-merats machen. Den Propheten des 18. Jahrhunderts [. . .] schwebt dieses Individuum des 18. Jahrhunderts – das Produkt einerseits der Auflösung der feudalen Gesellschaftsformen, andrerseits der seit dem 16. Jahrhundert neu entwickelten Produktivkräfte – als Ideal vor, dessen Existenz eine vergangne sei. Nicht als ein historisches Resultat, sondern als Ausgangspunkt der Geschichte. Weil als das naturgemäße Individuum, angemessen ihrer Vorstellung von der menschlichen Natur, nicht als ein geschichtlich entstehendes, sondern von der Natur gesetztes. Diese Täuschung ist jeder neuen Epoche bisher eigen gewesen." (Marx/Engels 1964, S. 615 f.)

der vier Bände das Interesse an exotisch-phantastischen Geschehnissen überwiegt, bereitet sie zugleich die Rückbildung zum abenteuerlichen Reiseroman vor. Diese Rückbildung ist bei den zahlreichen Spielarten des „Robinson Crusoe" ebenso durchgeführt wie bei den nachfolgenden Versionen der „Insel Felsenburg", soweit sie nicht zur erzieherischen und belehrenden Jugendliteratur gehören, in die der Stoff von Autoren wie *Joachim Heinrich Campe* („Robinson der Jüngere" 1779) integriert wurde.

DER RITTERROMAN. Das erste Zeugnis der *Ritterromane* sind *Leonhard Wächters* „Sagen der Vorzeit" (1787-98; darin enthalten „Männerschwur und Weibertreue" 1785). Die Motive und Gestalten der großteils dialogisierten Erzählungen sind „außer Rittern, Pfaffen, edlen Knappen und engelschönen Jungfrauen [. . .] Pilger, Einsiedler, Köhler, Zigeuner, Vehme und

Titelkupfer aus J. H. Campe, „Robinson der Jüngere"

Die vier Quellen des Ritterromans

Die erste Quelle sind die *mittelhochdeutschen Epen*, mit deren Herausgabe Johann Jakob Bodmer und sein Kreis seit der Mitte des 18. Jh. begonnen haben.

Die zweite Quelle sind die zahllosen *Ritterromane in der Nachfolge des „Amadís de Gaula"* von Garcia Rodríguez de Montalvo (1508) *und des „Orlando Furioso"* von Ariost (1516 – 21, erweitert 1532); in ihnen sammeln und vermischen sich die Stoffe des höfischen Romans, in dessen Zentrum König Artus' Tafelrunde steht, und der Chansons de geste, die von Karl dem Großen, seinen Pairs und ihrem Kampf gegen die Heiden erzählen. Ihr fortwirkender Einfluß ist abzulesen an Rabelais' „Gargantua und Pantagruel" (1532 – 64), am „Don Quijote" (1605/15), der sie parodiert, an barocken Ritterromanen und an von Görres so genannten Volksbüchern.

Volksbücher – die dritte Quelle – sind Hefte unterschiedlichen Umfangs, die, in billigster Ausstattung und zu niedrigstem Preis, von Kolporteuren vertrieben wurden; vom 16. bis ins 19. Jh. waren sie, gelesen oder vorgelesen, ein wesentlicher Teil der Lektüre des niederen Bürgertums und der Bauern. Ihren Bestand bilden Kalender, Almanache und praktische Ratgeber, Erbauungs- und Gebetbücher, Anekdoten, Farcen und Prosa-Erzählungen. Letztere nun – die Volksbücher im engeren Sinn – schöpfen ebenfalls aus den Chansons de geste (in der Geschichte von den vier Heymonskindern etwa), dann aus Legenden, in die längst märchenhafte und abenteuerliche Elemente integriert waren, sowie aus Ariost und Rabelais, wobei übrigens die Gestalt des Gargantua ihren Ursprung eben in der Kolportageliteratur hat. Ein solcher Austausch fand in der Folge wegen der zunehmenden Differenzierung des Publikums kaum noch statt: Der Fundus der Volksbücher blieb bis zum Beginn des 19. Jh. konstant, wie auch umgekehrt eine befruchtende Wirkung von ihrer Seite erst wieder in der Vorromantik und Romantik zu verzeichnen ist. Originale Bestandteile jenes Fundus sind Faust, Till Eulenspiegel, die Schildbürger. – Die Vermittlung der Volksbuchstoffe erfolgte teilweise über die Kinder- und Jugendlektüre: „Der Verlag oder vielmehr die Fabrik jener Bücher, welche in der folgenden Zeit unter dem Titel ‚Volksschriften', ‚Volksbücher' bekannt und sogar berühmt geworden, war in Frankfurt selbst, und sie wurden, wegen des großen Abgangs, mit stehenden Lettern auf das schrecklichste Löschpapier fast unleserlich gedruckt. Wir Kinder hatten also das Glück, diese schätzbaren Überreste der Mittelzeit auf einem Tischchen vor der Haustüre eines Büchertrödlers täglich zu finden, und sie uns für ein paar Kreuzer zuzueignen." (Goethe⁵1964, S. 35 f.)

Die vierte Quelle schließlich sind die *Ritterdramen*, die von Goethes „Götz von Berlichingen" (1773) den entscheidenden Anstoß erhalten haben. Mit ihnen haben die Ritterromane teil an der in die Zeit vor und nach der Französischen Revolution weit verbreiteten Vorliebe für das Mittelalter und das 16. Jh., einer Vorliebe, die, statt an fernen Orten, in ferner Vergangenheit den „ganzen Kerl", den kraftvollen, ursprünglichen, von sozialen Zwängen unbehinderten Menschen suchte. Nicht zu vernachlässigen ist die patriotische Komponente dieses Rückgriffs auf Epochen, „worin unsre Nation das größte Gefühl der Ehre, die mehrste körperliche Tugend und eine eigne Nationalgröße gezeigt hat" (Möser o. J., S. 263 f.). Dieses entstehende Nationalbewußtsein zeigte sich bereits in der Beschäftigung mit der mittelhochdeutschen Literatur, in der Infragestellung des französischen Kulturvorbilds (Lessing), in der Aktualisierung der Arminius-Gestalt (Klopstock), die seit dem 16. Jahrhundert (Hutten „Arminius" 1529) Symbol der nationalen Identität ist.

Gottesgericht, Kerker und Verließe, Turniere, Minne und Minnespiel, Belagerung und Erstürmung von Burgen mit Geheim-Gängen und Falltüren, Herbergen und Mühlen, Schwüre und Verrat, Weiberraub, Unwetter, Stürme, Nachtraben, Felsenmassen, Geister, erdichtete Todesbotschaften, Liebe zwischen Kindern feindlicher Geschlechter, Streit zweier Männer um eine Frau, erzwungene Ehen, Gefährdung eines geliebten Lebens, rührende Abschiedsscenen, falsche Freunde, Entehrung von Rittern, Vermummte und Verkappte" (Müller-Fraureuth 1894, S. 22 f.). Diese Elemente sind eingebaut in das Handlungsmuster eines Kampfes auf Leben und Tod, wobei dem unfehlbar siegenden Helden die Gunst eines edlen Burgfräuleins winkt, das ohne ihn Opfer einer brutalen Vergewaltigung oder einer pfäffischen Intrige geworden wäre. Damit ist der Rahmen abgesteckt, den auch die nachfolgenden Autoren wie *Friedrich Christian Schlenkert* und *Benedikte Naubert* nicht überschreiten. Allein letztere, „eine Klassikerin der modernen Unterhaltungsliteratur" (Greiner 1964), neigt zu tränenseligen, unglücklichen Schlüssen und nähert sich damit dem empfindsamen Roman. Abgesehen von (unkritisch verwendeten) historischen Dokumenten – die Geschichte von der Hermannsschlacht bis zu den Bauernkriegen bleibt phantastischer Aufputz durchaus gegenwartverhafteter Figuren und Wunschträume –, beziehen die Ritterromane ihre Anregungen und Materialien aus vier Quellen (vgl. S. 25).

Zschokke, *Heinrich,* deutscher Schriftsteller, * 22. 3. 1771 Magdeburg, † 27. 6. 1848 bei Aarau; seit 1796 in der Schweiz, dort in verschiedenen Staatsämtern, schrieb nach romantisch-abenteuerlichen Romanen (*Abällino, der große Bandit,* 1794) Tragödien; pädagogisch gedachte Erzählungen, Betrachtungen, historische Werke.

Vulpius, *Christian August,* deutscher Schriftsteller, * 23. 1. 1762 Weimar, † 26. 6. 1827 Weimar; Schwager Goethes; Verfasser ehemals vielgelesener Räuber- und Schauerromane (*Rinaldo Rinaldini,* 1799).

DER RÄUBERROMAN. Zu den erfolgreichsten Autoren von *Räuberromanen* gehören *Heinrich Daniel Zschokke* und *Christian August Vulpius.* In Zschokkes „Abällino der große Bandit" (1794) führt der venezianische Edelmann Flodoardo eine Doppelexistenz; einerseits verfolgt er eine Bande staatsgefährdender Verbrecher und umwirbt Rosamunde, die Nichte des Dogen, andererseits steht er unter dem Namen Abällino im Dienst eben jener Feinde der Stadt, aber nur – wie sich schließlich herausstellt – um sie zu überführen; der Lohn, die Hand Rosamundes, ist ihm nach vollbrachter Aktion gewiß. – Vulpius' „Rinaldo Rinaldini" (1799) berichtet von den Abenteuern des Titelhelden, der, eher durch Umstände gezwungen als aus freiem Entschluß, eine Räuberlaufbahn im Apennin eingeschlagen hat, nun aber wesentlich damit beschäftigt ist, „den Weibern Herz und Ruh'" zu rauben. Aus den Liebschaften resultierende Verwicklungen wie Gefangensetzung u. ä. werden durch das Eingreifen seiner ihm unbedingt ergebenen Bande gelöst; psychische Komplikationen entstehen nicht, da seine zarten Gefühle durchaus übertragbar sind und es ihnen an Objekten nicht fehlt. Die scheinbar zufällige Abfolge des Geschehens wird von einer Geheimgesellschaft gelenkt, die „sich des gefürchteten Räuberhauptmanns [. . .] als einer Maschine zu Ausführung eines Plans", der Befreiung Korsikas, bedienen will (Vulpius 1974, Band 2, Buch 9). Nachdem Rinaldini, unpolitisch, fürstentreu und nur vom Wunsch beseelt, „in stiller Verborgenheit glücklich und ruhig zu leben", die Teilnahme verweigert, wird er von dem mysteriösen Haupt der Gesellschaft, dem Alten von Fronteja, getötet. Als sich zeigte, daß sein Weiterleben den Erfolg einer Fortsetzung sichern könnte, erweckte ihn Vulpius vom Tode: Unter dem Namen Ferrandino spielt Rinaldini in den neuen Teilen (1800/1801) eine nicht minder glänzende Rolle als in den vorangegangenen.

Die Parallelen zwischen den Ritter- und den Räuberromanen sind zahlreich. Hier wie dort finden sich dieselben Stimmungs- und Gefühlsreize, dieselbe Requisiten, dieselbe Aneinanderreihung kriegerischer und amouröser Abenteuer. Daß der aus den sozialen Bezügen gelöste Ritter durch den großherzigen

Rinaldo Rinaldini.

Rinaldo Rinaldini.

Rosa.

In des Waldes letzten Gründen,
In den Höhlen tief versteckt,
Schlief der allerkühnste Räuber,
Bis ihn seine Rosa weckt.

Rinaldini! ruft sie schmeichelnd,
Rinaldini, wache auf!
Deine Leute sind schon munter,
Längst schon ging die Sonne auf.

Und er öffnet seine Augen,
Lächelt ihr den Morgengruß.

Sie sinkt sanft in seine Arme
Und erwiedert seinen Kuß.

Draußen bellen schon die Hunde,
Alles strömet hin und her,
Jeder rüstet sich zum Streite,
Ladet doppelt sein Gewehr.

Und der Hauptmann, schon gerüstet,
Tritt nun mitten unter sie.
Guten Morgen, Kameraden,
Sagt, was giebts denn schon so früh?

Unsre Feinde sind gerüstet,
Ziehen gegen uns heran.
Nun wohlan! sie sollen sehen,
Ob der Waldsohn fechten kann.

Laßt uns fallen oder siegen!
Alle rufen: Wohl es sei!

Und es tönen Berg und Wälder
Rundherum vom Feldgeschrei.

Seht sie fechten, seht sie streiten,
Jetzt verdoppelt sich ihr Muth;

Aber ach sie müssen weichen,
Nur vergebens strömt ihr Blut.

Rinaldini, eingeschlossen
Haut sich muthig kämpfend durch,
Und erreicht im finstern Walde
Eine alte Felsenburg.

Zwischen hohen, düstern Mauern
Lächelt ihm der Liebe Glück,
Er erheitert seine Seele
Dianorens Zauberblick.

Rinaldini! Lieber Räuber,
Raubst den Weibern Herz und Ruh!
Ach wie schrecklich in dem Kampfe,
Wie verliebt im Schloß bist du.

Zu den erfolgreichsten Räuberromanen des 18. und 19. Jahrhunderts zählt *Christian August Vulpius'* Räuberpistole „Rinaldo Rinaldini", die von 1799 bis 1801 in sechs Bänden erschien und in mindestens 35 fremdsprachigen Übersetzungen vorliegt. Historisches Vorbild ist der italienische Räuberhauptmann *Tommaso Rinaldini*, der 1786 den Kirchenstaat verunsicherte. „Rinaldo Rinaldini" wurde literarisches Vorbild zahlreicher Räuberromane.

Verbrecher ersetzt wird, der der Gesellschaft zumindest scheinbar feindlich gegenübersteht (soweit sich nicht beide Rollen im Raubritter vereinen), ist gleichwohl kein bedeutungsloser Unterschied: abgesehen vom damit einhergehenden Fehlen des nationalen Aspekts, weist er auf teilweise andere literarische Traditionen und Einflüsse. Zu nennen sind Schillers „Räuber" (1781) und die volkstümlichen Räuberlieder, -dramen und -erzählungen der Epoche; weitere Rückführungen, etwa auf die hellenistische Zeit, auf den spätmittelalterlichen Robin Hood, auf Amadís oder die Gestalt des Roque aus „Don Quijote" (ihm und Plutarch sind nach Schillers Selbstbesprechung zu seinem Schauspiel einige Züge Karl Moors zu verdanken) erscheinen unnötig, und zwar gerade wegen des Alters und der Verbreitung des Typus. – In den „Räubern" nun stehen die Spannungen zwischen den Personen, der doppelte Vater-Sohn-Konflikt und die Feindschaft der Brüder, stellvertretend für den Widerstreit von Ideen und Lebensauffassungen; Karl Moor ist nicht nur Bandenhauptmann, auch nicht nur Rächer der Armen und Unterdrückten und Rebell gegen die Verkommenheit der Gesellschaft, sondern er ist zugleich „ein geächteter Engel in der Art Miltons und seines Nachahmers Klopstock", den erst „Schmerz [. . .] auf den Pfad von Opfer und Tugend" zurückführt (Praz 1970, S. 70 f.). – Authentisches und Märchenhaftes mischend, zeichnet die volkstümliche Überlieferung Räuber und Wilderer (z. B. den Schinderhannes und den bayrischen Hiesel) als Aufrührer, ja als Richter, die soziales Unrecht vergelten und, ergriffen und verurteilt, in den Tod gehen, ohne an ihrer Sache irre zu werden; in ihrer Heroisierung wie in ihrer Ausstattung mit zuweilen vom Teufel verliehenen zauberischen Fähigkeiten spiegelt sich die freilich nicht ganz eindeutige Publikumsstimmung, die geprägt ist von der Krise des Feudalismus, von der Erfahrung des Siebenjährigen Kriegs (1756–63), von Hungersnöten (1770/71), lokalen Bauernerhebungen und dem verbreiteten Banditentum.

Anders als in Schillers Drama, anders auch als in den populären Werken, erweist sich in den Räuberromanen der Konflikt zwischen Individuum und Gesellschaft als pure Mystifikation (so bei Zschokke), oder er bleibt unmotiviert und zufällig (so, wenn der glorifizierte Verbrecher Rinaldo fortwährend sein Schicksal beklagt und nichts mehr wünscht, als in die Gesellschaft zurückzukehren und von ihr anerkannt zu werden).

DER SCHAUERROMAN. Der *Schauerroman* – die „gothic novel" – nimmt seinen Ausgang von England. „The Castle of Otranto" von *Horace Walpole* (1764), „The Mysteries of Udolpho" (1794) und „The Italian, or The Confessional of the Black Penitents"

(1797) von *Ann Radcliffe*, „The Monk" von *Matthew Gregory Lewis* (1796) sind erste erfolgreiche Zeugnisse des Genres, die in ganz Europa Aufnahme und Nachahmung fanden – dies um so leichter, als sie dort auf verwandte literarische Strömungen trafen. In Frankreich verbanden sich ihre Anregungen mit denen des Klosterdramas und -romans sowie mit denen kabbalistischer Romane und phantastischer Reiseberichte (z. B. *La Harpes* „Mélanie" 1770, *Diderots* 1760 verfaßte „Religieuse", *Sades* „Justine ou les malheurs de la vertu" 1791, *Cazottes* „Diable amoureux" 1772). In Deutschland manifestierten sich ähnlich gerichtete Tendenzen etwa in *Schillers* „Geistersehern" (1786–89) und im „Petermännchen" von *Christian Heinrich Spieß* (1791); beider Einfluß ist übrigens bei Lewis nachweisbar bzw. – was Spieß angeht – wahrscheinlich. Schillers Romanfragment handelt von einem protestantischen deutschen Prinzen, der während eines Aufenthalts in Venedig zum Spielball einer katholischen Geheimgesellschaft wird. Diese betreibt aus politischen Gründen seine Konversion und versucht ihn, nachdem er ihr Werkzeug geworden ist, auf den ihm nicht zustehenden Thron seines Landes zu heben; in ihrem Kalkül haben Geisterbeschwörungen, Spiritismus, Magie und Scharlatanerie eine wichtige Rolle. Im „Petermännchen", einer im 13. Jh. angesiedelten Geistergeschichte, verführt der Held „sechs unschuldige weibliche Wesen, lebt mit seiner Tochter unwissend in blutschänderischer Ehe, und ermordet nicht weniger als siebenzig Menschen, ,theils durch seine Thaten, theils mit eigener Hand'. Dafür wird er aber auch bei lebendigem Leibe von Beelzebub geholt und unter schaurigem Wehgeheul in der Luft zerrissen." (Appell 1859).

Obwohl die Titelzahlen sowohl des *roman noir* als des deutschen Schauerromans beträchtlich sind, stammen auch die einflußreichsten der späteren Werke bis zum Niedergang des Genres nach 1820 aus England, so *Mary Wollstonecraft-Shelleys* „Frankenstein, or The Modern Prometheus" (1818), *Charles Robert Maturins* „Melmoth the Wanderer" (1820) und – erwähnenswert vor allem wegen der Titelgestalt – *Polidoris* Novelle „The Vampire" (1819).

Typisch für den Schauerroman sind nun nicht die einzelnen Figuren und Motive: Mönche, Piraten und Inquisitoren, Teufelsbeschwörungen, Geistererscheinungen, Inzest und Verwandtenmord, dazu die Zeit und Ort (vorzugsweise italienisches und spanisches Mittelalter) anzeigenden Klöster und Burgen finden sich, wie dargelegt, in den Ritter- und Räuberromanen wieder; stoffliche Affinität besteht darüber hinaus auch zur Faustsage, eine Affinität, auf die der Titel einer 1799 erschienenen Übersetzung des „Monk", „Mathilde von Villanegas oder

Die Zentralfiguren in „The Monk" sind Ambrosio, im Geruch der Heiligkeit stehender Abt eines madrilenischen Klosters, Matilda de Villanegas, die als Novize verkleidet ins Kloster eintritt, Ambrosios Leidenschaft weckt und sich schließlich als Werkzeug des Teufels und Zauberin entpuppt, und die unschuldige Antonia. Ambrosio, Matildas müde geworden, verliebt sich in Antonia, die – was er erst später erfährt – seine Schwester ist; er verschafft sich mit Hilfe von Matildas magischen Künsten Zutritt zu ihr, tötet dabei ihre (und seine) Mutter, entführt und vergewaltigt sie, die Tochter, und tötet sie, als er Entdeckung fürchten muß. Umsonst; er wird entlarvt und kommt mit Matilda vors Inquisitionsgericht. Während sie von Satan gerettet wird, wird er, als er endlich in den Pakt mit diesem einwilligt, gleichwohl grausam zu Tode gebracht. In der Nebenhandlung, einer glücklich endenden Liebesgeschichte, treten der Ewige Jude und die Blutende Nonne, ein Schloßgespenst, auf.

In England erschienen von 1764 bis 1789 24, von 1790 bis 1824 335 Schauerromane. – Die Behauptung des Niedergangs ist im Hinblick auf thriller und Science-fiction und im Hinblick auf das Publikum zu relativieren: „Lange Zeit erquickten sich dagegen noch Leser aus den unteren Schichten der groß- und kleinstädtischen Bevölkerung an den abgestandenen Überresten der Schauerromantik, und mit Entzücken wurden diese Süßigkeiten namentlich auf den Wachtstuben, den Bedientenkammern genossen." (Appell 1859, S. 75)

29

Melmoth, der Züge des Ewigen Juden, Fausts, Mephistos in sich vereinigt, schließt mit Satan einen Pakt, durch den ihm übermenschliches Wissen und eine Lebensdauer von 150 Jahren gewährt werden; den Einsatz, seine Seele, kann er zurückgewinnen, wenn er einen Menschen findet, der an seiner Stelle in den Vertrag einzutreten bereit ist. Seine Suche bildet den Rahmen für die Geschichten der Elenden, in Kerkern und Verliesen Leidenden, von denen er hofft, sie würden ihr Schicksal mit dem seinen tauschen. Im Mittelpunkt steht die Liebe zwischen Melmoth und einem reinen Naturkind, das, von ihm schwanger, in die Ehe mit ihm einwilligt; als beide aber nach der heimlichen Hochzeit vom Bruder der Braut verfolgt werden und Melmoth diesen im Zweikampf tötet, weigert sie sich, dem Geliebten zu folgen. Sie stirbt im Inquisitionsgefängnis, Melmoth setzt seine vergebliche Suche bis zur endgültigen Verdammung fort.

der weibliche Faust", ebenso hinweist wie der Einfluß von Goethes Tragödie auf „Melmoth". – Typisch ist vielmehr die ästhetische Konzeption, die, die Einheit von Schönem und Gutem auflösend und auf Erzeugung von Angst und Schaudern zielend, den Reizwert des Irrationalen, Grotesken, Grausamen, Teuflischen entdeckt und von daher die Zeichnung der Charaktere, die Auswahl der Stoffe und die Form der Darstellung steuert. Was die Charaktere betrifft, so ist zunächst hervorzuheben der luziferische Verbrecher: seine Merkmale sind eine „geheimnisvolle Herkunft [...], die Spuren erloschener Leidenschaften, der Verdacht einer furchtbaren Schuld, das melancholische Verhalten, das bleiche Antlitz, die unvergeßlichen Augen" (Praz 1970, S. 73). Von nicht geringerer Bedeutung sind sein weibliches Pendant, die „femme fatale", die dämonische Frau, wie sie Matilda im „Monk" verkörpert, und sein (ebenfalls weibliches) Opfer, die „verfolgte Unschuld". Mit dieser Figurenkonstellation ist die Handlung in ihren Grundzügen festgelegt: Verführung (des Mannes durch die Frau), Verfolgung (der Frau durch den Mann), Entlarvung (der scheinbar Liebenden als Hexen und Verbrecher). Daran geknüpft sind eine bestimmte, und zwar sadistische Erscheinungsform von Erotik und Sexualität sowie eine grundsätzliche Doppelbödigkeit und Unverläßlichkeit der dargestellten Realität; diese Doppelbödigkeit manifestiert sich nicht nur im Schema der Entlarvung, sondern sie zeigt sich auch und vor allem im Eingreifen unbekannter Mächte, seien es Geheimbünde oder Gespenster oder der Satan selbst, und sie verleiht ihm seine spezifische, im Ritter- und Räuberroman nicht vorfindliche Funktion. Verbindung und Vermischung des Natürlichen mit dem Übernatürlichen werden in ihrer Wirksamkeit verstärkt durch die Begrenzung des geographischen Raums auf Schloß oder Kloster, des sozialen Raums auf die Familie: „Die Labyrinthe des unheimlichen Ortes sind Schauplätze, in denen sich Familienmitglieder ahnungslos in verbotene Liebesverhältnisse verstricken." (Conrad 1974, S. 34) Voraussetzung jener Wirksamkeit aber ist der Verzicht auf den auktorialen Erzähler, der allwissend das gesamte Geschehen überblickt, die Gedanken und Beweggründe der Akteure kennt, aus souveräner Distanz kommentiert und so dem Leser sichere Orientierung gibt; statt dessen wird aus der Perspektive eines oder mehrerer Betroffener berichtet: *personale Erzählhaltung* oder *Ich-Erzählung* (diese unter Verwendung quasi-dokumentarischer Formen wie Tagebuch und Brief, die den Abstand zwischen Erlebnis und Niederschrift gering erscheinen lassen sollen) haben den Zweck, den für die Hervorbringung von Schrecken und Grauen notwendigen Eindruck der Unmittelbarkeit und Authentizität herzustellen.

Typische Stoffe des Schauerromans, so die Golem-Legende (in der jüdischen Mystik eine menschliche Figur aus Lehm, in der Sage ein geheimnisvoller, künstlich geschaffener Mensch, wie ihn u. a. der Rabbiner Löw 1580 in Prag gefertigt haben soll), die G. Meyrink 1915 in seinem Roman „Der Golem" aufgegriffen hat, oder der aus dem südslavischen Volksglauben entliehene Vampir-Stoff fanden im Horrorfilm Widerhall. Oben links: Szenenbild aus dem Vampirfilm „Nosferatu" (1922); oben rechts: Filmplakat zu „Alraune und der Golem"; in „Metropolis" (F. Lang, 1926; links: Szenenbild) sind Horrorelemente mit sozialen Motiven vermischt.

Wesentliche Bestandteile des Schauerromans – die Dominanz des Irrationalen, die Reduktion des Frauenbildes auf die polaren Typen der Jungfrau und der femme fatale, der Dirne, des Vamps, Motive wie die Geheimgesellschaft – verweisen auf außerliterarische Zusammenhänge. Zu nennen sind die mystischen, okkultistischen und alchimistischen Bewegungen des endenden 18. Jh., die beeinflußt und getragen waren von Swedenborg, Mesmer, St.-Martin, Cagliostro und sich in Illuminaten- und Freimaurergruppen organisierten; diese streng abgeschlossenen Gruppen stimulierten übrigens durch ihre Existenz die realen und literarischen Verschwörungsphantasien ebenso wie die Jesuiten oder später der angebliche Bund der „Weisen von Zion". Nagl (1972) erklärt die erwähnten Strömungen und den Schauerroman als Abwehrreaktion auf die rationalistisch-materialistische Aufklärung, die Naturwissenschaften und die beginnende Industrialisierung. – Auch das Bild der Frau ist aus einer (bis heute verbreiteten) psychischen Disposition ableitbar, die nach Freud auf der Trennung von Zärtlichkeit und

Die Komplexität dieser Reaktion läßt sich illustrieren anhand eines Wortes von Madame du Deffand: „Croyez-vous aux fantômes? – Non, mais j'en ai peur." („Glauben Sie an Gespenster? – Nein, aber ich habe Angst vor ihnen"). (Zit. in „Le Monde" vom 1. 10. 1976, S. 25)

Scott, *Sir Walter,* eng-lisch-schottischer Dichter, *15. 8. 1771 Edinburgh, †21. 9. 1832 Schloß Abbotsford; 1792 Rechtsanwalt; zuerst Übersetzungen aus dem Deutschen und Sammlung schottischer Balladen (*Minstrelsy of the Scottish Border,* 3 Bde, 1802/03); schrieb romantische Verserzählungen aus der Ritterzeit, wandte sich dann dem historischen Prosaroman zu, dessen Begründer er wurde; stellte darin die englische und besonders die schottische Vergangenheit dar (*Waverley Novels,* 1805 ff, bis 1827 28 Bände; anfangs anonym erschienen).

Verserzählungen u. a.:
The Lay of the Last Minstrel (1805); Marmion (1808); The Lady of the Lake (1810)

Romane u. a.:
Waverley (1814); The Antiquary (1816); Old Mortality (1816); Rob Roy (1818); Ivanhoe (1820); The Bride of Lammermoor (1819); Kenilworth (1821); Quentin Durward (1823)

„Ivanhoe" spielt zur Zeit der Kreuzzüge, in einem durch die Zwistigkeiten zwischen Richard Löwenherz und Johann ohne Land, Angelsachsen und Normannen zerrissenen England. Der Titelheld, treuer Gefolgsmann Richards, befreit diesen aus der Gefangenschaft, und es gelingt nach vielen Zweikämpfen, Turnieren und Belagerungen, Frieden herzustellen, was für Ivanhoe zugleich den Gewinn der angebeteten Frau und seines Erbteils bedeutet. Das jüdische Mädchen Rebecca, das ihn nach einer Verletzung pflegte und ihn liebt, verläßt England.

Sinnlichkeit beruht und am Beginn des bürgerlichen Zeitalters infolge eines Wandels der Familienstruktur oder infolge der veränderten Rekrutierung von Autoren und Lesern akut wurde. Es sind wohl diese nur exemplarisch angedeuteten Zusammenhänge, die den fortwirkenden Einfluß des Schauerromans sichern: von Byron und Poe, Balzac und Victor Hugo, Tieck, E. T. A. Hoffmann und Kleist über Flauberts „Tentation de saint Antoine" (1849/56) und Bram Stokers Vampirroman „Dracula" (1897) bis Gustav Meyrink und heutigen Horrorfilmen findet das Genre Widerhall.

Der Trivialroman im 19. und 20. Jahrhundert

Mit dem empfindsamen Roman und den verschiedenen Arten des Abenteuerromans stand um 1800 ein Repertoire an Figuren, Motiven, Handlungsmustern und Erzählformen bereit, das Material für mannigfache Weiterentwicklungen unterschiedlichen Innovationsgrads lieferte. Zu solchen Weiterentwicklungen gehört der *historische Roman,* den *Walter Scott* geschaffen hat (sein bekanntestes Werk: „Ivanhoe", 1820). Es ist unnötig, die Übernahmen aufzuzählen, wichtiger dagegen, auf ihre spezifische Anverwandlung aufmerksam zu machen: vorbereitet durch den in der englischen Geschichtsschreibung zuerst und am deutlichsten faßbaren Sinn für die Besonderheit nationaler und epochaler Kulturformen, gefördert durch Scotts eigene historische und volkskundliche Studien, entsteht die fiktive Wirklichkeit, indem erfundene Charaktere in eine verbürgte Vergangenheit hineingestellt werden und mit ihr in ein Wechselverhältnis treten; sie, die verbürgte Vergangenheit, ersetzt das Wunderbare und Übernatürliche, und wo dieses noch einbezogen wird, ist es ein Teil des Kolorits. Unterschiedliche Gewichtungen der beiden Aspekte: Rekonstitution einer Epoche, Einfühlung ermöglichende Schilderung eines individuellen Lebenswegs, bestimmen die weitere Ausformung des historischen Romans. Seine Struktur wird aufgelöst, wo die dargestellte Zeit die Gegenwart ist. Das ist der Fall in *Eugène Sues* „Les Mystères de Paris", die 1842–43 in Fortsetzungen im „Journal des Débats" erschienen. In die „Grundkonstellation", den „Dschungel des Bösen, durch den sich einzelne Retterfiguren Pfade zu hauen suchen, die hinter ihnen alsbald wieder verwachsen", werden zwar wiederum traditionelle Elemente des Abenteuerromans eingebaut (besonders des roman noir und – über den Einfluß Coopers – eben des historischen Romans), aber wesentlich sind die neuen Gegenstände und die neuen Erzähltechniken: Jener „Dschungel des Bösen" ist die in ihrer Exotik nie zuvor ähnlich wirkungsvoll gestaltete Großstadt, ist das

Fleur-de-Marie, von ihrer Pflege-
mutter zur Prostitution gezwungen, findet einen Beschützer in
Rodolphe, der in Wirklichkeit
deutscher Großherzog und Vater
des Mädchens ist. – Erwähnenswert sind im einzelnen
– die Adaptation traditioneller Typen wie der reinen Dirne oder
des Vamps,
– die Entdeckung von Paris (vorbereitet im 18. Jh. durch Mercier,

Restif de la Bretonne, aber auch
in Schillers Skizze zum Trauerspiel „Die Polizei"), die Entdek-
kung der korrupten Bourgeoisie
und des notleidenden (Lumpen-)
Proletariats,
– die Entwicklung einer Form, die
für Anregungen vonseiten des
Publikums, für die Einarbeitung
aktueller Geschehnisse usw. offen ist.

Sue, *Eugène,* eigentlich
Marie-Joseph S., französischer Schriftsteller, * 10.
12. 1803 Paris, † 3. 8. 1857
Annecy; setzte die Ro-
mantradition V. Hugos mit
seinen abenteuerlichen
und sozialen Romanen
fort; Begründer des Zei-
tungsromans. Hauptwerk:
Les Mystères de Paris
(1842 f.).

Leben der untersten Schichten; die Darbietung, die dem Objekt
wie der Publikationsweise gleichermaßen entspricht, „läßt die
[übliche] sukzessive Ordnung [. . .] in Scherben brechen zu
einer kaleidoskopartigen Ansammlung von parallel nebenein-
anderlaufenden Handlungen und Einzelmomenten, aus denen
sich nur langsam eine Art geschlossenes Ganzes addiert" (Mil-
ler/Riha, in: Sue 1974, S. 676 u. 668). – Obgleich sowohl der historische Roman als auch die von Sue angeregten Spielarten
– inhaltlich der Zeitroman, formal der Reportage- bzw. der
Feuilletonroman – eine beträchtliche literaturgeschichtliche
Bedeutung haben und darum Erwähnung verdienten, sind die
vom Blickpunkt der Gegenwart aus wichtigsten Neuentwick-
lungen der Wildwestroman, der Kriminalroman, die Science-
fiction, der Bauernroman und der Frauenroman. Ihnen sind deshalb die folgenden Abschnitte gewidmet.

Cooper, *James Fenimore,*
amerikanischer Schrift-
steller, * 15. 9. 1789 Bur-
lington (New Jersey), † 14.
9. 1851 Cooperstown
(New York); lebte 1826 –
33 in Europa; schilderte
als erster repräsentativer
amerikanischer Roman-
cier amerikanisches Le-
ben während der Revolu-
tion (*The Spy,* 1821), wurde berühmt mit den „Le-
derstrumpf"-Romanen um
das Bild des amerikani-
schen Grenzers und der
Indianer; schrieb ferner
den Seeroman *The Pilot*
(1824) u. politische u. sati-
rische Werke.

*Lederstrumpf-Romane
(1823–41):*
The Pioneers (dt. Die Pio-
niere); The Deerslayer (dt.
Wildtöter); The Last of the
Mohicans (dt. Der letzte
der Mohikaner); The Path-
finder (dt. Der Pfadfinder);
The Prairie (dt. Die Prärie)

Der Wildwestroman

Die Geschichte der Wildwestliteratur setzt ein mit *James Fenimore Coopers* Erzählungen und Romanen, den „Leatherstocking
Tales" um Natty Bumpoo und Chingachgook zumal, die zwischen 1823 und 1841 erschienen sind; sie wird fortgesetzt von
Washington Irving („A Tour on the Prairies" 1835), dem Englän-
der *Thomas Mayne Reid* („Scalp Hunters" 1851), *Bret Harte* („The
Luck of Roaring Camp" 1868), *Owen Wister* („The Virginian"

„The Virginian" erzählt die Geschichte eines
doppelten Konflikts. Im ersten stehen Ordnung und Gesetz der frontier um 1880 –
verkörpert im Titelhelden, einem rechtschaf-
fenen Cowboy – der Gesetzlosigkeit und
Unordnung gegenüber, die vom bösen Tram-
pas repräsentiert wird. Im zweiten werden der
Virginier und Molly Wood, eine junge Lehre-
rin, konfrontiert; hier geht es um die Spannung zwischen Natur und Zivilisation, um die
Frage, wie der erste Konflikt zu bewältigen ist,
d. h. wie sich das Recht durchsetzen und gewährleisten läßt. In der Lösung treffen sich

„Gesetz des Wilden Westens und christli-
ches Ethos [. . .] gleichsam in der Mitte". Molly
Wood „erkennt an, daß in diesem Land ein ,vi-
gilante committee' notwendig ist, und andererseits führt sie den Vertreter des Natürlichen [. . .], den virginischen Cowboy, in die
Geheimnisse der Zivilisation ein". – Durch
diesen Roman wurde der „Einzug [des Cow-
boys] in die Welt der Fiktion endgültig" besiegelt; er „bündelte die bis dahin entstandenen Traditionen und stiftete neue, die bis zum
gegenwärtigen Westernheft ausstrahlen"
(Davids 1969, S. 32 u. 29).

1902), *Zane Grey* („Riders of the Purple Sage" 1912), dem Magazine-Autor *Max Brand* u. a. Im Zeitraum, der von diesen Namen markiert wird, erlebt der Stoff seine Entfaltung und seine Normierung. Aus der Reihe der Helden – Trapper, Indianer, Soldaten, Siedler, Cowboys, Sheriffs – setzen sich zwei Kategorien, Cowboys und Sheriffs, als vorherrschende durch. Zugleich wird die Vielzahl der Schauplätze – entsprechend den faktischen Ereignissen: die sich stets weiter nach Westen verlagernde Grenze zwischen Indianern und Europäern, zwischen noch nicht erobertem und kolonialisiertem Land, und die im Süden entstehende Front gegen Mexiko – tendenziell abgelöst von *einem* Schauplatz, dem *Cattle Country*. Zwar spiegelt sich auch hierin Realität, nämlich das Ende der Expansion um 1850 und die Umstellung auf den inneren Ausbau, doch wird diese Realität, auf die die Wildwestliteratur nunmehr fixiert bleibt, immer mehr zur Kulisse. Die Thematik verändert sich gleichfalls:

Auf die mögliche persönliche Betroffenheit macht Fiedler aufmerksam, wenn er „die indianische Idealgestalt Chingachgook als ‚mythischen' Ausdruck verdrängter Schuldgefühle der expropriierenden Weißen deutet, die – wie James Fenimore Cooper – auf dem geraubten Land der ehemaligen Bewohner ihren neuen Besitz errichten" (Weimann ³1974, S. 276).

Cooper geht es (wie seinem Anreger Scott) darum, sich in der nationalen Vergangenheit der nationalen Identität zu versichern; indem er diese Vergangenheit als Konflikt zwischen Natur und Zivilisation interpretiert und in Lederstrumpf verkörpert, trägt er bei zum amerikanischen „Mythos' des durch keine (gesellschaftlichen) Schuldverhältnisse vorbelasteten naturhaften Menschen, der [...] an der Schwelle ungeahnter Möglichkeiten und unberührter Natur steht" (Weimann ³1974, S. 277). Später indessen hat die Auseinandersetzung statt zwischen Recht und Ordnung einerseits, dem Verbrechen andererseits; Recht und Ordnung sind im allgemeinen an die ländlich-patriarchalische Lebensform gekoppelt, während das Verbrechen oft von Vertretern der „Stadt" (z. B. von Unternehmern, die Eisenbahnlinien projektieren) inszeniert wird. Wiederum ist der Bezug zu den Verhältnissen in der zweiten Jahrhunderthälfte offensichtlich, denn wie im deutschen Bauernroman der Kaiserzeit reflektiert die Entgegensetzung von Land und Stadt den damals erfolgten Zusammenstoß agrarischer und industrie-kapitalistischer Interessen. Wiederum aber auch verweisen thematisch-ideologische Aspekte auf relativ stabile Züge des amerikanischen Selbst- und Geschichtsbildes, so die Heroisierung der Kolonisation (und die komplementäre Abwertung der Indianer) und vor allem der Mythos der im Cowboy inkarnierten Männlichkeit.

Die negative Bewertung des Unternehmers, des Geschäftsmanns, des Neureichen, die nicht auf den Western beschränkt ist, sondern ein Kennzeichen aller trivialen Genres ist, ist zurückführbar auf die negative Bewertung des Gewinn- und Besitzstrebens, d. h. auf eine personalisierende Form der Kapitalismuskritik. Geld und Reichtum fallen den Guten schicksalhaft zu, sind also nie Zweck ihres Handelns; sie sind zudem entweder in ein feudales System eingeordnet (vgl. die Vorliebe für Grundbesitz), oder ihre kapitalistische Funktion wird kaschiert: Die Kapitalismuskritik orientiert sich offenbar an vorkapitalistischen Verhältnissen.

Was die Parallelen zwischen Fiktion und amerikanischer Realität betrifft, so können sie auch und gerade am *Film* demonstriert werden, der ohnehin seit seinen Anfängen bevorzugtes und am weitesten verbreitetes Medium für den Wildweststoff ist und mit dessen literarischen Gestaltungen in wechselseitig prägendem Austausch steht. Vorbereitet von Anthony Manns „Devil's

34

Doorway" (1950), Delmer Daves' „Broken Arrow" (1950), John Hustons „The Red Badge of Courage" (1951), Arthur Penns „The Left-Handed Gun" (1958) und Marlon Brandos „One-Eyed Jacks" (1959), wo zunächst der Indianer rehabilitiert, die Willkür der Landnahme und die grausame Kriegführung der Kolonialtruppen aufgedeckt und dann am Beispiel der Homosexualität des historischen Billy the Kid das Klischee des virilen Cowboys in Frage gestellt wird, begleitet eine Reihe entmythologisierender Filme die Krise des amerikanischen Selbstbewußtseins (1965–1972), so Sidney Pollacks „The Scalphunters" und „Jeremiah Johnson", Abraham Polonskys „Tell Them Willie Boy Is Here", Sam Peckinpahs „The Wild Bunch" und „The Ballad of the Cable Hogue", schließlich Andy Warhols „Lonesome Cow-Boys". Diese Filme durchbrechen die Standardisierung von Personal, Ort, Zeit und Handlung. Sie führen neue Helden ein (z. B. Schwarze); sie verlagern das Geschehen nach Mexiko und visieren im Modell der Konfrontation von Einheimischen und Yankees die Beziehung zwischen der Dritten Welt und den USA; sie situieren ihre Geschichten in die Jahre von 1900 bis 1910, in eine Zeit also, da der Wilde Westen, seine Heroen und seine Ideologie zur kommerziell ausgebeuteten Legende, zum Spektakel geworden sind. Während hier (wie noch in Robert Altmans Film „Buffalo Bill and the Indians" von 1976) die ästhetischen Konventionen des Westerns ausdrücklich zum Gegenstand werden können, sind sie es implizit in Parodien, zu deren erfolgreichsten die von Sergio Leone initiierten Italo-Western gehören. Bemerkenswert ist im übrigen, daß die Krise des traditionellen Wildwestfilms sich auch in sinkenden Produktionsziffern und abnehmenden Zuschauerzahlen niederschlägt: Kamen um 1950 jährlich über 400 solche Filme in die Kinos, sind es heute weniger als 20, und die amerikanischen Fernsehgesellschaften haben die entsprechenden Programme 1976 nahezu gestrichen.

Während also der Wildweststoff in den USA in einer Vielzahl von Formen (und folglich Medien) begegnet, nämlich in Romanen, Erzählungen, Reiseberichten, Filmen, aber auch Bühnenstücken, Shows, Cowboy Songs, Cowboy Ballads und Tall Tales, und überdies mit der politisch-sozialen Vergangenheit und Gegenwart eng verflochten ist, hat er in Deutschland von vornherein einen anderen Stellenwert: er ist, was die Produktion betrifft, im wesentlichen auf die erzählenden Genres beschränkt, und zur deutschen Geschichte bzw. zum deutschen Autostereotyp steht er in keiner hervorgehobenen Beziehung. Die ersten Zeugnisse sind Romane des Österreichers *Karl Postl,* der unter dem Pseudonym *Charles Sealsfield* schrieb, und *Friedrich Gerstäckers.* Ersterer, dessen bekanntestes Werk „Das Cajüttenbuch

Einige dieser Italo-Western (unter ihnen die folgenden seit 1966 entstandenen Filme: „Quien Sabe" und „Un genio" von Damiano Damiani, „La resa dei conti" und „Faccia a faccia" von Sergio Sollima, „Il grande silenzio" und „Il mercenario" von Sergio Corbucci, schließlich Leones „C'era una volte il West" und „Giu la testa") weisen den genannten amerikanischen Produktionen analoge Züge auf: Problematisierung der Heldengestalten (dadurch etwa, daß gegen die Regeln des „klassischen" Westerns Geld ihr hauptsächliches Handlungsmotiv ist), Antikolonialismus, Antimilitarismus und Antikapitalismus (wobei Anspielungen auf europäische Ereignisse, z. B. den italienischen Faschismus, häufig sind).

Sealsfield, *Charles,* eigentlich *Karl Anton Postl,* österreichischer Schriftsteller, * 3. 3. 1793 Poppitz (Mähren), † 26. 5. 1864 b. Solothurn; trat ins Kreuzherrenstift in Prag ein, 1814 Priesterweihe, floh 1822 in die Schweiz, ging 23 nach Amerika; 32 wieder in Europa; schrieb Reiseberichte, Abenteuer- und Reiseromane und – Erzählungen v. realistischer Kraft; Schilderung besonders des Volkslebens, lebendige, impressionistische Darstellung der Landschaft.

Werke u. a.:
Tokeah (1829; erweitert 1833: Der Legitime und die Republikaner); Transatlantische Reiseskizzen (1834); Das Kajütenbuch (1841)

Gerstäcker, *Friedrich,* deutscher Schriftsteller, * 10. 5. 1816 Hamburg, † 31. 5. 1872 Braunschweig; lebte 37–43 in Nordamerika; später größere Reisen nach Süd-, Mittel-, Nordamerika, Australien, der Südsee; schrieb Reiseberichte und abenteuerlich-exotische Romane konventioneller Erzählweise. Eine Gesamtausgabe umfaßt 44 Bde.

Romane u. a.:
Die Flußpiraten des Mississippi (1848); Gold (1858)

Die nicht deckungsgleichen Begriffe der „öffentlichen vs. privaten" (Ralf Dahrendorf), der „primären vs. sekundären" Tugenden (Carl Amery) und außerdem der „Wert- vs. Zweckrationalität" (Max Weber) bleiben zu vergleichen und auf ihre jeweilige Nützlichkeit zu prüfen.

oder Nationale Charakteristiken" (1841) ist, steht in der Tradition des Reiseromans und Coopers; letzterer nimmt beispielsweise in den „Flußpiraten des Mississippi" (1848) Handlungselemente des Ritter- und Räuberromans auf. Für beide typisch ist die realistisch-dokumentarische Einkleidung, die auf eigener Anschauung der Autoren beruht und sie als Chronisten der Pionierzeit erscheinen läßt. Doch alsbald verwandelt sich das reale Amerika in ein imaginäres. Beim nach Hedwig Courths-Mahler erfolgreichsten deutschen Schriftsteller, der mit seinen mehr als 70 Büchern bis 1968 eine Gesamtauflage von nahezu 43 Millionen erreichte und in 25 Sprachen übersetzt wurde, bei *Karl May* ist Amerika Name einer Wunschwelt. In seinen Kolportageromanen haben die (knappen) Landschaftsschilderungen die Funktion, sämtliche Bedingungen des vorgesehenen Abenteuers zu erfüllen; dasselbe gilt für die späteren Reiseromane, wo freilich die auf ausgedehnten Studien beruhenden geographischen und ethnologischen Exkurse die zusätzliche Aufgabe haben, spezifischen Erwartungen der intendierten Leserschaft nachzukommen. Jene Wunschwelt nun ist es, in der eine verschworene Männergemeinschaft unter Führung des „deutschen Helden" Old Shatterhand den christlich motivierten Kampf gegen die Bösen kämpft: charismatisches Führertum, Ethnozentrismus, Aufteilung der Figuren in Gute und Böse, weitgehende Verbannung der Frau, Lobpreis der „privaten" bzw. „sekundären" Tugenden – das sind ihre Charakteristika.

So wenig wie bei Karl May ist in der nachfolgenden deutschen Abenteuerliteratur der Wilde Westen der Cowboys ein dominierender Schauplatz. Erst seit 1930 beginnt sich das amerikanische Vorbild durchzusetzen. Indessen fehlen noch in den populärsten Produktionen der fünfziger Jahre, „Billy Jenkins" und „Tom Prox", seine wesentlichen Merkmale: Die Helden agieren in einem unhistorischen Raum; sie sind „Geheimpolizisten mit Sonderaufträgen, die von ihrem Chef in schwierigen Fällen eingesetzt werden (verwandt James Bond und Jerry Cot-

May, *Karl,* deutscher Schriftsteller, * 25. 2. 1842 Hohenstein-Ernstthal, † 30. 3. 1912 Radebeul bei Dresden; war Lehrer, lebte anfangs in Armut; mehrfach im Gefängnis; schrieb dann Kolportageromane, kam mit den folgenden Abenteuerromanen – meist in Nordamerika oder im Vorderen Orient spielend – dank ihres Spannungsreizes zu großem Erfolg, besonders bei der Jugend; insge-

samt ca. 70 Bde, mit meist nur leicht abgewandelten Handlungs- und Figurenschemata.

Hauptwerke u. a.:
In den Schluchten des Balkan (1892); Von Bagdad nach Stambul (1892); Durch die Wüste (1892); Der Schut (1892); Winnetou (I–III, 1893–1910); Old Shurehand (1894).

Karl May wandte sich, anders als mit den Liefe-

rungsheften, mit den Reiseromanen „an ein mittelständisches, durchaus nicht ungebildetes Bürgertum [. . .]. Diese ‚Zielgruppe' [. . .] verlangte eine wahrscheinlichere Fundierung des Abenteuers, neben der Unterhaltung auch die Belehrung, neben der abenteuerlichen Handlung auch die geographische und ethnologische Detailkenntnis" (Ueding (1973), S. 107).

ton); sie sind Staatsbedienstete, die fraglos die herrschende Ordnung gegen verbrecherische Störungen verteidigen (während später der Wildwestheld wenigstens teilweise Modell ist für den Einzelnen, der sich gegen eine feindliche Umwelt behauptet)" (Davids 1969, S. 222).

Abgeschlossen ist der wohl durch den Film geförderte Prozeß der Übernahme in der quantitativ bedeutendsten Form der gegenwärtigen deutschen Wildwestliteratur, dem Heftroman. Hauptgestalt nicht nur im Cattle Empire, zu dem er sachlich gehört, sondern in allen diesen Umgebungen ist der Cowboy. Er ist wie jeder Western-Held ausgezeichnet durch einen athletischen Körper, ein scharf geschnittenes Gesicht, faszinierende Augen. Diese Augen sind Ausweis seines Charismas, dessen Manifestation auf einer anderen Ebene die irrational-instinktive Sicherheit des Handelns ist. Seine Motive sind wesentlich persönlicher Natur – Rache, Rehabilitierung, Selbstverteidigung in fast der Hälfte der Fälle –, dann aber auch beruflicher Art: der Held tritt in Aktion, weil es seine Pflicht ist oder weil er dazu beauftragt wurde. Moralische oder altruistische Beweggründe – Kampf für Recht und Gerechtigkeit, Erfüllung eines Versprechens, Hilfe für die geliebte Frau – spielen nur in einem Fünftel der von Davids untersuchten Hefte eine zentrale, in zwei Dritteln jedoch immerhin eine sekundäre Rolle; die Diskrepanz zwischen ihnen und den verwendeten Mitteln (z. B. Selbstjustiz) bzw. den mehr oder minder verborgenen Zielen (Heirat, Besitz einer Ranch, gesellschaftliche Anerkennung) wird indessen nicht reflektiert, geschweige denn aufgehoben. Dem Antagonisten, der als solcher schon böse ist, werden zur Bestätigung seines absoluten, d. h. unbedingten und unwandelbaren Böseseins eine ähnliche magische Ausstrahlung wie dem Helden und, damit verbunden, bestimmte physische Merkmale (z. B. Häßlichkeit) zugeschrieben. Sein Handlungsmotiv ist der Wunsch nach Geld und in zweiter Linie Rache. Bezüglich seiner sozialen Position ist auffällig, daß er häufig zu den oberen Schichten gehört.

Innerhalb des verbleibenden Personals – als Masse der Schwachen, Trägen, Passiven ist es die Folie, von der sich die Überlegenheit des kämpferischen Einzelnen abhebt – nehmen die Frauen eine besondere Stellung ein. Für sie gibt es zwei Existenzmöglichkeiten: einerseits das Leben in der Familie und für sie, die Unterwerfung unter die bäuerlich-patriarchalischen Normen, vor allem Sexualnormen – belohnt durch ritterliche Verehrung von seiten der (guten) Männer; andererseits das Leben als Gangsterbraut oder als emanzipierte, aber dann notwendig böse Frau. Wie Helden und Antagonisten sind gute und böse Frauen durch körperliche Merkmale unterschieden, was

Handlungshintergrund, Figuren und Situationen des Wildwestromanhefts

„1. Das Cattle Empire, zu dem die Motive Trail Driving, Ranch, Viehdiebe und Heimstättensiedler gehören.
2. Die Indianer, mit denen Handel getrieben oder Krieg geführt wird.
3. Die Verkehrsmittel: vor allem die Eisenbahn, dann auch die Postkutsche und der Pony Express; hierher läßt sich auch der Treck in den Westen zählen.
4. Die Goldsuche, mit der Silber-, Kupfer- und Ölsuche und entsprechende Funde verwandt sind.
5. Das Soldatendasein im Bürgerkrieg, im Indianerkrieg oder im vorgeschobenen Fort."
(Davids 1969, S. 61)

Die Tatsache, daß 50 – 60 % der Erzählungen „durch ihre Handlung den Reichtum als Frucht des Bösen denunzieren, weist auf ein Weltverständnis innerhalb des Genres, welches den neidischen Blick der sozialen Unterschicht auf ‚die da oben' zur Grundlage hat. [. . .]. Soziale Dichotomie mit moralischer Schuld auf seiten der Privilegierten: dieses Weltmodell zeichnet sich als Erzählvoraussetzung ab." (Davids 1969, S. 114)

37

Vorbestimmtheit impliziert, Entscheidung, Verantwortung und (wegen des mit diesem Komplex verbundenen irrationalen Schicksalsbegriffs) Erklärbarkeit ausschließt.

Die Figurenkonstellation legt die Handlungsführung weitgehend fest: Verbrechen oder Nachricht vom Verbrechen – Aufdeckung – Entlarvung des Verbrechers – Verfolgung – Kampf zwischen dem Verbrecher und dem Helden – glückliches Ende. Deutlich ist die Analogie zum klassischen Dramenschema, und zwar sowohl hinsichtlich der Zielgerichtetheit der Handlung (notwendig schon wegen des geringen Umfangs der Hefte) als auch hinsichtlich der Abfolge Exposition – Steigerung – Peripetie – Retardation – Lösung. In diesem Rahmen ergeben sich als erzähltechnische Variationen der einsträngige, ausschließlich auf den Helden konzentrierte Bericht und die Wiedergabe parallel laufender Geschehnisse, in deren Mittelpunkt einmal der Held, dann sein Gegenspieler steht.

Der Kriminalroman

Der Kriminalroman – vorläufig definiert als Geschichte der methodischen Aufdeckung eines Verbrechens – beruht auf einer Reihe literarischer und außerliterarischer Voraussetzungen. Bei den letzteren handelt es sich zunächst um das aufklärerisch-wissenschaftliche Denken, das im 19. Jh. aufgrund seines Anspruchs und seiner Erfolge eine beträchtliche Faszination auf relativ weite Teile der Bevölkerung ausübte. Die Lösung vom

Zwischen Kurz- und Langformen wird hier (wie überall in dieser ja vor allem stoff- und motivgeschichtlich orientierten Arbeit) nicht systematisch unterschieden: „Roman", „Geschichte", „Erzählung" sind deshalb oft synonym verwendet.

Entsprechend dieser Annahme sieht Z. Škreb (1971, S. 625 f.) im Kriminalroman „säkularisierte Erlösungs- und Erbauungsliteratur". Der Leser (und wohl auch der Autor) vertraue „auf den durch die überragenden Fähigkeiten des menschlichen Intellekts erschließbaren logischen Zusammenhang der Welt"; dieses Vertrauen aber sei „bloß eine Nebenerscheinung des blinden Glaubens an die Allmacht der vom Intellekt gezeugten menschlichen Naturwissenschaft und Technik"; eine analoge individualpsychologische Deutung besagt, „daß Poe seine Detektivgeschichten nur geschrieben habe, um in ihrer Welt der scheinbaren Logik einen geistigen Rückhalt zu finden, um nicht wahnsinnig zu werden" (Buchloh/Becker 1973, S. 46).

Von großem Interesse wäre die erweiterte und zugleich präzisere Frage, wie der Kriminalroman zusammenhängt mit den Veränderungen in der Auffassung von Verbrecher und Verbrechen, aber auch in der Erscheinungsweise des Verbrechens selbst (vgl. etwa die enorme Abnahme der Gewaltverbrechen seit dem 18. Jh.). Hinweise finden sich bei Foucault (1975).

Mythischen und die Durchsetzung der Konzeption, daß die Welt rational erklärbar sei, schlagen sich – und das ist *ein* Aspekt jener Breitenwirkung – in einer veränderten Justiz- und Polizeiorganisation nieder; erwähnenswert sind die Ausbildung des Indizienverfahrens, die Entwicklung der Polizei zu einer Institution, die mit einem Stab von Beamten eine zunehmend systematische Verbrechensverfolgung durchführt, die Entstehung der Kriminalistik.

Ersten halb dokumentarischen, halb literarischen Ausdruck finden diese Tendenzen in Sammlungen von Rechtsfällen, so in

Gayot de Pitavals „Causes célèbres et intéressantes, avec les jugements qui les ont décidées" (zuerst 1734) und ihren Erweiterungen und Bearbeitungen. An ihnen rühmt Schiller in der Vorrede zu einer 1792–95 erschienenen deutschen Ausgabe, daß sie dem Leser „Gewinn für Menschenkenntnis und Menschenbehandlung", Erweiterung des juristischen Wissens und eine „angenehme Beschäftigung" seiner „Divinationsgabe" vermittelten. Er spricht damit Selbstverständnis und Zielsetzung auch der späteren Sammlungen aus: Belehrung und Unterhaltung mittels authentischer, aus Akten bezogener Stoffe, wobei freilich erzählerische Mittel wie Anordnung und erfundene Einschübe zum Zweck besserer Lesbarkeit oder zur Spannungssteigerung nicht ausgeschlossen sind. Die Belehrung richtet sich indessen nicht nur auf psychologische und juristische Kenntnisse, sondern, wie bei Feuerbach und Meißner erkennbar ist, wesentlich darauf, der Glorifizierung des Verbrechens in der „Räuberromantik" entgegenzutreten und „dem Leser Vertrauen in das Funktionieren der Rechtsordnung" zu vermitteln (Conrad 1974): die Ablösung des „edlen Räubers" durch den Verbrecher, des Räuberromans durch die dokumentarische Kriminalgeschichte erscheint so als neue Form der Legitimierung des Staats und seiner Institutionen.

Ex negativo läßt sich diese These mit einer Kritik am Kolportageroman aus dem Jahr 1912 belegen: „Die meisten Kolportageromane haben die Taten großer Verbrecher und Verbrecherinnen zum Gegenstand und deren Verherrlichung zur Aufgabe. Der Held ist in der Regel durch die Schuld der ‚Gesellschaft', besonders durch ungerechte Vorgesetzte, philiströse Arbeitgeber [. . .] in die Bahn des Verbrechens getrieben worden und bestätigt nun seine von Haus aus groß angelegte Natur durch die [. . .] ebenso kühne wie geniale Ausführung seiner Einbrüche, Bankberaubungen und ähnlicher Leistungen. Dabei handelt es sich eigentlich um eine Art ausgleichender Gerechtigkeit, denn der edle Räuber nimmt natürlich den Reichen und gibt den Armen [. . .]. Der Kolportageroman erweckt Mitgefühl und Bewunderung für den Verbrecher und wird so zur Schule des Verbrechens. Und dieses Gift hat [. . .] eine ungeheure [. . .] Ausbreitung erlangt. In den Hütten der Armut, in den Arbeiterwohnungen, in den Familien kleiner Handwerker, überall finden wir diese Hefte [. . .]." (zit. in Nagl 1972, S. 145) – Vgl. auch die Verlagsvorschriften für die Abfassung von Heftkrimis S. 50f.

Der Prozeß der Literarisierung setzt sich fort in den wiederum Authentisches und Fiktives mischenden Memoiren von *Eugène-François Vidocq* (1828); dieser, ein ehemaliger Krimineller, gründete unter Napoleon die französische „Sûreté", die zu den ersten modernen Polizeiorganisationen zählt, und leitete sie jahrzehntelang. Sein Werk, in Broschürenform vertrieben, wurde ein europäischer Erfolg und beeinflußte Balzac, Hugo und Sue ebenso wie Poe. *Edgar Allan Poe* aber ist es, der die ersten rein literarischen Kriminalerzählungen geschrieben hat: „The Mur-

Zu den Verfassern gehören P. J. Anselm von Feuerbach, G. W. H. Häring und J. E. Hitzig, August G. Meißner, Adolph Müllner, Christian Heinrich Spieß sowie Jodocus D. H. Temme. – Die neueste und ausführlichste, hier allerdings nicht eingearbeitete Studie zur deutschen Tradition fiktionalen detektivischen Erzählens (Hügel 1978) konstruiert eine seit etwa 1820 ununterbrochene Linie; sie nennt als Autoren u. a. Laurids Kruse, Müllner, Temme und Adolph Streckfuß. Ihr Ausgangspunkt ist der Versuch, das Genre durch das zentrale Thema zu definieren und dieses Thema als „Verbrechensaufklärung, die sich als Arbeit darstellt" (S. 13), zu verstehen.

Poe, *Edgar Allan,* amerikanischer Dichter, * 19. 1. 1809 Boston (Mass.), † 7. 10. 1849 Baltimore; unstetes Leben in Richmond, Philadelphia, New York, meist in Armut; Trunksucht; starb unter ungeklärten Umständen. Schrieb über 70 Erzählungen: meisterhafte Gestaltungen des Todes, des Unheimlichen, Grausigen und Grotesken (u. a. *The Fall of the House of Usher; Ligeia; The Pit and the Pendulum),* auch die ersten Detektiverzählungen (*The Murders in the Rue Morgue; The Gold Bug);* von großer Wirkung auf die Entwicklung der Short Story. Seine Gedichte und seine literarischen Theorien (*The Philosophy of Composition,* 1846) mit Betonung des bewußten Schöpfungsprozesses bereiteten den Weg für den französischen Symbolismus und Ästhetizismus und beeinflußten über Frankreich die moderne Lyrik.

Werke:
Lyrik u. a.:
Tamerlane and Other Poems (1827); The Raven and Other Poems (1845)
Edgar Allan Poe

Erzählungen u. a.:
Tales of the Grotesque and Arabesque (1840)

Roman:
The Narrative of Arthur Gordon Pym (1838)

Edgar Allen Poe

ders in the Rue Morgue" (1841), „The Mystery of Marie Rogêt" (1842), „The Purloined Letter" (1845).

„The Murders in the Rue Morgue" gliedert sich in einen einleitenden Essay des Erzählers, worin Wesen und Leistung des analytisch genannten Denkens erörtert werden, und in zwei „Exempla", die als Beleg und Illustration der verfochtenen Thesen dienen. Das eine gibt eine Episode wieder, in der C. Auguste Dupin dem Erzähler seine verblüffende Fähigkeit demonstriert, von der Beobachtung des Verhaltens auf Gedanken zu schließen; das andere – die vom Titel angekündigte Geschichte – berichtet, wie Dupin als Amateurdetektiv einen Doppelmord

Dupin erfährt aus der Zeitung von einem Doppelmord, der die Polizei vor ein Rätsel stellt, und zwar wegen der Widersprüchlichkeit der hinterlassenen Spuren und der Zeugenaussagen, wegen des unerklärlichen Verschwindens des Täters aus dem verschlossenen Raum und wegen des fehlenden Tatmotivs. Dupin sammelt die verfügbaren Informationen, besichtigt den Tatort und gibt dann eine Annonce auf, in der er einen angeblich im Bois de Boulogne eingefangenen Orang-Utan dem Besitzer zurückzugeben verspricht. Tatsächlich meldet sich ein Matrose, der, mit Dupins Beschuldigung konfrontiert, gesteht, daß ihm ein solches Tier entlaufen sei und daß es auf seiner Flucht den „Mord" begangen habe.

aufklärt: er bildet Hypothesen, prüft sie anhand der systematisch und möglichst vollständig erfaßten Fakten, verwirft sie, bis sich eine als hinreichend wahrscheinlich herausstellt – dies alles ohne Wissen des Erzählers und folglich des Lesers; von jener (zunächst immer noch verschwiegenen) Hypothese ausgehend, rekonstruiert er den Fall in einem Gespräch mit dem Erzähler und leitet eine Prognose ab, die zutrifft und so seine Lösung bestätigt.

Entspricht die Struktur der Gesamtgeschichte (These – Exemplum) einem rhetorischen Schema, das seit der Antike vor allem lehrhaften Texten zugrunde liegt – problematischer Anlaß, die Geschichte als säkularisierte Predigt, als „Aufruf zum Glauben an den menschlichen Verstand" und an den Fortschritt zu interpretieren –, so weist die eigentliche Kriminalgeschichte Elemente des Rätsels und des Schauerromans auf; diese literarischen Formen gehören demzufolge ebenfalls zu den Voraussetzungen des hier behandelten Genres.

Es interessieren jetzt aber die Eigenschaften, durch die Poes Erzählung ihrerseits zum traditionsbildenden Muster eines bestimmten Kriminalromantyps, des „crossword puzzle type", geworden ist. Die in ihr vorgebildeten Gemeinsamkeiten betreffen den Handlungsverlauf, die Figuren, die Lokalisierung und erzähl-technische Details. Am Anfang des Geschehens steht die Verrätselung, am Ende die möglichst einfache, elegante, überraschende und doch plausible Enträtselung. Die notwendigen

Die hier vorgenommene Klassifikation („crossword puzzle type", „novel of manner"/„psychologischer Kriminalroman", „thriller") folgt der von Buchloh/Becker (1973). Sie kann nur heuristischen Wert beanspruchen, da jede Einteilung des Objektbereichs von der jeweiligen Fragestellung abhängt. Im übrigen präzisiert sie implizit die eingangs gegebene Definition.

Zu den verbreitetsten Romangattungen der Gegenwart gehört der *Kriminalroman,* dessen Motive eine verbrecherische Tat – häufig ein Mord oder geplanter Mord – und deren Aufklärung sind. Unterschieden werden mitunter Kriminalroman und Detektivgeschichte, wobei letztere sich meist erheblich mehr auf die Aufklärung der Tat als auf das Verbrechen konzentriert. Das Spektrum des Kriminalromans reicht von literarisch anspruchsvollen Werken, etwa den Kriminalerzählungen *Edgar Allan Poes*

(„The Murders in the Rue Morgue", „The Mystery of Marie Rogét", „The Purloined Letter"), *Charles Dickens* („Three Detective Anecdotes", „On Duty with Inspector Field", „Hunted Down") und *Friedrich Dürrenmatt* („Der Richter und sein Henker", „Der Verdacht", „Das Versprechen") über die Werke *Agatha Christies, Edgar Wallaces, Georges Simenons, Raymond Chandler* bis hin zu den Kriminalromanheftchen, deren Verfasser dem Leser unbekannt bleiben.

Oben links: Humphrey Bogart als *Sam Spade* in „The Maltese Falcon" von Dashiell Hammett (mit Mary Astor). Oben rechts: Humphrey Bogart als *Philip Marlowe* in „The Big Sleep" von Raymond Chandler (mit Lauren Bacall).
Links: Drei Fernseh-Maigrets mit ihrem Urheber (von links nach rechts): Jan Teulings, Simenon, Gino Cervi und Rupert Davies.
Unten, von links nach rechts: *Professor Moriarty,* der Erzfeind Sherlock Holmes'; Zeichnung von S. Paget. *Arsène Lupin,* der Gentleman-Verbrecher M. Leblancs; Titelseite einer englischen Ausgabe des 1910 erschienenen Romans „813". Agatha Christies Meisterdetektiv *Hercule Poirot.* A. Finney in der Rolle des Poirot in dem Film „Murder on the Orient Express".

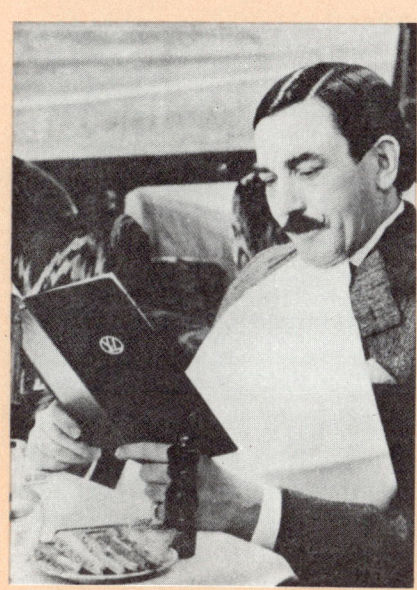

Eine sozialpsychologische Erklärung für diese Einseitigkeit schlägt Wellershoff (1973, S. 94 f.) vor: Im Kriminalroman herrscht „ein unerträglicher Zustand zunehmenden Vertrauensverlustes, der den Zusammenhalt der Gesellschaft bedroht. Es gibt keine wechselseitige Erwartbarkeit der Reaktionen und also keine Sicherheit und keine voraussehbare gemeinsame Zukunft mehr. Gegen diese angstmachende Vieldeutigkeit muß die Gesellschaft ihre Abwehrkräfte mobilisieren. Jemand muß kommen, der die projektiven Entschuldungsmechanismen zusammenfaßt und ihnen ein verbindliches Ziel zeigt, den Täter, den Schuldigen, in dessen leibhaftiger Existenz das Übel wieder isolierbar wird.
Derjenige, der diese Arbeit leistet, muß freilich jemand sein, der nichts zu verdrängen hat, eine angstfreie neutrale Instanz, die befähigt ist, alles wahrzunehmen und die vernunftgemäße Kohärenz der Erscheinungen wiederherzustellen. Dieser Deus ex machina ist der Detektiv. Er erscheint in der klassischen Detektivgeschichte als Personifikation der Ratio und eines wissenschaftlichen Positivismus. Und in dieser Eigenschaft stellt er die letzte Sicherheitsreserve der Gesellschaft dar, deren Struktur durch das unaufgeklärte Verbrechen problematisiert worden ist. Wenn die Polizei als normale Systemvorkehrung gegen Störungen schon versagt hat, tritt er aus seiner abgerückten idealen Privatheit hervor und zeigt, wie durch rationale Informationsverarbeitung die Störung wieder normalisiert werden kann."

Personen sind die Verdächtigen – unter ihnen der Täter, der sich bei Poe freilich als nicht existent erweist, da ja das vermeintliche Verbrechen ein Unfall ist –, der Detektiv und der Erzähler. Der Detektiv ist ein „flacher" Charakter, d. h. eine Figur, die nur *eine*, wenn auch zentrale Funktion erfüllt: die Produktion von Lösungen. Seine sonderlingshaften Züge sind ein Versuch, diese Einseitigkeit zu „psychologisieren" und damit glaubwürdig zu machen. An analytischem Verstand, Kombinationsgabe oder auch nur Information dem Leser überlegen, erfordert er als Gegengewicht einen Akteur (bei Poe eben den anonymen Ich-Erzähler), der dem Leser unterlegen ist, aber gleichwohl seine Sympathie und Aufmerksamkeit und auch sein Wissen kontrolliert, indem er Stellung nimmt, falsche Lösungen suggeriert, als Gesprächspartner des Detektivs dient – einen Akteur, der, kurz gesagt, Orientierungszentrum ist. – Der verschlossene Raum als Tatort dient dazu, die Menge der zu berücksichtigenden Faktoren zu begrenzen und sie kalkulierbar zu machen. Je geringer die Zahl der möglichen Lösungen ist, desto schwieriger ist es, ein unerwartetes Ergebnis zu konstruieren. Die Parallele zum Damespiel, das Poes Erzähler dem komplizierteren Schach mit seinen Anforderungen an die bloße Aufmerksamkeit vorzieht, und die Annäherung ans Rätsel sind offensichtlich. – Was die erzählerischen Verfahren betrifft, so ist neben der Erzählhaltung die Einführung fingierter Dokumente – in der vorliegenden Geschichte von Zeitungsartikeln – zu erwähnen, beides (im übrigen erfolgreiche) Mittel, dem Berichteten den Schein der Authentizität zu geben.

Varianten innerhalb des beschriebenen Typus ergeben sich nicht aus neuen Verbrechensarten: die aufzuklärende Tat ist prinzipiell ein Mord – eine Vorliebe, die nicht literaturhistorisch mit dem (berechtigten) Hinweis auf den Einfluß des Schauerromans, sondern funktional zu erklären ist, d. h. im Zusammenhang mit der Steuerung der Identifikation, die auf den Detektiv ausgerichtet ist und deshalb die Ersetzung des Räubers, einer potentiell konkurrierenden Identifikationsfigur, durch den Mörder als Verkörperung des Bösen verlangt, im Zusammenhang also mit ideologischen Zwecken, die bereits anläßlich der Fallsammlungen angedeutet wurden. Die Varianten ergeben sich vielmehr aus neuen Verbrechensmethoden und aus neuen Wegen, das Rätsel des verschlossenen Raums zu stellen. Sie resultieren des weiteren aus unterschiedlichen Gestaltungen des Verhältnisses zwischen Detektiv und Erzähler; dieses Paar heißt bei *Arthur Conan Doyle* Sherlock Holmes und John Watson (und ist schon in der ersten Erzählung des Autors, „A Study in Scarlet" 1887, in allen wichtigen Zügen vorhanden), es heißt bei *Agatha Christie* Hercule Poirot und Major Hastings, bei *Rex Stout* Nero Wolfe und Archie Goodwin. Damit sind einige der repräsentativen Autoren genannt, zu denen außerdem Richard Austin Freeman, Freeman Wills Crofts, Dorothy Sayers, das Ehepaar Cole und John Dickson Carr zählen. Wesentliche Varianten – wesentlich insofern, als sie Grundlagen des „crossword puzzle type" negieren – lassen sich am augenfälligsten an Wandlungen ablesen, die mit der Detektivfigur zusammenhängen. Zu diesen Wandlungen gehören 1) die Ablösung des Amateurdetektivs durch den angestellten oder beamteten Detektiv, 2) die Änderung der Methoden, mit denen das Verbrechen aufgeklärt und der Verbrecher überführt wird, und 3) abweichende Begründungen für das Handeln des Detektivs.

Wandlungen der Detektivfigur

1) Ablösung des Amateurdetektivs durch den angestellten oder beamteten Detektivs

Position und Status des Helden wirken sich darauf aus, wie er charakterisiert wird. Als dem in seinen Entscheidungen autonomen, wirtschaftlich unabhängigen Partikülier können ihm Kauziges oder Dandyhaftes, aber auch die absolute Überlegenheit einer ‚Erlöserfigur' zugeschrieben werden; unter diesem Aspekt ist er interpretierbar als Ausdruck individualistischer Strömungen des 19. Jh. Als Mitglied einer Institution, Befehls- und Auftragsempfänger ist er dagegen tendenziell durchschnittlich, unauffällig und konform, doch gleichwohl kein „flacher" Charakter, da er sich in vielfältigen sozialen Beziehungen, in Aktionen und Reaktionen konstituiert und entwickelt; seine Lage spiegelt eine neue gesellschaftliche Realität und deren ideologische Korrelate. – Daß das Interesse von logischen auf psychologische Probleme abgezogen wird, tangiert die Struktur der Geschichte: die spezifische Erzählhaltung wird unnötig, Rätselmotive wie das des geschlossenen Raums verlieren an Bedeutung, die Rolle des Zufalls, der Routine steht einem streng analytischen Aufbau entgegen.

2) Änderung der Methoden der Verbrechensaufklärung

Das Kriterium der *Methode* erlaubt, den reflektierenden Detektiv vom agierenden, die „Denkmaschine" von der „Kampfmaschine" zu unterscheiden; es ist klar, daß der Grad der Ausprägung dieser beiden (nicht unbedingt polaren) Qualitäten mit weltanschaulich-moralischen Gehalten zusammenhängt. – Nach Ernst Bloch ist es außerdem möglich, beim reflektierenden Detektiv ein ‚naturwissenschaftlich-induktives' von einem ‚intuitionierenden' Vorgehen zu sondern; ersteres sieht er modellhaft von Holmes realisiert, „der rational deduzierend [!] Spuren folgt, Erkenntnisse sammelt und am Schluß der Kombinationen die Lösung erarbeitet hat", letzteres von Poirot, „der, irrational verfahrend, sehr bald die ‚Ganzheit des Falls' erfaßt". Er weist den

beiden Spielarten „sozialgeschichtlich determinierte Verhaltensweisen zu: Holmes repräsentiert die rational-positivistische Souveränität des früheren, Poirot die Irrationalität im ‚Denkbetrieb des späteren Bürgertums'" (Marsch 1972, S. 55). Da aber die Induktion, wenn überhaupt, ihren Platz bei der Findung von Hypothesen hat und keinen bindenden logischen Regeln folgt, Intuition also nicht aus-, sondern einschließt, da zudem die Rationalität von Hypothesen auf ihrer Begründbarkeit und nicht auf der Weise ihrer Findung beruht, da schließlich das fiktionale Äquivalent dieser Begründbarkeit, die Beweiskette, für die Figur des reflektierenden Detektivs und den „crossword puzzle type" schlechthin unverzichtbar ist, kann sich Blochs Interpretation nur darauf stützen, was Autoren oder Romangestalten über den Entdeckungsprozeß meinen. In der Tat scheint Poes Erzähler ebenso wie Holmes dessen Systematisierbarkeit anzunehmen. Vom „realen" Vorgehen der Detektive wird die These (notwendigerweise) nicht bestätigt.

3) Abweichende Begründung für das Handeln des Detektivs

Hilfe für Bedrohte und falsch Angeschuldigte, Kampf gegen die Verkörperungen des Bösen, Herstellung einer Ordnung (deren stete Gefährdung in der Form der Serie Ausdruck findet und den schon bei Poe angelegten Serienhelden fordert), das sind *Zielsetzungen der Detektive.* Die Besonderheit dieser Zielsetzungen – auf den ersten Blick mit denen von fahrenden Rittern oder von Protagonisten Sues identisch – ergibt sich daraus, wie das Böse und die Ordnung definiert werden. Das Prinzip des Guten kann einmal die „Herrschaft der Vernunft" sein (Wellershoff 1973), seine Negation das Unbegreifbare, das Angst und Schrecken erzeugt; dementsprechend hat es seinen Sinn, daß in „The Murders in the Rue Morgue" nicht ein Verbrechen, sondern ein Rätsel die Störung hervorruft. Es kann religiös ausgelegt werden; sein Gegensatz ist dann die Sünde. Es kann endlich mit einer geltenden sozialen Ordnung zusammenfallen, deren Werkzeug der Detektiv aus Überzeugung oder Notwendigkeit (d. h. als Befehlsempfänger, finanziell Abhängiger) ist.

Dürrenmatt, *Friedrich,* schweizerischer Schriftsteller, * 5. 1. 1921 Konolfingen bei Bern; mit seinen satirischen Theaterstücken einer der bedeutendsten deutschsprachigen Dramatiker der Gegenwart. Dürrenmatts Werke verbinden moralisches Engagement, bizarre, mitunter kabarettistische Einfälle, makabre und groteske Motive; trotz Theaterwirksamkeit blieben sie zum Teil umstritten. Dürrenmatt schrieb auch hintergründige Hörspiele; in den letzten Jahren zunehmend Bearbeitungen fremder Stücke; auch praktische Theaterarbeit.

Theaterstücke u. a.:
Die Ehe des Herrn Mississippi (1952); Ein Engel kommt nach Babylon (1954);
Der Besuch der alten Dame (1956); Romulus der Große (1958); Die Physiker (1962); Der Meteor (1966); Der Mitmacher (1973)

Bearbeitungen fremder Stücke u. a.:
König Johann nach Shakespeare (1968); Play Strindberg (1969)

Theoretische Schrift zum Theater:
Theaterprobleme (1955)

Hörspiele u. a.:
Der Prozeß um des Esels Schatten (1958); Abendstunde im Spätherbst (1959); Der Doppelgänger (1960)

Romane u. a.:
Der Richter und sein Henker (1952); Der Verdacht (1953)

Chesterton, *Gilbert Keith,* englischer Schriftsteller, * 29. 5. 1874 London, † 14. 6. 1936 Beaconsfield; war Journalist; konvertierte 1922 zur katholischen Kirche; schrieb etwa 100 Bde: Gedichte, phantastische Romane, zahlreiche Detektivgeschichten und Romane um die Figur des Pater Brown, kritische Essays. Seine Soziallehre wendet sich gegen Sozialismus und Kapitalismus (Distributismus). Ferner: Biographien, Autobiographie.

Romane u. a.:
The Club of Queer Trades (1905; dt. Der geheimnisvolle Klub, 1928); The Man who was Thursday (1908; dt. Der Mann, der Donnerstag war, 1910); The Wisdom of Father Brown (1914; dt. Das Paradies der Diebe, 1927); The Incredulity of Father Brown (1926; dt. Ein Pfeil vom Himmel, 1927)

Geschichten u. a.:
The Innocence of Father Brown (1911; dt. Priester und Detektiv, 1920); The Scandal of Father Brown (1935; dt. 1959)

Wie Änderungen der gesellschaftlichen Position, der Methoden und der Motive des Hauptcharakters untereinander und mit Modifikationen in Handlung und Erzählweise verkettet sein können, läßt sich an den Kriminalgeschichten *Gilbert Keith Chestertons* und *Friedrich Dürrenmatts* zeigen. Chestertons Father Brown will die weltanschaulichen Voraussetzungen Dupins und Holmes', den Glauben an die Macht diesseitiger Rationalität, in Frage stellen. Er „löst die Fälle, nicht weil er ein überragender Denker und Methodiker ist, sondern weil er als Priester in Gottes Auftrag handelt und sich selbst in den Verbrecher, den er als sündigen Menschen sieht, hineinversetzen kann und weil er als Seelsorger [. . .] und als Beichtvater die inneren Verstrickungen der Welt und der Menschen kennt" (Buchloh/Bekker 1973, S. 66 f.). Folgerichtig gewinnt der zu bekehrende Sünder an Bedeutung, ebenso folgerichtig wird die auktoriale Erzählhaltung bevorzugt. Ambivalent ist freilich, daß, gemäß den Regeln des gewählten Genres, als antirationalistisch ausgegebene Einsichten sich nach dem Maßstab der Beweisbarkeit bewähren müssen. – Eine analoge Spannung existiert in Friedrich Dürrenmatts Kriminalromanen „Der Richter und sein Henker" (1952), „Der Verdacht" (1953) und „Das Versprechen" (1958). Der Weltsicht der klassischen Detektivgeschichten wird eine

In „Der Richter und sein Henker" ist es das Ziel des Kommissars Bärlach, den Verbrecher Gastmann nach vierzigjähriger erfolgloser Jagd zu stellen – und sei es wegen einer Tat, die Gastmann nicht begangen hat. Zu diesem Zweck beauftragt er den Kriminalbeamten Tschanz, den er verdächtigt, einen Kollegen ermordet zu haben, mit den Ermittlungen in eben der Sache. Wie vorgesehen, versucht Tschanz, den Verdacht auf Gastmann zu lenken, und erschießt ihn. – Im „Ver-

sprechen" rekonstruiert Matthäi das Bild, den Charakter, die Gewohnheiten eines dreifachen Sexualmörders. Er stellt eine Falle und wartet, bis der Unbekannte sich darin verfängt. Vergeblich – und über dem vergeblichen Warten wird der Kriminalist wahnsinnig. Erst später (für ihn zu spät) stellt sich heraus, daß die Kalkulationen zutrafen, daß aber der Täter unmittelbar vor der geplanten Überführung bei einem Verkehrsunfall ums Leben kam.

44

Auffassung entgegengesetzt, „nach der die verworrene Faktizität nicht zurückführbar ist auf eine gestörte, aber wiederherstellbare vernünftige Ordnung, sondern sich als absurd herausstellt" (Wellershoff 1973, S. 110). Ausdruck der Absurdität ist der Zufall. An ihm scheitert der Kriminalist Matthäi, weil er ihn nicht in sein Kalkül einbeziehen kann; durch ihn oder mit ihm kommt Kommissar Bärlach zum Erfolg – Bärlach, der „Anti-Kriminalist", der nicht als Vertreter der gesellschaftlichen Ordnung auftritt, sondern als Werkzeug einer immanente Rationalitäts- und Rechtsvorstellungen übersteigenden Instanz. Die „Systematik" des Zufalls verweist, dieses Verständnis bestätigend, darauf, daß die Absurdität in jener Instanz aufgehoben ist, darauf, daß der Zufall „durch das hinter den Kulissen lauernde Schicksal bestimmt ist, es selbst: Kryptoschicksal ist" und als solches „göttlich-providentielle Funktion" hat. Reflex der geglaubten, rational nicht herstellbaren oder nachweisbaren Sinnhaftigkeit ist die Verläßlichkeit der Perspektive – personale Erzählhaltung, jedoch mit Merkmalen auktorialen Erzählens –, von der aus „ein insgesamt kohärentes, ordohaftes episches Geschehen" entworfen wird (Waldmann 1973, S. 48 u. 46).

Es ist offenkundig, daß einige der skizzierten Varianten nicht mehr sinnvoll zum „crossword puzzle type" zu zählen sind. Insoweit sie den „novels of manner" oder den psychologischen Kriminalromanen zugeordnet werden können, stehen sie (was die englische Tradition betrifft) in der Nachfolge des viktorianischen Detektivromans. Dessen bedeutendste Vertreter sind *Charles Dickens* und *Wilkie Collins*.

Dickens' hierher gehörige Geschichten sind „Three Detective Anecdotes" (1850), „On Duty with Inspector Field" (1851), „Down with the Tide" (1853) und „Hunted Down" (1859); einschlägige Elemente enthalten die Romane „Barnaby Rudge"

Collins, *William Wilkie,* englischer Schriftsteller, 1824–89; Freund und Schüler v. Dickens; schrieb effektvolle Verbrecherromane, z. B. *The Woman in White.*

Dickens, *Charles,* englischer Schriftsteller, * 7. 2. 1812 Landport bei Portsmouth, † 9. 6. 1870 Gadshill Place (Rochester); stammte aus ärmlichen Verhältnissen, 27 Anwaltsschreiber, 29–31 Parlamentsstenograph, seit 34 Reporter des „Morning Chronicle"; bald sehr erfolgreich mit seinen von Humor und sozialer Teilnahme bestimmten Romanen, gekennzeichnet durch scharfe, oft skurrile Ausprägung der Gestalten. Die *Pickwick-Papers* sind ein heiterer, oft auch derber Sittenroman aus Alt-Londoner Milieu. *Oliver Twist* und *Nicholas Nickleby* rücken soziale Zustandsschilderung in den Mittelpunkt. Mit dem *Christmas Carol* wandte sich Dickens der Traum- u. Märchenrealistik zu. *David Copperfield* trägt autobiographische Züge. Dickens wurde zum berühmtesten Dichter seiner Zeit und regte durch sein Werk soziale Reformen an.
Erzählerische Werke u. a.:
The Posthumous Papers of the Pickwick Club (1837; dt. Die nachgelassenen Aufzeichnungen des Pickwick-Klubs); Oliver Twist (1838); Nicholas Nickleby (1839); The Old Curiosity Shop (1841; dt. Der Raritätenladen); A Christmas Carol (1843; dt. Ein Weihnachtslied); The Life and Adventures of Martin Chuzzlewitt (1844; dt. Leben und Abenteuer M.C.s); The Personal History, Adventures, Experience, and Observation of David Copperfield, the Younger (1850); dt. Die Lebensgeschichte, Abenteuer, Erfahrungen und Beobachtungen D. C.s des Jüngeren); Bleak House (1853); A Tale of Two Cities (1859; dt. Eine Geschichte aus zwei Städten)

„Barnaby Rudge", einem historischen Roman um die Gordon-Krawalle zu Ende des 18. Jh., hat Poe eine ausführliche Rezension gewidmet; er analysiert darin den Zusammenhang zwischen Erzählhaltung, Spannungserzeugung und dénouement am Beispiel einer eingearbeiteten Mordgeschichte. – Um Morde geht es auch in „Bleak House", wo der Aufklärung durch den Detektiv Bucket ein Handlungsstrang gewidmet ist, und in „The mystery of Edwin Drood", wo eine Frau zwischen drei Männern steht und der ungeklärte Tod des einen verschiedene Ergänzungen des Fragments provozierte.

(1841), „Bleak House" (1852) und das Fragment „The Mystery of Edwin Drood" (1870). Wie auch in dem Zeitschriftenartikel „The Detective Police" (1850) wird – in Erwiderung auf umlaufende Gerüchte und verbreitetes Mißtrauen – die Tätigkeit der neu gegründeten Polizeiorganisationen geschildert. Die Darstellung lehnt sich an reale Personen und Ereignisse an: Hauptfiguren sind unschematisch-individuell gezeichnete Beamte, die, ohne exzeptionelle Begabung, durch zähe Detailarbeit, genaue Beobachtung, Klugheit und Intuition, aber auch mit Hilfe des Zufalls ihre Fälle lösen; diese Fälle – und das heißt: die Verbrechen – erwachsen aus einem bestimmten, von Armut, Kinderarbeit o. ä. geprägten Milieu, so daß der Verbrecher selbst Gegenstand der Aufmerksamkeit, der Analyse, des Verständnisses sein kann. – *Collins'* Romane „The Woman in White" (1860) und vor allem „The Moonstone" (1868) sind erwähnenswert, weil in ihnen zum ersten Mal die Detektion ein Zentralthema der Langform ist; begünstigt durch Erscheinungs- und Erzählweise („The Moonstone" erschien in Fortsetzungen und ist aus der Perspektive verschiedener Personen erzählt), stehen daneben jedoch relativ unverbunden andere Handlungsstränge und eine breite Gesellschaftsschilderung. Der auftretende Detektiv, Sergeant Cuff, kündigt in seinem Aussehen und in gewissen Eigenheiten Sherlock Holmes an.

Nicht zu vernachlässigen ist der Beitrag französischer Autoren zum psychologischen Kriminalroman. Schon *Émile Gaboriau*, der erste in ihrer Reihe, rückt psychische und soziale Probleme ins Zentrum: obzwar er in „L'Affaire Lerouge" (1863) von Poes dargestellter Geschichte unmittelbar angeregt ist, weicht bei ihm die gewissermaßen naturwissenschaftliche Frage nach dem Wie des Verbrechens der menschenkundlichen nach dem Warum, nach den Motiven des Täters, nach seiner Lebensgeschichte, seinem Milieu. Die Ambivalenz des Identifikationsangebots

Ausgangspunkt des als umfangreicher Zeitungsroman konzipierten Werks ist der Mord an einer älteren Frau, der Witwe Lerouge. Zwei Tage nach ihrem Tod wird sie in ihrem Haus in einem Pariser Vorort gefunden. An die Aufklärung des Falls machen sich der Chef der Kriminalpolizei, Gévrol, der Untersuchungsrichter Daburon und Tabaret, ein Dupin kongenialer Amateurdetektiv. – Scheinbar zufällig kommt Tabaret in den Besitz von Informationen, aufgrund derer er den folgenden Geschehenszusammenhang annimmt: Die Ermordete ist Mitwisserin einer Säuglingsvertauschung, inszeniert vom Grafen Commarin, der dadurch den Sohn seiner Geliebten, Madame Gerdy, in den Genuß seines Namens und seiner Güter bringen und seinen legitimen Sohn eben jener Geliebten zur Erziehung überlassen wollte. Letzterer, als Noël Gerdy aufgewachsen, erfährt von diesem Sachverhalt und präsentiert dem Stiefbruder Albert seine Ansprüche, worauf dieser die Witwe Lerouge als mögliche Zeugin tötet und in ihrem Besitz befindliche Beweisstücke vernichtet. Die Lösung ist um so befriedigender, als Tabaret Noël, dem Betrogenen, väterlich zugetan ist und Daburon in Albert einen glücklicheren Nebenbuhler treffen kann. Da jedoch Alberts Verhalten nach der Verhaftung zu den erschlossenen Charaktereigenschaften des Täters nicht paßt, sieht Tabaret seine Lösung widerlegt; er setzt die Suche fort und erkennt schließlich, nachdem durch Gévrols Nachforschungen erwiesen wird, daß die Kindesvertauschung in Wirklichkeit nicht vorgenommen worden ist, in Noël den Mörder.

– dadurch erzeugt, daß der Verbrecher und nicht nur der Detektiv zum Gegenstand des Mitfühlens, ja der Einfühlung werden kann – verstärkt sich noch in *Maurice Leblancs* seit 1907 erschienenen Romanen um den Gentleman-Einbrecher Arsène Lupin. Diese Ambivalenz sowohl wie auch (teilweise mit ihr zusammenhängende) Inhalte, Charakterisierungs- und Darstellungsformen weisen zurück auf Sue, Vidocq, Balzac und die Räuberliteratur. Die Ambivalenz weist zugleich voraus auf das Werk *Georges Simenons*. Ein großer Teil der über zweihundert Romane, die Simenon in den vergangenen fünfundfünfzig Jahren geschrieben hat, kreist um den Kommissar Maigret. Dessen Besonderheit, die die der Romane ausmacht, besteht darin, daß er sich nicht auf die Rolle des Polizeibeamten beschränken läßt, sondern auch die des Arztes, des Anwalts, des Beichtvaters, des (verzeihenden) Richters übernimmt, in bestimmtem Sinn sogar die des Verbrechers selbst. Maigret ist also das Medium – erzähltechnisch gesprochen: das Orientierungszentrum der aus personaler Perspektive entworfenen Romane –, durch das die Realität aufgrund von Verhaltensbruchstücken, atmosphärischen Eindrücken usw. rekonstruiert und verständlich gemacht wird. Daß diese Ausrichtung auf die Analyse von Charakteren über die noch so unbestimmten Grenzen des Kriminalromans hinausführt, zeigt die andere große Gruppe Simenonscher Romane, in denen der Bewußtseinszustand eines kriminellen Individuums ohne vermittelnde Instanz wiedergegeben wird; das Verbrechen, die Verfolgung durch die Polizei – Formen der sozialen Entfremdung und Isolierung – werden zu Auslösern der zu schildernden seelischen Krisen.

In die Kategorie der Verfasser von psychologischen Kriminalromanen oder von „novels of manner" – und damit in die direkte oder indirekte Nachfolge der zuletzt genannten Autoren – gehören u. a. auch Patricia Highsmith, das schwedische Schriftstellerpaar Maj Sjöwall und Per Wahlöö, der Franzose Alain Demouzon und neuere deutsche Schreiber wie Thomas Andresen, Richard Hey, der Anonymus -ky, Hansjörg Martin, Michael Molsner, Stefan Murr, Irene Rodrian und Friedhelm Werremeier. Allerdings soll der Einfluß nicht unterschlagen werden, den die amerikanische „hard-boiled school" – auch sie zur diskutierten Kategorie zählend – auf sie ausübt.

Die wichtigsten Repräsentanten der „hard-boiled school" sind *Dashiell Hammett* und *Raymond Chandler*. Hammett veröffentlichte von 1924 bis 1929 eine Anzahl von Kurzgeschichten im „Black Mask Magazine", von 1929 bis 1934 fünf Romane, darunter „The Maltese Falcon" und „The Thin Man". Auch Chandler schrieb zunächst Erzählungen für das erwähnte Magazin, bevor er 1939 seinen ersten Roman, „The Big Sleep", verfaßte; die-

Leblanc, *Maurice,* französischer Schriftsteller, *1864 Rouen, †6. 11. 1941 Perpignan; schrieb zahlreiche Kriminalromane um den Gentleman-Gauner Arsène Lupin; u. a. *Arsène Lupin, gentleman cambrioleur* (1907); *Les trois crimes d'A. L.* (1917).

Simenon, *Georges,* belgischer Schriftsteller, *1903; zahlreiche Kriminalromane um die Figur des Detektivs Maigret; auch psychologische Romane: *Der Schnee war schmutzig; Die Glocken von Bicêtre.*

Außer den Romanen hat Simenon 1500 Kurzgeschichten verfaßt und mit seinen Memoiren begonnen; Übersetzungen in über 40 Sprachen liegen vor, die Gesamtauflage beträgt etwa 350 Millionen.

Hammett, *Dashiell,* amerikanischer Schriftsteller; * 27. 5. 1894 St. Mary's County, †10. 1. 1961 New York; verfaßte zahlreiche Kriminalromane; auch Drehbücher.

Chandler, *Raymond T.,* amerikanischer Schriftsteller, 1888–1959; schrieb hart-realistische Detektivgeschichten: *Der tiefe Schlaf; Das hohe Fenster; Die kleine Schwester.*

Die Hauptgestalten beider, Hammetts und Chandlers, stehen in der Nachfolge der im Western auftretenden, für Recht und Moral kämpfenden Cowboys und Sheriffs. (Die Transposition des Western-Helden ins Milieu der Großstadt, in den Rahmen der Kriminalgeschichte erfolgte zuerst mit der Erfindung Nick Carters 1886.) Beide situieren das Verbrechen in das Kalifornien des zweiten Jahrhundertviertels, und zwar auf eine Weise, die sie zu Chronisten jener Zeit der Prohibition und des organisierten, den Staatsapparat infiltrierenden Gangstertums macht. Beide schließlich übersetzen die Detektion in – oft brutale – Aktion; sie bieten dadurch einerseits dem Film, andererseits dem „thriller" geeignete Ansatzpunkte für Bearbeitungen bzw. Übernahmen.

„Der englische literarische Spion hat [...] einen langen Weg zurückgelegt: er war der Gentleman/Übermensch, der England rettete, war der Jedermann, der in die politischen Intrigen verstrickt wurde, war der vom Leben enttäuschte romantische Held, der nicht mehr an seine Mission glaubte, war der lizensierte Mörder, der für England kämpfte, und der Berufsagent, der mit dem russischen Oberst genauso fachsimpelte wie mit dem amerikanischen Kollegen." (Buchloh/Becker 1973, S. 119) – In der Reihe der Spione findet sich auch eine Frau, O'Donnells Superagentin Modesty Blaise.

sem folgten sechs weitere, als bekanntester „The Long Good-Bye" (1953). Unterschiede zwischen den beiden Autoren lassen sich an ihren Helden demonstrieren: Bei Hammett zuerst angestellte, später – seit Sam Spade in „The Maltese Falcon", im Film von Humphrey Bogart verkörpert – selbständige Privatdetektive, die die verkommene Gesellschaft mit deren eigenen Mitteln, also mit Verschlagenheit und Gewalt, bekämpfen; sie sind (jedenfalls in den Kurzgeschichten, in geringerem Maß in den Romanen) hart, skrupellos, zynisch, ihre Motive sind nicht frei von finanziellen Überlegungen und Abenteuerlust, ihre Zielvorstellungen orientieren sich an rigid-autoritären Ideen von Gesetz und Ordnung. Bei Chandler der melancholische Einzelgänger Philip Marlowe, „ein Gentleman, ein anachronistischer Ritter in einer korrupten Zeit" (Buchloh/Becker 1973), der am Rande des Nichts, gegen den Widerstand kapitalistisch organisierter Interessen die Wahrheit zu ergründen und einige für ihn zentrale Werte wie Freundschaft und Loyalität zu realisieren versucht. – Unter gattungsgeschichtlichem Aspekt wesentlicher als diese Unterschiede sind die Gemeinsamkeiten.

Dem „thriller", der den Auflagezahlen nach am weitesten verbreiteten Spielart des Kriminalromans, liegt das Schema des Kampfes und der Verfolgung zugrunde. Es ist dieses Schema – aber auch einige andere Charakteristika wie die Verwendung bestimmter Motive (Verschwörungen, Doppelgänger usw.), der Stellenwert des Sexuellen, die Integration des Unwahrscheinlichen und Phantastischen –, das ihn vom „crossword puzzle type" und von der „novel of manner" *und* von deren historischen Voraussetzungen ebenso trennt, wie es ihn dem Schauerroman annähert. Die Frage stellt sich also, ob der „thriller" überhaupt dem Kriminalroman zu subsumieren ist; die hier nicht zu gebende Antwort hängt außer vom jeweiligen Forschungsinteresse davon ab, wer die Kontrahenten sind und auf welche Weise Kampf und Verfolgung ablaufen.

Das Muster des Kriminalromans bleibt am ehesten dort gewahrt, wo die Positionen der Kontrahenten von Detektiven (als Verfolgern) und Verbrechern (als Verfolgten) eingenommen werden – wie bei Edgar Wallace, James Hadley Chase oder Mickey Spillane. Es erfährt eine nicht unbedeutende Modifikation, wo Detektive und Verbrecher durch Agenten feindlicher Gesellschaftssysteme ersetzt werden – so in der Reihe der englischen Spionageromane von John Buchan, Sapper, Peter Cheney (der den im Film von Eddie Constantine gespielten Lemmy Caution erfunden hat), Graham Greene (mit „A Gun for Sale" 1936 und „The Confidential Agent" 1939), Eric Ambler, Peter O'Donnell, Len Deighton, John Le Carré u. a. Jenes Muster wird indessen völlig umgekehrt, wenn nicht – wie bei den meisten genannten Autoren – der Verfolger und Sieger, sondern sein Opfer als Orientierungszentrum und Gegenstand der Sympathie konzipiert ist. Einige der hiermit gegebenen effektvollen Möglichkeiten – die immer wieder verzögerte Enthüllung der Identität und der Motive des Verfolgers, die plötzliche Umkehrung der Positionen, so daß sich der Verfolger als Verfolgter erweist, die Ansiedlung des Vorgangs in einer unentscheidbar zwischen Wahn und Wirklichkeit befindlichen Welt – finden sich etwa in Romanen Pierre Boileaus und Thomas Narcejacs und natürlich auch in Gruselfilmen.

Anstatt jetzt aber darzulegen, wie sich die verschiedenen Charaktere, ihre Konstellationen und der gewählte Blickwinkel variieren und kombinieren lassen, erscheint es nützlicher, *der* Figur einige Aufmerksamkeit zu widmen, die für den neueren Spionageroman im besonderen und für den „thriller" im allgemeinen prägend geworden ist: *James Bond*, Protagonist von dreizehn, zwischen 1953 und 1965 veröffentlichten Romanen *Ian Lancaster Flemings* und von nach ihrer Vorlage gedrehten Filmen, deren erster 1961 in die Kinos kam. James Bond ist ein Typus, in dem sich Eigenschaften des Detektivs, des Cowboys und des Schauerromanhelden vereinigen. Er ist zunächst Beamter des britischen Geheimdienstes, also in abhängiger Stellung wie Maigret; er tritt in seiner (luxuriösen) Lebensführung jedoch als autark und in seinen Aktionen als selbstverantwortlich auf wie Dupin, was in der Fiktion mit seiner Herkunft und Erziehung und mit den Notwendigkeiten seiner Aufträge begründet ist. Physische Kraft und Härte, männliche Schönheit, Instinktsicherheit, Reflexionen verdrängender Aktivismus erinnern an die positiven Hauptfiguren des Westerns. Ein seinem Gesicht eigentümlicher Zug von Kälte und Grausamkeit endlich verrät die sadistische (bzw. sadomasochistische) Komponente seines Charakters, die er mit Lewis' Ambrosio und Maturins Melmoth gemeinsam hat. Diese Komponente reflektiert sich in den sozialen Beziehungen Bonds, in seinem Verhältnis zu den Frauen, zu M, dem Chef, und zu den Gegnern. Die Frauen, auf ihre Geschlechtsrolle reduziert, werden wahrgenommen als zu erlösende Opfer des Bösen und zugleich als Gefährdung der männlichen Integrität; Bond entzieht sich deshalb jeder dauerhaften Bindung. M ist die absolute, unanfechtbare (wenn auch nicht ohne Aggression hingenommene) Autorität, die normsetzende Instanz, die Bonds im einzelnen zweckrational bestimmtes Handeln insgesamt wertrational legitimiert, das heißt: die Anwendung auch des brutalsten Mittels ist, wenn es Erfolg verspricht, von vornherein durch das angestrebte Ziel gerechtfertigt, Wert- und Entscheidungskonflikte sind prinzipiell eliminiert. Folgerichtig ist der Gegner, der M entgegen-

Diese Variante steht über Poes psychologische Gruselgeschichten dem Schauerroman am nächsten.

Zur Verdeutlichung immerhin einige Beispiele: Die Formel „Detektiv jagt Verbrecher" kann umgekehrt werden, sie kann in der Weise abgeändert werden, daß ein Verbrecher gleichzeitig die Detektivrolle übernimmt (vgl. Figuren aus der Kategorie der „edlen Verbrecher" in der Nachfolge Arsène Lupins usw. Orientierungszentrum kann schließlich der Jagende oder der Gejagte sein, und zwar unabhängig von ihrer jeweiligen Realisierung: die Pointe in Patricia Highsmiths „The talented Mr. Ripley" (1955) besteht darin, daß ein Mörder (und nicht sein Verfolger) als Identifikationsobjekt angeboten wird.

Fleming kann „für die Frau [. . .] den dekadenten Archetyp der belle dame sans merci, die dem modernen Ideal der Weiblichkeit wenig entspricht, nicht akzeptieren [. . .], weshalb er diesen Typ mit dem Modell der verfolgten Unschuld koppelt." (Buono/Eco 1966, S. 118)

Handlungsschema der Bond-Romane

„Bond wird [von M] an einen bestimmten Ort gesandt, um den utopischen Plan eines abscheulichen Individuums von unsicherer, wenngleich mit Sicherheit nichtenglischer Herkunft zu vereiteln, das sich seiner organisatorischen oder produktiven Fähigkeiten nicht nur bedient, um Geld zu verdienen, sondern auch, um das Spiel der Feinde des Westens zu spielen. Während er diesem Scheusal entgegentritt, trifft Bond auf eine Frau, die von jenem beherrscht wird und die er von ihrer Vergangenheit befreit, indem er eine erotische Beziehung mit ihr eingeht, die durch die Gefangennahme durch den Bösewicht und durch die Folter unterbrochen wird. Aber Bond besiegt den Bösewicht, der auf entsetzliche Weise stirbt, und er erholt sich von den schweren Strapazen in den Armen der Frau, wenn ihm auch bestimmt ist, sie zu verlieren." (Buono/Eco 1966, S. 95 f.)

„Der Bösewicht wird in einem ethnischen Raum geboren, der von Mitteleuropa bis zu den slawischen Ländern und zum Mittelmeerbecken reicht; gewöhnlich ist er Mischling und von niedriger und undurchsichtiger Herkunft; er ist asexuell oder homosexuell, jedenfalls sexuell nicht normal. [. . .] die rassistische Verdammung trifft insbesondere die Juden, die Deutschen, die Slawen und die Italiener, die immer als mischblütig angesehen werden [. . .]." (Buono/Eco 1966, S. 79f.)

Gemäß den von Wesollek (1976, S. 7f.) gesammelten Daten kann angenommen werden, daß die Cotton-Hefte, die es seit 1955 gibt und die jetzt in dritter Auflage erscheinen, „1970 eine wöchentliche Auflage von wenigstens 250 000 Exemplaren besaßen und eine Gesamtauflage von 150 Millionen Exemplaren; daß sie in rund 50 Ländern vertrieben und in ungefähr ein Dutzend Sprachen übersetzt wurden". 1977 lag die Gesamtauflage der 1200 Titel bei 300 Millionen. Dazu kommen Taschenbücher (seit 1963, Jahresauflage 750 000) und Verfilmungen (acht Filme 1965 – 1970).

steht, eine Inkarnation des Bösen, und der Kampf mit ihm geht auf Leben und Tod; er ist erkennbar an seinem Namen – Le Chiffre, Red, Goldfinger, No –, an seinem Äußeren, an seiner Rasse. – Bond, M, die Frauen und die Bösen sind Spielfiguren in einem gleichbleibenden Handlungsgerüst. Dieses Schema ist einerseits eingebettet in die im Detail realistische Beschreibung der „großen, weiten Welt" der High-Society, und es ist andererseits bezogen auf die weltpolitische Lage der fünfziger und sechziger Jahre (wobei die beginnende Entspannung zwischen den Blöcken sich darin niederschlägt, daß seit „Thunderball" 1961 nicht mehr dem sowjetischen Geheimdienst, sondern einer unabhängigen Organisation die Rolle des Feindes zugewiesen ist; in den Filmen ist dieser Wandel ebenfalls greifbar: fast alle in den Romanen auftretenden Russen sind durch Asiaten ersetzt). Die Verbindung zwischen den beiden genannten Bereichen erfolgt in einem dritten, ihnen insgeheim zugrundeliegenden: im Bereich der Spionage und der unmittelbaren, körperlichen Auseinandersetzung zwischen den Vertretern der feindlichen Prinzipien und Systeme. Die Zugehörigkeit zur High-Society gestattet Bond die Erfüllung seiner Konsumbedürfnisse; das Agieren außerhalb der gesellschaftlichen Kontrolle gibt ihm die Möglichkeit, sexuelle Wünsche und Aggressionen ungehemmt auszuleben (die entsprechende Besetzung technischer Gegenstände ist hier nur anzudeuten); sein entscheidender Einfluß auf die Weltpolitik gibt ihm Wichtigkeit und seinem Handeln Sinn. Notwendige Voraussetzung dieser Form der Selbstverwirklichung bleibt dafür Unterordnung, Gehorsam, Anerkennung eines manichäistischen Bildes der Realität. Als weiteres und letztes Beispiel für den „thriller" der Heftkrimi, genauer: „G-man Jerry Cotton", die erfolgreichste der bundesdeutschen Serien. Auffällig sind zunächst die Parallelen zu den Romanen Flemings. Wie Bond ist *Jerry Cotton* Angestellter einer staatlichen Institution, hier das FBI, „die sich durch Konventionalismus und autoritären Aufbau auszeichnet", dabei aber „als Familienverband" auftritt. Die Position des Vaters nimmt Cottons Vorgesetzter, Mr. High, ein. Er ist Garant einer

1,40 DM / Band 1199
Schweiz Fr 1,60 / Österr. S 10,–

BASTEI NEU

G-man Jerry Cotton

Der Kriminalroman, von dem die Welt spricht

Wenn ein Casanova stirbt

Die betrogenen Männer haßten Ronnie bis aufs Blut

Belgien P 37 / Frankr. F 3,50 / Italien L 650 / Luxemb. F 25 / Niederl. f 1,80 / Schweden kr 4,25 Lm. / Spanien P 65

Mechanisch knöpfte er das Jackett auf, um im Notfall schneller an den 38er zu kommen. Den Drehknauf ergriff er sehr vorsichtig. Falls von innen abgeschlossen war, wollte er seine Anwesenheit nicht vorzeitig verraten. Aber es war nicht abgeschlossen. Lautlos öffnete sich die Tür und gab den Blick in das geräumige, behagliche Zimmer frei.

Viktor Tanner hing in einem Sessel. Entweder war er aus lauter Angst mit dem Möbelstück an die Wand gerutscht. Oder der Bursche, der ihn am Kragen hielt, hatte ihn aus Wut bis dorthin befördert. Nein, nicht am Kragen, verbesserte sich Phil in Gedanken. Der Kerl hatte sein Opfer an der Krawatte gepackt und schnürte ihm die Luft ab. Phil konnte nur seinen Rücken sehen. Doch die breiten Schultern und das lockige nußbraune Haar waren eindeutig. Ronald Hagen!

Mit der freien Hand umklammerte er eine Pistole, die er von schräg unten gegen Tanners Kinn preßte. Der Schauspieler hatte den Kopf krampfhaft zurückgebogen. Sein Gesicht war blau angelaufen. Die Augen rollten. Ronnie Hagen atmete keuchend. Die heftigen Bewegungen seiner Schultern verrieten unbeherrschte Erregung.

„Du Schwein!" fauchte er. „Du gemeines, dreckiges Schwein! Du willst mich reinreißen! Du willst mir einen Mord anhängen, nur weil dein Mädchen keine Lust hatte, dauernd an einem alten Knacker zu hängen! Aber du wirst die Wahrheit sagen, das schwöre ich dir! Du wirst . . ."

Phil schloß die Tür hinter sich.
Geräuschvoll.
Ronnie Hagen überhörte es im Eifer des Gefechts. Viktor Tanner rollte die Augen zur anderen Seite, erkannte den Mann an der Tür und holte mühsam Luft.
„Hilfe!" krächzte er. „Zu Hilfe, G-man!"

---

für gut und natürlich erklärten Ordnung, in der soziales und individuelles Interesse kongruent sein sollen. Die tatsächliche Inkongruenz – Cotton klagt ständig über die frustrierenden Anforderungen seines Berufs – erzeugt Aggressionen, deren die Institution gefährdendes Potential zum einen durch „die Wettbewerbsideologie des persönlichen Aufstiegs" (Arbeitsgruppe Massenliteratur 1972, S. 53), zum anderen durch die Ablenkung auf eine Fremdgruppe aufgefangen wird. Diese Fremdgruppe sind die Gesetzesbrecher. Ihre Eignung zum Aggressionsobjekt wird dadurch hergestellt, daß ihre Tat stets ein Gewaltverbrechen, ein Mord ist, daß die Tat als ihrem freien, d. h. voraussetzungslosen Entschluß oder ihrem Wesen entspringend gedacht wird (insofern bedürfte es nicht der Verlagsanweisung, die die Entschuldigung des Verbrechens verbietet und seine eindeutige Kennzeichnung verlangt) und daß die Täter zu Bestien erklärt werden.

Die Auffassung, die Fremdgruppe sei radikal anders und radikal böse, ist Bedingung der auf sie veranstalteten Jagd, die nun mit allen Mitteln, auch illegalen wie der Folter, durchgeführt wird und in der Haß, Rachsucht, eigene nonkonforme Impulse und

Parallelen zu James Bond

Diese Parallelen erklären sich aus den „Gesetzen" des Genres und aus dem im wesentlichen übereinstimmenden sozialen und ideologischen Kontext. An Beeinflussung ist allenfalls zu denken bei Cottons „Wandlung vom Lausejungen [. . .] zu einem Mann mit Mittelstandshabitus" (Wesollek 1976, S. 277), bei der seit Ende der sechziger Jahre freizügigeren Darstellung der Sexualität und ihrer Koppelung mit Gewalt. Andere Serien – z. B. „Kommissar X", „John Drake", „John Cameron" – orientieren sich indessen ausdrücklich an James Bond.

infantile Allmachtsphantasien Befriedigung finden. – Da der wesentliche Teil dieser Jagd nicht darin besteht, einen unbekannten Täter zu identifizieren und zu überführen, sondern darin, einen bereits bekannten Täter zu verfolgen und zu fassen, ist der Stellenwert rationaler Detektion gering. Statt ihrer lenken Cottons Instinkt und ein als Zufall ausgegebenes Schicksal das Geschehen zum unfehlbar eintretenden Erfolg. Die Stichworte „Jagd", „Instinkt", „Schicksal" weisen (außer auf die „James Bond"-Romane) erneut auf den Western, speziell das Wildwestheft, mit dem „Jerry Cotton" überdies die Handlungsführung gemeinsam hat.

Die Abweichungen von den Romanen Flemings betreffen auf der inhaltlichen Ebene die Reduktion des geographischen und sozialen Handlungsraums und des technischen Aufwands: Cottons Aktionsfeld ist hauptsächlich New York, sein Milieu ist trotz einiger Ausflüge ins Mondäne das eines mäßig bezahlten Polizisten, dem der Dienst kaum Zeit für außerberufliche Kontakte läßt; Bonds spektakuläre Kampf- und Fortbewegungsmittel sind ersetzt durch Pistolen und einen roten Jaguar mit der freilich identischen Funktion zu imponieren, das Selbstgefühl zu stärken, (sexuelle) Potenz zu beweisen. Während durch das so symbolisierte Männlichkeitsideal die Auffassung von der Frau und von der Sexualität festgelegt ist, und zwar in gleicher Weise wie bei Fleming, ist die Schilderung sexueller Szenen (nicht die latente Rolle der Sexualität) im Vergleich zurückhaltend. Auf der Ebene der Erzählweise unterscheidet sich „Jerry Cotton" außer durch das Fehlen sprachlich-stilistischer Raffinesse und literarischer Evokationen durch die Perspektive der Darstellung:

– Der Held, nicht sein ihm beigegebener Kollege und Gesprächspartner Phil Decker, ist der Erzähler, so daß er „selbst immer wieder zum Bewunderer seiner eigenen Leistungen wird und die Unterlegenheit seines Freundes unter der Camouflage kameradschaftlicher Neckerei verwundert und höhnisch kommentiert" (Wesollek 1976, S. 41) – eine offensichtliche Entsprechung des festgestellten Imponiergehabes und neuerliche Manifestation des selbst Freundschaftsbeziehungen innewohnenden Konkurrenzdenkens.

– Der Ich-Erzähler ist nicht an die Bedingungen seiner Sichtweise gebunden, sondern er verfügt gleichzeitig über die Möglichkeiten personalen und auktorialen Erzählens. Als Funktionen des andauernden Standpunktwechsels können eine Verringerung der Leser-Text-Distanz und eine effizientere Steuerung der Leserreaktion vermutet werden, die die bei Fleming zuweilen noch als möglich erscheinende ironische Lektüre ausschließen.

„Er [Cotton] ist ein kärglich bezahlter Beamter und nimmt teil an den Nöten und Versagungen der Mehrheit. Das realistische Moment, das sich so in die Heftwelt einzuschleichen scheint, wird aber zum Mittel, die Verfassung der Gesellschaft als vernünftig erscheinen zu lassen, wenn er die Nöte und Versagungen als notwendig ausgibt, und es wird zum Mittel, gesamtgesellschaftliche Verbesserungen als unnötig hinzustellen, wenn der kärglich Bezahlte als Held des Konsums exemplifiziert, wie auch einer seiner Gehaltsklasse, so er nur gehörig knausert, zumindest in einer Disziplin den Konsumsieg und damit Bewunderung und Ansehen erringen kann [...]." (Wesollek 1976, S. 190)

Weniger noch als die anderen Genres läßt sich das, was als Science-fiction bezeichnet wird, auf konstante Merkmale zurückführen. Dieser Sachverhalt spiegelt sich in unterschiedlichen Gegenstandsbestimmungen und in unterschiedlichen historischen Herleitungen.

Für *Asimov* (1972), der eine erste Position repräsentiert, geht „wirkliche" Science-fiction von der Frage aus, wie die denkbaren künftigen Welten aussehen, welche Lebens- und Gesellschaftsformen aus bereits sich abzeichnenden wissenschaftlichen und technischen Entwicklungen und möglichen oder schon getroffenen politischen Entscheidungen resultieren. Diese Frage impliziert eine *aufklärend-prognostische Funktion*, die sich niederschlägt in Voraussagen des Zweiten Weltkriegs (Herbert George Wells: „The shape of things to come" 1933), der Atombombe und des Atompatts (Robert A. Heinlein: „Solution unsatisfactory" 1940), in Gestaltungen des Übervölkerungsproblems (Frederik Pohl/Cyril Kornbluth: „Gravy planet" 1952; Frederik Pohl: „Census takers" 1956), in der Antizipation faschistisch-totalitärer Gesellschaften (Nathan Schachner/Arthur Leo Zagat: „Exiles of the moon" 1930) oder der Risiken der Weltraumforschung (Isaac Asimov: „Trends" 1939). Als Beispiel für die prognostische Funktion, freilich auf das technische Gebiet beschränkt, wird weiter angeführt, daß John W. Campbell, Herausgeber des einflußreichen Magazins „Astounding Science Fiction", 1944 in den Verdacht der Spionage geriet, weil eine von ihm publizierte Erzählung, Cleve Cartmills „Deadline", den Bau der Atombombe sehr realitätsnah beschrieb, und daß das amerikanische Verteidigungsministerium und das „Massachusetts Institute of Technology" Science-fiction auf verwertbare Ideen überprüfen. – Voraussetzungen des durch seine Ausgangsfrage charakterisierten literarischen Phänomens sind einerseits die neuzeitliche Wissenschaft und Technik, andererseits die im 18. Jh. erfolgte „Erkenntnis, daß der Mensch die Entwicklung steuern, die Gesellschaft nach einem Entwurf organisieren, die Verhältnisse intellektuell konstruieren könne" (Asimov 1972, S. 138). Ein Vorläufer ist Johannes Kepler, der in einem Reisebericht vom Mond („Somnium" postum 1634) „erstmals korrekte Daten zugrunde legte und das Nachbargestirn nicht als eine andere Erde darstellte" (Asimov 1972, S. 138). Der erste Vertreter ist *Jules Verne*. Eine zweite Position weicht von der ersten dadurch ab, daß sie der Science-fiction nicht so sehr eine prognostische als vielmehr eine (in sehr weitem, Phantastik und Irrationalität einschließendem Sinn) *kritische Rolle* zuschreibt und sie in einen anderen

Der Selbstinterpretation Asimovs gegenübergestellt werden, die sich auf seinen Roman „The caves of steel" (1954) bezieht: „Geschickt baut Asimov die antikapitalistischen Ressentiments und den romantischen Antitechnizismus vieler Leser und Kollegen in seinen Roman, ohne allerdings dabei auf das unabdingbare Ideologem von der ewig gleichen Natur des Menschen zu verzichten. Das ermöglicht ihm, vor allem unter der ablenkenden Drohung einer Überbevölkerung der Erde und der Schwierigkeit ausreichender Ernährung aller Bürger, die Frage nach der Legitimation von Herrschaft in der Zukunftsgesellschaft vollkommen unberücksichtigt zu lassen." Das in der Fiktion vorhandene technokratische System ist „aller Kritik, ja aller präzisen Analyse enthoben [. . .]. Abermals erscheinen die Produktivkräfte Naturwissenschaft und Technik jenseits aller Produktionsverhältnisse." (Pehlke/Lingfeld 1970, S. 50f. u. 55)

„Voyage et aventures de Lord W. Carisdall en Icarie" enthält in romanhafter Einkleidung den Entwurf eines philosophischen Systems und einer Gesellschaftsverfassung. Diese Verfassung ist die einer klassenlosen sozialistischen Demokratie, die aufbaut auf dem durch Aufklärung und Diskussion herbeigeführten Konsensus der Bürger und auf fortgeschrittenen, einen hohen Lebensstandard gewährleistenden Produktionstechniken; ideologisch-moralisch ist sie geprägt durch religiöse Toleranz und eine rigide Moral im sexuellen und familiären Bereich.

Allein für Frankreich können für das 18. Jh. 10 - 20 jährliche Neuerscheinungen auf dem Gebiet der Utopien veranschlagt werden.

Traditionszusammenhang stellt. Dieser Traditionszusammenhang umfaßt die humanistischen Staatsentwürfe Mores, Campanellas, Bacons, wenn nicht sogar ihre Vorläufer und Vorbilder seit Platon; er umfaßt sodann die Reihe der ihnen nachfolgenden Gesellschaftstheoretiker von Thomas Hobbes über Rousseau zu den Frühsozialisten und der gleichfalls von ihnen ausgehenden Verfasser von Staats- und Reiseromanen. Unter diesen letzteren werden genannt Bergerac, Swift, Voltaire, Mercier, die Robinsonaden, zumal Defoe und Schnabel, und wiederum die Frühsozialisten wie Cabet, die die überkommenen literarischen Mittel zur Propagierung ihrer Ideen benutzten.

Beide Positionen sind ihrer logischen Struktur nach widersprüchlich: ihre Aussagen sind teils wertend, teils deskriptiv, teils verschleierte Formen von Nominaldefinitionen. Der Versuch, die Widersprüche aufzulösen, führt *entweder* 1 zu einer unzweckmäßig starken Einengung des Begriffsumfangs (das geschieht, wenn nach der notwendigen Präzisierung des Definiensbestandteils „prognostische/kritische Funktion" die beiden Auffassungen als Nominaldefinitionen reformuliert werden) *oder* 2 zu einer offensichtlich apologetischen Charakterisierung dessen, was alltagssprachlich Science-fiction heißt (dann, wenn die Auffassungen für Resultate empirischer Analysen genommen werden).

Eine dritte Position endlich (vertreten von Nagl 1972) beruht nun gerade auf einer empirischen Analyse: ausgehend vom alltagssprachlichen Verständnis, sucht sie wesentliche Eigenschaften der betreffenden Texte aufzufinden – Eigenschaften, die dann zur genaueren Bestimmung des Genres und zur Revision der Ursprungsthesen verwendet werden. Diese Revision setzt an bei der wieder aufgenommenen Frage nach der prognostischen oder kritischen Leistung der Science-fiction, wobei als Indikatoren 1) die Rolle der theoretisch-politischen Phantasie und 2) die Rolle der Wissenschaft gewählt werden.

Theoretisch-politische Phantasie (um dieses Ergebnis der Analyse vorwegzunehmen) ist im allgemeinen von geringer Bedeutung; sie verschwindet hinter der Phantastik der abenteuerlichen Handlung. In den Utopien der Humanisten dagegen sind „die politischen und sozialen Intentionen nur in eine karge, streng funktionale epische Fiktion gebettet", die sowohl als Vehikel wie als „Tarnung der oppositionellen politischen Aussage" dient (Nagl 1972, S. 29). Die Science-fiction ist also schon unter diesem Gesichtspunkt nicht das moderne Äquivalent jener Utopien, noch sind diese ihr direkter und einziger Ursprung. Als weiterer Ursprung ist vielmehr der traditionelle Reiseroman zu betrachten: Unter seinem Einfluß setzt sich in den zahlreichen späteren Utopien eine Tendenz zu ‚autarker Fiktionalisierung' auf Kosten des politischen Gehalts durch. Da zugleich einzelne utopische Elemente, auch sie aus ihrem ideellen Zusammenhang gelöst, vom Reiseroman assimiliert werden, entstehen eine Reihe mehr oder minder unpolitischer, phantastischer, abenteuerlicher Mischformen. Deutschsprachige Zeugnisse sind *Schnabels* „Insel Felsenburg", und zwar vor allem in ihren späteren Teilen, *Zschokkes* dreibändiger Roman „Die schwarzen Brüder" (1791–95) und „Ini. Ein Roman aus dem ein und zwanzigsten Jahrhundert" von *Julius von Voß* (1810). Zschokke stellt in den ersten beiden Bänden die politische Entwicklung, die zur Proklamation der Demokratie in den USA und zur Französischen Revolution führte, als Werk des fortschrittlich gesinnten Geheimbundes der „schwarzen Brüder" dar. Widerstreiten sich hier schon die verkündeten republikanischen Ideale und die ideologischen Implikationen der literarischen Mittel, die ja den Ritter-, Räuber- und Schauerromanen entstammen, so werden jene Ideale im dritten Band völlig negiert: die Handlung, ins 24. Jh. verlegt, entspricht der mittlerweile gewonnenen Überzeugung der „schwarzen Brüder", daß Individuum und Gesellschaft unwandelbaren Gesetzen unterworfen und alle Versuche der Selbstbestimmung verhängnisvoll seien. Voß erzählt eine abenteuerliche Liebesgeschichte aus einer Zukunft, in der „die Welt nur noch aus einigen großen Kaiserreichen besteht" und in der „die Volksrente, die Krankenversicherung, die progressive Erbschaftssteuer, die Religion als Philosophie, ‚ohne Priester, ohne Kultus', die Vergeudungswirtschaft" eingeführt und alle Handelsprivilegien abgeschafft sind (Nagl 1972, S. 38 f.). Diese politischen und technisch-wissen-

Für die Zeit zwischen 1700 und 1800 sind ca. 200 englische, französische, holländische und deutsche (59) „voyages imaginaires" nachgewiesen. Verne beruft sich ausdrücklich auf sie als Vorläufer, so mit dem Gesamttitel seiner Romane, „Les voyages extraordinaires". ebenfalls darauf hin.

Voß, *Julius von*, deutscher Schriftsteller, 1768 – 1832; zahlreiche Romane über das Berliner Leben seiner Zeit.

„Ini und Guido, zwei Kaiserkinder, die natürlich ihre wahre Herkunft nicht kennen, verlieben sich ineinander gegen den Widerstand ihrer Erzieher. Guido muß eine Ausbildung absolvieren, wobei er sich beim Bau von fliegenden Musikinstrumenten, in Technik und Wissenschaft, als Heerführer, bei Zweikämpfen und Abenteuern am Nordpol als echter Superman erweist. Nebenbei lüftet er in galanter Absicht die Schleier von Damen, die sich aber immer als Ini entpuppen. Den Höhepunkt bildet die Enttarnung Guidos als Sohn des Kaisers von Europa, der – ob seiner Taten – als Nachfolger für würdig befunden wird, aber aus Gründen der Staatsraison die ihm unbekannte Tochter der Kaiserin von Afrika heiraten muß. Resigniert lüftet er bei der Hochzeit den Schleier der Braut. Es ist – Ini, seine Geliebte!" (Nagl 1972, S. 38)

„Aber diese Anklänge an die Sozialutopie nehmen sich doch nur als pflichtgemäße Schlenker aus gegenüber der Fülle von politisch unverfänglichen Erfindungen und Entdeckungen [. . .] und der gewichtigen Begeisterung, mit der sie beschrieben werden. Da gibt es Taucherglocken, mechanische Greifarme für Unterwasserarbeit, schwimmende, von gezähmten Walen gezogene Inseln, lenkbare Luftschiffe, Häuser auf Rädern, das Periskop, Bomben mit Mehrfach-Sprengsätzen, Musik als Mittel der psychologischen Kriegführung, künstlich hergestellte Diamanten (für ‚die Frauen der niederen Klassen'), Antizipationen der Spektralanalyse und des Napalms, die Abtragung und den Neuaufbau ganzer Gebirge, die künstliche Einschläferung von Menschen über Jahrhunderte, ‚die endlich gefundene Quadratur der Rundung', Kriege unter Wasser, unter der Erde und in der Luft mit Giftgasen und künstlichen Seuchen." (Nagl 1972, S. 39)

schaftlichen Aspekte sind indessen der Geschichte und ihrem Anspruch, zu trösten und abzulenken, untergeordnet.
Was in der Science-fiction *Wissenschaft* heißt, spielt eine bedeutsame, doch zugleich eine eingeschränkte und zwiespältige Rolle. Eingeschränkt deshalb, weil diese Wissenschaft fast aus-

Dem Forscher Victor Frankenstein gelingt es, aus Leichenteilen einen künstlichen Körper zu formen und ihn zu beleben. Das Produkt der prometheischen Tat sucht Gemeinschaft und Liebe, kann sie jedoch wegen seiner abstoßenden Häßlichkeit nicht finden. Davor, ihm eine Gefährtin zu erschaffen, scheut Frankenstein trotz seines Mitleids zurück. Das Monstrum ermordet daraufhin in seiner Enttäuschung und Wut den Freund, dann die Braut des Wissenschaftlers. Dieser, gewillt, sein Geschöpf zu vernichten, macht sich an die Verfolgung, bis er – von absichtsvoll ausgelegten Spuren durchs Mittelmeer und durch Rußland geführt – in der Arktis den Strapazen erliegt. Das Ungeheuer, dessen Wut gestillt, dessen Schmerz und Reue aber angesichts des Todes Frankensteins ohne Maß sind, sucht nun selbst den Untergang.

Der Widerspruch zu der „rationalistischen" Deutung der Kriminalgeschichten Poes ist im Gegenstand begründet, denn einerseits sind die philosophischen Auffassungen des Autors nicht über die Zeit hinweg konsistent, andererseits aber ist der Anteil humoristischer Distanz (Gruselgeschichten als artistische Verwirrspiele) nicht immer klar auszumachen.

schließlich verwendet wird für die Entwicklung von Transportmitteln, Waffen und Computern bzw. Robotern; zwiespältig deshalb, weil der Wissenschaft nicht nur die (seltenen) fundierten Prognosen, sondern auch Neubenennungen altbekannter technischer Gegenstände und Einfälle einer unkontrollierten, magisch-animistischen Phantasie zugeschlagen werden. Zwiespältig ist aber vor allem ihre Bewertung, wie an der Figur des Wissenschaftlers noch zu demonstrieren sein wird. Anders in den Utopien: in ihnen sind die Hochschätzung des Intellekts, der Glaube an den fortschrittlichen und befreienden Charakter der prinzipiell rationalen Wissenschaften unbestritten, Erkenntnis ist gesamtgesellschaftlich, nicht allein technisch bezogen und Bedingung aller Wohlfahrt. – Erneut ist also eine wichtige Differenz zwischen den Utopien und der Sciencefiction festzustellen. Daraus ergibt sich die für die historische Herleitung relevante Frage, ob die Ambivalenz in der Bewertung der Wissenschaft und die eigentümliche Vermischung von Wissenschaft und Magie in Literatursorten nachweisbar sind, die der Science-fiction vorausgehen. Das ist der Fall, und zwar im Schauerroman. Unmittelbarer Anknüpfungspunkt für die Späteren ist *Mary Wollstonecraft-Shelleys „Frankenstein".* Dieses Werk verbindet die alten Motive des Zauberlehrlings und des künstlichen Menschen miteinander und aktualisiert sie, indem es sie als Symbole für Wissenschaft und Technik deutet, Symbole, die der erkennenden Tätigkeit und ihrer Verwertung eine irrational-dämonische Qualität zuschreiben. Die Wirkung läßt sich daran ablesen, daß der Titelheld und das von ihm geschaffene Ungeheuer bis heute mit den Problemen der Automation, des Robotereinsatzes und der Organverpflanzung assoziiert sind. – Des weiteren ist *Poe* zu nennen. In seinen psychologischen Gruselgeschichten vervollkommnet er das Verfahren, durch erzählerische Mittel wie Ich-Perspektive, Einfügen fingierter Dokumente (Tagebücher, Briefe usw.), vor allem aber eine quasi wissenschaftliche Detailgenauigkeit Unfaßbar-Grauenhaftem den Anschein der Authentizität zu geben und so die Vernunft auf vorgeblich rationale Weise ad absurdum zu führen. In seinen Reiseberichten benutzt er dieselben Mittel für die Schilderung z. B. eines Ballonflugs zum Mond („The unparalleled adventures of one Hans Pfaal" 1835) und einer Expedition zum Südpol, welcher sich, nach Überwindung der Eisbarriere, als von bösartigen Wilden und geheimnisvollen Riesen bewohnt erweist („The narrative of Arthur Gordon Pym of Nantucket" 1837/38, fortgesetzt von Jules Verne und Howard Ph. Lovecraft). Prototypisch sind nicht die ohnehin weit verbreiteten stofflichen Elemente, sondern eben die wissenschaftliche Attitüde, die phantastischen Inhalt und dokumentarische Form kontrastiert und jenen durch diese beglaubigt; sie ist Entsprechung und Ergänzung der im Schauerroman ausgebildeten Konzeption der Wissenschaft und ihrer Verwendung als Erzählgegenstand.

Als erste Vertreter der Science-fiction gelten *Jules Verne* und *Herbert George Wells.* Verne verfaßte zwischen 1863 und 1905 rund achtzig Romane, von denen mehrere zunächst fortsetzungsweise in einer Jugendzeitschrift, dem „Magasin d'éducation et de récréation" des einflußreichen Verlegers Jules Hetzel, erschienen.

Die Analyse von Vernes Gesellschaftsmodellen zeigt die wesentlichen Merkmale seiner Ideologie, „den moderierten Liberalismus, die saint-simonistische Sozialethik, den Szientismus und das laizistisch-positivistische Erziehungsideal" (Neuschäfer 1976, S. 103). Wegen seiner Bedeutung für die Hypothesen zur Entstehung und zum Wesen der Science-fiction verdient der Aspekt des *Szientismus,* allgemeiner: der Einschätzung von Wissenschaft und Technik nähere Beleuchtung; geeigneter Ansatzpunkt ist die Frage, welche Rolle Wissenschaftler und Techniker in den fiktionalen Gesellschaften spielen. Die Antwort läßt sich an der Gestalt Nemos entwikkeln. Nemo ist zunächst ein genialer Erfinder, Ingenieur und Gelehrter; als solcher steht er in einer Reihe mit Barbicane, dem Initiator des Mondflugprojekts, und Cyrus Smith. Indessen: dieser letztere – ein neuer, vollkommenerer Robinson, vollkommener gerade deshalb, weil er „über das ‚richtige' Wissen verfügt, nämlich das der modernen Naturwissenschaften und der aus ihnen hervorgegangenen Technologien" – baut eine Sozialordnung auf, die, die bürgerliche des späten 19. Jh. spiegelnd,

Der folgende Überblick orientiert sich (wie die dritte Position) am alltagssprachlichen Verständnis von Science-fiction. Über Anteil und Gewichtung der verschiedenen Traditionen und Einflüsse (Märchen, Thriller usw.) ist erst anhand einläßlicher Einzelinterpretationen zu entscheiden. – Das Wort „Science-fiction" stammt von Hugo Gernsback; seit 1927 konkurriert es (erfolgreich) mit Gleiches bezeichnenden Termini wie „scientific romance", „fantasy" oder – nach seiner Übernahme in den deutschen Sprachgebrauch zu Anfang der fünfziger Jahre – „Zukunftsroman" u. ä.

Hauptmotive der Verneschen Romane

Das dominierende Motiv ist die Reise, sei es im Ballon, in der Rakete oder im Unterseeboot, sei es zum Mond, um die Erde oder zu ihrem Mittelpunkt. Es erlaubt die Verbindung des Abenteuerlichen mit der geographischen, astronomischen, physikalischen oder geologischen Belehrung. Diese Verbindung, zugeschnitten auf das intendierte Publikum, das freilich nicht das einzige blieb: „De la terre à la lune" und „Autour de la lune" wurden 1864/65 im „Journal des Débats" veröffentlicht – diese Verbindung erfolgt in der Weise, daß sie die traditionellen Elemente der fiktionalen Reiseliteratur und der seit dem 18. Jh. sich konstituierenden Jugendliteratur aufgenommen und, um ihnen neues Interesse und neue Glaubwürdigkeit zu verleihen, wissenschaftlich eingekleidet werden: Der Wunsch zu fliegen, der in Mythen und Märchen mittels wunderbarer Kräfte erfüllt wird, verwirklicht sich nun durch die Verwendung eines Ballons bzw. eines bewohnbaren Projektils, das aus einer in die Erde eingelassenen Kanone von 900 Fuß Länge und neun Fuß Durchmesser abgefeuert wird; der Besuch in der Unterwelt wird umgestaltet zu einer Art höhlenkundlicher Expedition oder zur Erkundungsfahrt an Bord des U-Boots „Nautilus". In jedem Fall schließt Verne an aktuelle Entwicklungen und Ereignisse und an den zeitgenössischen Wissensstand an: die Flüge der Montgolfieren (seit 1783), dann der gasgefüllten Freiballons, nach der Jahrhundertmitte einsetzende erfolgreiche Versuche mit U-Booten, erste technische Nutzung der Elektrizität und des Aluminiums, die seinerzeit verfügbaren und ausführlich wiedergegebenen Informationen z. B. über Voraussetzungen des Erdfluchtmanövers hinsichtlich Startgebiet und Starttermin, notwendiger Geschwindigkeit usw. – Neben der Reise ist die Insel ein zentrales Motiv. Wie die funktionsgleichen Varianten – von der Umwelt isolierte Flug- und Schwimmkörper, die Stadt inmitten einer Wüste – eröffnet sie die Möglichkeit, einfache Modelle des sozialen Lebens zu entwerfen.

JULES VERNE

Der französische Schriftsteller *Jules Verne* (* 8. 2. 1828 Nantes, † 24. 3. 1905 Amiens) war mit seinen utopisch-technischen Abenteuerromanen sehr erfolgreich und von Wirkung bis in die Gegenwart. Zu seinen wichtigsten Werken zählen Voyage au centre de la terre (1864; dt. Reise zum Mittelpunkt der Erde); De la Terre à la lune (1865; dt. Von der Erde zum Mond); Vingt mille lieues sous les mers (1869f.; dt. Zwanzigtausend Meilen unter dem Meer); Le tour du monde en 80 jours (1873; dt. Reise um die Erde in 80 Tagen).

Oben: Zwei Illustrationen aus der französischen Erstausgabe von Vernes „Vingt mille lieues sous les mers".

Links: Frontispiz der französischen Erstausgabe des 1873 erschienenen Romans „Le tour du monde en quatre-vingts jours".

Unten: Titelbild einer 1977 erschienenen Ausgabe der „Geheimnisvollen Insel".

„Vingt mille lieues sous les mers" schildert die Abenteuer des französischen Meeresforschers Arronax und zweier Begleiter, die an der Verfolgung eines vermeintlichen Seeungeheuers teilnehmen, bei der Kollision ihres Schiffes mit dem unidentifizierten Objekt aber über Bord gehen. Aus äußerster Not werden sie nun gerade von diesem Objekt gerettet: es stellt sich als menschliches Erzeugnis, als Unterseeboot heraus. Sein Erfinder und Kapitän, Nemo, zwingt die drei neuen Passagiere, seine teils faszinierende, teils Empörung provozierende Reise mitzumachen – faszinierend, weil sie zumal Arronax erlaubt, bei einer Polunterquerung, beim Besuch des versunkenen Atlantis usw. nie Gesehenes kennenzulernen und so seine wissenschaftliche Neugierde zu befriedigen, empörend, weil die drei Gefangenen sinnlos-destruktive, mörderische Aktionen Nemos erleben. Nach neun Monaten gelingt ihnen dann endlich die Flucht.
In der „Ile mystérieuse" (1874) wird eine Gruppe von

Nordamerikanern unter Führung des Ingenieurs Cyrus Smith auf eine Pazifikinsel verschlagen. Aus dem Nichts baut sie die Zivilisation neu und in besserer Weise auf. Die Bedrohung durch Piraten wird abgewendet, und es folgt die Rückkehr in die Gesellschaft – beides mit Hilfe des gewandelten und geläuterten Nemo.
Die optimistische Wendung der „Ile mystérieuse" wird zurückgenommen z. B. in „Les cinq cents millions de la Bégum" (1879), wo sich das zerstörerische Potential der hoch industrialisierten und militarisierten „Stahlstadt", einer Gründung des deutschen Ingenieurs Schultze, im Grunde nur noch zufällig in die idyllische Lebensform von „France-Ville" integrieren und so entschärfen läßt; und selbst diese Möglichkeit erscheint in „L'étonnante aventure de la mission Barsac" (postum 1919) verschlossen: Dem zum Instrument einer Verbrecherclique gewordenen Wissenschaftler bleibt am Ende nur, sein Werk und sich selbst zu vernichten.

ihre Widersprüche und Bedrohungen jedoch verdrängend, als Erfüllung der Menschheitsgeschichte konzipiert ist. In Nemo dagegen und in der Organisation und Funktion seines Schiffes wird die Harmonie von Machbarem und Wünschbarem, von fortgeschrittenen Produktivkräften und politischem Bewußtsein aufgelöst: er schwankt „zwischen einem vagen politischen Liberalismus, sozialem Mitleid, melancholischer Resignation und größenwahnsinnigem Haß" (Neuschäfer 1976, S. 110 u. S. 127 f.), die „Nautilus" ist eine einzigartige Erfindung zum Zweck der Forschung, aber auch und vor allem ein Instrument der Rache, der Eigensucht, der unkontrollierbaren, willkürlichen Machtausübung. Nemo präfiguriert auf diese Weise sowohl den dämonischen Wissenschaftler wie auch – Ergebnis einer Aufspaltung seines Charakters – das Paar des dämonischen Unternehmers und dessen Werkzeugs, des weltfremden, politisch regredierten Gelehrten, Figuren also, die im Spätwerk Vernes und darüber hinaus in der gesamten nachfolgenden Science-fiction, unabhängig von ihrer Erscheinungsweise als Roman, Film oder Comic, das Stereotyp des Forschers (und des Geschäftsmanns) bestimmen. Er kündigt außerdem die Anti-Utopien an, die in Wissenschaft und Technik Ursachen oder Bedingungen einer totalitären Diktatur sehen; neben Wells sind beispielhaft zu nennen Jewgenij Samjatin („Wir", entstanden 1920), Aldous Huxley („Brave new world" 1932), George Orwell („Nineteen eighty-four" 1949), Ray Bradbury („Fahrenheit 451" 1953).

Mit Verne an literarischer Fruchtbarkeit vergleichbar, dasselbe Prinzip der bald realistischen, bald spekulativ-phantastischen Extrapolation wissenschaftlicher Hypothesen anwendend, übte *Wells* (vgl. S. 60) einen noch größeren Einfluß auf die spätere Science-fiction aus.

Ausgehend von Verne und Wells, entstanden in der Folge nationale Schulen und Traditionen unterschiedlicher Bedeutung:
– die *französische*, vertreten von *Jacques Spitz* („La guerre des mouches" 1936), *René Barjavel* („Le voyageur imprudent", geschrieben 1942) und einer Reihe von Autoren, die nach 1950 die mittlerweile entwickelten amerikanischen Modelle adaptierten;
– die *polnische*, erwähnenswert vor allem wegen eines der meistdiskutierten Science-fiction-Schreiber der Gegenwart, *Stanislaw Lems;* er erörtert in fiktionalen und in theoretischen Werken (z. B. „Summa technologiae" 1967) die ethischen Probleme, die sich aus der Emanzipation des Menschen von der Natur, den wachsenden Möglichkeiten sozialer und genetischer Selbststeuerung einerseits, der notwendigen, aber nicht geleisteten Zielbestimmung andrerseits ergeben;

Wells, *Herbert George*, englischer Schriftsteller, * 21. 9. 1866 Bromley, † 13. 8. 1946 London; gehörte zeitweise der Fabian Society an, 22–23 Kandidat der Labour Party; umfangreiches Werk: ca. 100 Bde über die verschiedensten Themen: biologische, volkswirtschaftliche und historische Werke; epochemachende utopische Romane, sozialkritische, humorvolle Romane in der Dickens-Tradition (*Kipps; Mr. Polly*); zuletzt pessimistische Essays.

Romane u. a.:
The Time Machine (1895; dt. Die Zeitmaschine); The War of the Worlds (1898; dt. Der Krieg der Welten); The First Men in the Moon (1901; dt. Die ersten Menschen auf dem Mond); Kipps, the Story of a Simple Soul (1905); The History of Mr. Polly (1910).

Wells nimmt zur Grundlage u. a. die Theorie eines vierdimensionalen Alls, die Möglichkeit einer zur Fortbewegung nutzbaren Anti-Gravitation oder eines mehrhundertjährigen künstlichen „Winterschlafs", vor allem aber den Darwinismus, der – im Verein mit bestimmten physikalischen und astronomischen Postulaten und einem prinzipiellen Pessimismus – dazu dient, Katastrophenvisionen zu motivieren. (Wenig erfolgreich waren Wells' optimistische Entwürfe: „Modern Utopia", 1905, die Darstellung eines aristokratisch-autoritären Staats mit einem sozialistischen Wirtschaftssystem, oder „The world of William Clissold", 1926, wo eine von der Großfinanz geführte, die technische Entwicklung fördernde Weltrepublik geschildert wird.) In „The time machine. An invention" (1895) gelingt es, mit Hilfe einer Erfindung (nicht, wie früher allenfalls denkbar, im Zustand des Traums oder der Hypnose) weite Zeiträume zu durchqueren. Bei einer ersten „Landung" im Jahr 802 701 findet der Zeitreisende eine körperlich, intellektuell und moralisch degenerierte Zweiklassengesellschaft vor; bei der nächsten Landung stellt er das Ende der Menschheit, bei der dritten das der Erde als eines bewohnbaren Planeten fest. Was jene Gesellschaft betrifft, so erinnern an sie sowohl die in „When the sleeper wakes" (1899/1910) geschilderte wie auch der Ameisenstaat der Seleniten („The first men in the moon" 1901), Gebilde also, in denen das Individuum dem Kollektiv geopfert wird. Umgekehrt zerstören der Physiologe Moreau, der in makabren Experimenten Tiermenschen erzeugt, von ihnen aber schließlich getötet wird („The island of Doctor Moreau" 1896), und der Chemiker Griffin, der sich mittels einer Mixtur unsichtbar zu machen weiß und im Schutz dieser Unsichtbarkeit Machtrausch und Zerstörungslust auslebt („The invisible man" 1897), die Fundamente sozialer Ordnung. Ergänzt wird das Thema des steten, unlösbar erscheinenden Konflikts zwischen Individuum und Gesellschaft durch die detaillierte Beschreibung ihrer Interdependenz: Der Angriff technisch weit überlegener Marsbewohner führt bei der betroffenen südenglischen Bevölkerung zu Panik und chaotischer Flucht, in der gleichermaßen die sozialen wie die psychischen Strukturen sich auflösen („The war of the worlds" 1898). Der „Krieg der Welten" wird aus der Perspektive eines Augenzeugen wiedergegeben. Dieser erlebt den Einschlag der vom Mars kommenden Flugkörper mit, er sieht, wie ihnen Wesen von grauenvoller Häßlichkeit entsteigen, die alsbald mittels einer Strahlenwaffe ihr Werk beginnen. Sie töten und zerstören und rufen in ganz Südengland Panik hervor; London wird evakuiert; nichts kann ihnen widerstehen, bis sie selbst – kaum drei Wochen nach ihrer Ankunft – unerwartet Opfer irdischer Krankheitskeime werden, gegen die sie nicht resistent sind. – Von diesem Roman angeregt, produzierte Orson Welles 1938 ein Hörspiel, dessen Ausstrahlung durch die CBS beim (realen) Publikum eine Reaktion hervorrief, die der (fiktiven) Reaktion, wie sie Wells beschreibt, fatal glich.
Der wichtigste, weil folgenreichste Aspekt der Idee eines interplanetaren Kriegs – wichtiger als die ‚literarische und psychologisch-motivierende Perfektion' (Nagl 1972) – ist, daß der Krieg explizit als Teil eines universalen und unaufhörlichen Kampfes ums Dasein gedeutet wird.

– die *sowjetische,* die in den zwanziger und seit den fünfziger Jahren eine eigenständige Entwicklung nahm, und zwar sowohl hinsichtlich des Themenausschnitts als auch der optimistischen Grundhaltung.

Dominant ist freilich die *nordamerikanische Science-fiction.* An ihrem Anfang steht *Edgar Rice Burroughs'* „Under the moons of Mars" (1912); sein Held gleicht der anderen Kreation des Autors, Tarzan, die Handlung, obwohl auf den Mars versetzt, greift die Muster des Ritterromans auf. Der eigentliche Aufschwung des Genres aber ist *Lovecraft, Gernsback* und *Campbell* zu verdanken, die nicht nur durch eigene Produktionen, sondern vor allem durch die Gründung bzw. Herausgabe von Magazinen neue Autoren- und Lesergruppen erschlossen. Gernsbacks „Amazing Stories" (seit 1926) sind mit dem Namen Edmund Hamiltons, der „space-opera" und einem noch vorwiegend jugendlichen Publikum verbunden. Campbell, von 1937 an Leiter der „Astounding Science Fiction", forderte und förderte einen bestimmten wissenschaftlichen und literarisch-stilistischen Standard, der die Voraussetzung dafür war, daß die Zeitschrift bei entscheidenden Teilen des erwachsenen Publikums

Resonanz fand; die Liste seiner Autoren umfaßt die teilweise oben genannten prominenten Namen der nächsten zweieinhalb Jahrzehnte. Während dieser Zeit wurden Wells' Themen, Motive und Stoffe innerhalb des von ihm vorgegebenen Rahmens variiert und weiterentwickelt:

– die Etablierung anonymer, übermächtiger Bürokratien, die nicht nur für die Anti-Utopien charakteristisch sind;

– die Auflösung der überkommenen moralischen und religiösen Orientierungssysteme, sichtbar an den veränderten Sexualnormen (allgemeine Promiskuität) und an der veränderten Auffassung vom Tod (Euthanasie, Unsterblichkeit durch Mutationen oder Körpertausch usw.);

– die Bereitstellung von Transportmitteln, die Reisen zu den äußersten Punkten des Universums, in die Zukunft und in die Vergangenheit ermöglichen (die Reise in die Vergangenheit ist ein Weg, die Urzeit zum Erzählgegenstand zu machen, aber auch – aus den mannigfaltigen Überlegungen zur „Zeitparadoxie" abgeleitet – das Doppelgängermotiv des Schauerromans wiederzubeleben);

– die Bereitstellung von Waffen, deren Notwendigkeit daraus resultiert, daß außerirdische Wesen stets das absolut Fremde, das Feindliche verkörpern und daß folglich jede Begegnung mit ihnen kriegerisch, als Eroberung und Unterwerfung abläuft;

– die Bereitstellung von mechanischen, elektronischen oder medizinisch-biologischen Verfahren, mittels derer Monstren und Übermenschen zur Existenz verholfen wird; diese, Roboter oder „Mutanten", verfügen oft über telepathische und telekinetische Fähigkeiten, zuweilen können sie sich unsichtbar machen und sind unsterblich.

Obwohl die amerikanische Science-fiction in dieser ihrer „klassischen" Ausprägung wie anderswo, so auch in der Bundesrepublik Deutschland Vorbildcharakter besitzt und nicht zuletzt aufgrund der Vielfalt ihrer Erscheinungsweisen (als Magazin, Heft, Buch, Film, als Comic, fiktionale Erzählung, Sachbuch usw.) marktbeherrschend ist, läßt sich die deutsche Tradition entgegen einer verbreiteten Auffassung nicht ausschließlich auf sie zurückführen. Nagl (1972) weist anhand reichen Belegmaterials nach, daß bis in die dreißiger Jahre ein angloamerikanischer „Führungsanspruch" quantitativ nicht fundiert ist, ja daß zwischen 1920 und 1933 weit mehr deutsche Science-Fiction-Romane ins Englische übersetzt wurden als umgekehrt.

Erster bekannter Vertreter der *deutschen Science-fiction* ist der von der Philosophie Kants und Schillers und dem „romantisch-spiritistischen" Gustav Th. Fechner beeinflußte *Kurd Laßwitz*. Er liefert „eine liberal-bürgerliche Variante des evolutionistischen Fortschrittsgedankens"; allerdings werden in ihr „das

Seit etwa 1960 begann in den USA und in England eine neue Generation zu schreiben (repräsentiert z. B. von *Philip José Farmer, Norman Spinrad, Roger Zelazny*). Sie entwickelte das Genre fort in Richtung auf eine Mythisierung (z. B. der Übermensch als neuer Prometheus oder gar als Gott), auf eine Sexualisierung und Brutalisierung (ausführliche Beschreibung – besonders auch in Comics – von Tötungs-, Kastrations- und Vergewaltigungsszenen, wobei Macht und Gewalt erotisiert werden), schließlich auch auf Erforschung des Unbewußten (z. B. bei *William S. Burroughs*, in Zelaznys „Dream master" 1966 oder in *Christopher Priests* „The inverted world" 1974 und „The space machine. A scientific romance" 1976). – Im Zusammenhang der Mythisierung ist auch *John R. R. Tolkien* zu erwähnen. In seinen erfolgreichen Werken – „The Hobbit" (1937), „The Lord of the rings" (1954/55) und „The Silmarillion" (postum 1977) – verarbeitet er Elemente aus der biblischen Tradition, aus keltischen, germanischen und finnischen Sagen und Märchen sowie höfischen Epen und Romanen zu ‚prähistorischer Sciencefiction', die eine Weltgeschichte als Kampf zwischen Göttern und „Dunklem Fürsten", zwischen Elben, Zwergen, Zauberern, Hexen, Drachen und anderen Fabelwesen erfindet.

Laßwitz, *Kurd*, deutscher Schriftsteller, 1848 bis 1910; schrieb naturwissenschaftliche Werke, auch Romane *(Auf zwei Planeten)* und Erzählungen *(Bilder aus der Zukunft)*, besonders utopischer Art.

Aus dem Gebiet der kanonisierten Literatur ist *Alfred Döblins* „Berge, Meere und Giganten" (1924) zu erwähnen; Beispiele für die früh einsetzende filmische Adaptation sind u. a. *Paul Wegeners* „Golem" (1914; nach *Meyrink*), *Otto Ripperts* „Homunkulus" (1916), *Robert Wieners* „Cabinet des Dr. Caligari" (1919) und vor allem *Fritz Langs* „Metropolis" (1927; nach *Thea von Harbou*).

Den in Krafts Romanen aufeinanderstoßenden Parteien steht eine verzweigte Geheimorganisation und ein Arsenal von magischen und technisch-futuristischen Waffen zur Verfügung, die von Golems und Zyklopen bis zum ‚Elektrodenmesser', von der Hypnose bis zum gläsernen U-Boot und Fernsehen reichen. Die Aktionen gehen von unterirdischen oder unterseeischen Domizilen aus; die Kämpfe werden unter Wasser (in Lemurien und Atlantis), in riesigen Höhlen oder abgeschiedenen Teilen der Welt ausgetragen. Hier entscheiden sich die wahren Geschicke unseres Planeten. Dem politischen Zustand der Erde entspricht ein geographischer. Sie ist – wie schon Blavatsky wußte – durchzogen von einem ‚Labyrinth' aus ‚unterirdischen Höhlen und Korridoren', die den weißen und schwarzen Magiern als privates Verkehrsnetz dienen." (Nagl 1972, S. 135 f.)

aufklärerische Potential und die kritische Rationalität, die – von der kognitiv-naturwissenschaftlichen Weltsicht des Darwinismus modellhaft ausgehend – auch auf die Erkenntnis gesellschaftlicher Zusammenhänge und deren emanzipatorische Veränderung hätten durchschlagen können," durch eine tendenzielle Biologisierung eben dieser Zusammenhänge und „durch verinnerlichte, individualistische ‚Gemütswerte' abgeblockt" (Nagl 1972, S. 82). Biologisierung und Entpolitisierung kündigen die nächste Produktionsphase an, die mit Namen wie *Robert Kraft, Hans Dominik, Edmund Kiß* und den unter verschiedenen Pseudonymen publizierenden *Adolf Josef Lanz* und *Paul Alfred Müller* verbunden ist. *Kraft,* Verfasser von Heftreihen („Aus dem Reich der Phantasie" 1901) und Lieferungsromanen, Nachfolger von Karl May beim Münchmeyer-Verlag, greift die vorhandenen Science-fiction-Motive auf und verarbeitet sie in okkult-phantastischer, von Helene Petrowna Blavatskys Theosophie beeinflußter Weise. Das gilt zumal für die Romane; in ihnen befindet sich stets „ein mit übersinnlichen Kräften ausgestatteter weltlicher ‚Guru' [. . .] im Kampf mit schwarzen Magiern, die die Weltherrschaft anstreben". Eine Abwandlung dieses Schemas bietet der 1916 geschriebene „Untersee-Teufel": eine „Handvoll deutscher Matrosen [erkämpft] mit Hilfe eines gekaperten U-Bootes, eines telepathisch begabten Voodoo-Negers und vieler ‚sinnreicher' technischer Erfindungen den deutschen Endsieg" (Nagl 1972, S. 135 u. 154). Damit ist die Richtung gewiesen, in der die weitere Entwicklung des Genres verläuft. *Dominik,* der bis 1959 eine Gesamtauflage von über drei Millionen erreichte, interpretiert das Schema durchweg nationalistisch: seine Protagonisten sind Deutsche, ihr Ziel ist, Deutschland zu „erlösen" und zur Weltmacht zu machen, das heißt also, die Niederlage von 1918 zu kompensieren. Bei ihm, stärker aber noch bei Kiß, Lanz und Müller werden Notwendigkeit und Legitimität der Revanche durch mythisierende Konstruktionen begründet, und zwar negativ, indem die Niederlage zur Folge einer verbrecherischen (jüdisch-sozialdemokratisch-bolschewistischen) Verschwörung erklärt wird, positiv, indem der deutsche Wiederaufstieg aus naturgeschichtlichen Gesetzmäßigkeiten abgeleitet wird. Diese Gesetzmäßigkeiten sind formuliert in der Welteislehre, einer „geophysikalischen" Version der alten Lehre vom Kreislauf der Geschichte, und in der Theorie von der rassischen Überlegenheit der Arier. Beide Komplexe verbinden sich im Atlantis-Motiv: Atlantis, alte und zukünftige Heimat der arischen Deutschen, wird Grundlage ihrer Macht und gibt Raum für den Aufbau einer faschistischen Gesellschaft.

Dominik, *Hans,* deutscher Schriftsteller und Ingenieur, 1872–1945; schrieb utopische und technische Zukunftsromane *(Atlantis; Das Erbe der Uraniden; Atomgewicht 500)*

Da, wie angedeutet, die Eigenständigkeit der deutschen Tradition von der öffentlichen Kritik ignoriert wurde, blieb auch ihre Kontinuität über 1945 hinaus im Dunkeln. Die ersten dem Genre gewidmeten Taschenbuchreihen (seit etwa 1960), die Fernseh-Erfolge „Orion" und „Wega", als Paperback oder gebunden publizierte „anspruchsvolle" Science-fiction (seit 1969) schienen in der Tat Import oder Neubeginn zu sein. Inhaltliche und personelle Kontinuität bestand indessen im Gebiet der Comics (von 1946 bis 1970 etwa 600 Hefte in 15 Reihen), der Leihbibliotheksromane (900 Titel) und der Heftromane (3700 Titel in 40 Reihen). Diese Behauptung kann an „Perry Rhodan" verifiziert werden.

Was „Perry Rhodan" von Western- und Krimiserien unterscheidet, ist – abgesehen von der Kulisse – zunächst und vor allem die Konzeption einer übergreifenden Handlung: Perry Rhodan, Kommandant der ersten amerikanischen Mondexpedition 1971, begegnet auf dem Erdtrabanten außerirdischen intelligenten Wesen, den menschenähnlichen Arkoniden, und einigt mit ihrer technisch-militärischen Hilfe die Menschheit. Bedrohungen aus dem All machen den Aufbau eines „Solaren Imperiums" notwendig, das, seit 2044 mit Arkon verbündet, über die Galaxis gebietet. Nachdem die Macht gegen jahrhundertelangen inneren und äußeren Widerstand behauptet und konsolidiert worden ist, werden vom Jahr 2400 an Vorstöße in Richtung Andromedanebel unternommen. Nach anfänglichen Mißerfolgen Rhodans und seiner Männer – sie geraten in eine „Zeitfalle" und werden um 50 000 Jahre zurückversetzt, können sich aber nach manch interessanter Erkenntnis über die Vorfahren der Menschen aus dieser Falle befreien – vernichten sie die Beherrscher jenes Sternsystems. Es folgt ein Jahrtausend konfliktreicher, aber ununterbrochener Expansion, bis sich 3438 die erste Katastrophe – intellektuelle Degeneration der Menschheit, letztlich hervorgerufen durch die Annäherung

Nach Nagl (1972, S. 204 f.) waren Anfang 1967 „an westdeutschen Kiosken und Bahnhofsbuchhandlungen zu erhalten: 9 Heftreihen, 6 Taschenreihen und 9 Comicsreihen, die ausschließlich Science Fiction enthielten. Nach Schätzungen des Zeitschriften-Großhandels machte der Anteil der Science Fiction am Heftroman- und Taschenbuchgeschäft dieser Branche 20 Prozent aus [. . .]."

Plötzlich hob Agen Thrumb alle vier Hände vors Gesicht. Tolot trat noch einen Schritt näher. Da stieß der Stützpunktingenieur einen markerschütternden Schrei aus und stürzte wie vom Blitz gefällt zu Boden.

Rhodan, Atlan und Goratschin eilten auf den zuckenden Körper des Haluterähnlichen zu, doch Icho Tolot breitete seine Stützarme aus und hielt die Freunde auf.

Im selben Moment flammte die neue Spezialkombination des Stützpunktingenieurs auf und verbrannte, obwohl sie aus unbrennbarem Material bestand. Die Asche wirbelte bis zur Decke empor.

Von der Tür her erscholl ein gellender Schrei. Oro Masut hatte ihn ausgestoßen. Der Leibwächter Roi Dantons wurde vom Entsetzen geschüttelt.

Aber auch Perry Rhodan konnte sich des Grauens nicht länger erwehren. Er stöhnte gepreßt, als mit dem Körper Agen Thrumbs eine unheilvolle Verwandlung geschah.

Die weiße Haut verfärbte sich bräunlich, während der Körper unaufhaltsam zusammenschrumpfte. Dann wurde die Haut kohlschwarz, breite Risse brachen auf. Noch einen markerschütternden Schrei stieß der Stützpunktingenieur aus, dann verstummte er endgültig. Sein Körper war inzwischen bis zur Hälfte der Normalgröße zusammengeschrumpft und wirkte wie ein verkohlter Baumstumpf.

Der Großadministrator zuckte zusammen, als sein Armbandtelekom sich summend meldete. Hastig schaltete er es ein. Das Gesicht seines Sohnes erschien auf dem Bildschirm.

„Meldung von den Wachen vor Kulus und Jeffersons Unterkünften!" stieß Roi Danton hervor. „Die beiden sind soeben unter rätselhaften Umständen verstorben. Sie . . ."

Die Stimme brach ab. Rhodan hatte den Aufnahmesektor so gehalten, daß die Überreste Thrumbs in der Bilderfassung lagen. Dann war er dicht an den verkohlten Körper herangegangen.

„Perry Rhodan – der Erbe des Universums", die „größte Science-Fiction-Serie der Welt" (Werbeslogan), besteht seit 1961. Sie umfaßt bislang über 850 Hefte, die teilweise bereits zum dritten Mal nachgedruckt werden; Verlagsangaben vom Herbst 1977 sprechen von einer wöchentlichen Auflage von über 450 000, von einer Gesamtauflage von über 300 Millionen Exemplaren. Lizenzausgaben erscheinen in sechs Sprachen. Daneben existieren Taschenbuchausgaben, Comics, Schallplatten, eine Verfilmung („Perry Rhodan – SOS aus dem Weltall" 1967) sowie der „Perry-Rhodan-Service", der u. a. ein Lexikon, Rißzeichnungen, Modellbaubogen, Poster und Weltraumkarten zur Serie anbietet; erwähnenswert ist auch die begleitende und ergänzende „Atlan"-Reihe.

---

eines gesteuerten Sonnensystems –, nach deren Bewältigung 3580 die zweite Katastrophe ereignet: diesmal eine tiefgreifende seelische Deformation bei den meisten Menschen, die Versklavung der übrigen, die Auflösung des Imperiums. Rhodan, Atlan und wenige andere beginnen von vorn.

Auf die Lektürebedingungen abgestimmt, wird diese Handlung aufgegliedert in „Zyklen" (bis zu 100 Hefte) und Episoden (je ein Heft), die relativ selbständig sind und deshalb jederzeit den Einstieg ermöglichen. Zyklus und Episode entsprechen einander strukturell: die Konfrontation der Imperien spiegelt sich im Zwist der Individuen, Krieg und Eroberung werden in Flucht und Verfolgung übersetzt, die (für Rhodans Reich natürlich nie endgültige) Katastrophe wiederholt sich in der Gefährdung und Rettung des jeweiligen Helden. Sie, die Teile, sind Ausdruck des Denkschemas, das dem Ganzen zugrunde liegt, ja mit ihm identisch ist: das Leben des Einzelnen wie die Geschichte der Völker

Dem „Ausstieg" entgegenwirken sollen (neben der Handlungskonzeption und der Stimulierung des Wunsches nach Vollständigkeit, der durch Nachbestellungen und Kauf von Neuauflagen befriedigt werden kann) die esoterische Terminologie, die „Leserkontaktseite" und die vom Verlag initiierte Bildung von Fan-Clubs – Faktoren, die sämtlich auf die Erzeugung eines „in-group-Bewußtseins" zielen.

ist Kampf – mit freilich schicksalhaft vorentschiedenem Ausgang.

Damit nun fügt sich die Serie in den Rahmen der bereits behandelten Heftromane, denn spezifisch sind weder das Denkschema selbst noch die meisten seiner Emanationen: die Schwarz-Weiß-Malerei, das Charisma der Führergestalten, die entsprechende autoritäre Hierarchie der in-group, die „sexistische" Abwertung der Frau. Wiederum spezifisch indessen – aber in ihrer besonderen Wirkung schwer abschätzbar – sind
– die Politisierung der Fiktion (alles Handeln ist Handeln staatlicher Instanzen),
– ihre Militarisierung (alles Handeln ist militärisches Handeln, der Staat befindet sich in ständigem Notstand, seine Organisationsform ist die kämpfender Armeen),

Bestätigt wird diese Darstellung u. a. von Beobachtungen zur Sprache: „Wo Terraner aufeinandertreffen, werden fast ausschließlich Herrschafts- und Gehorsams-Formeln getauscht. Die Sprache ist auf Befehls- und Ausführungserklärungen verkürzt. Treffen Terraner auf andere Wesen und wird dabei überhaupt geredet und nicht sogleich geschossen, beschränkt sich Sprache auf das Hin und Her von Imponiersprüchen, Drohungen und Unterwerfungsforderungen. Diskussionen unter Experten bestehen in der Wiedergabe von technischen Daten.
Die Berichtssprache der Autoren beherbergt dieselben Elemente. Sie ist rein indikativisch (fast völliger Verzicht auf Kausalsätze), eng, gedrängt, geladen, angestrengt atemlos. Vokabeln und Rhythmus sind die der Frontberichterstattung, militant-aggressiv und im Stakkato, so die Feld-Szenerie reproduzierend." (Schuhler 1970, S. 594)
Im Widerspruch dazu stehen die verkündeten Verlagsintentionen wie auch Äußerungen von

Lesern: „Was wäre besser dazu geeignet, alle Aspekte einer möglichen Zukunft abzustecken als die ‚Perry-Rhodan'-Serie? Sie macht es ihren Lesern leichter, die realen Ergebnisse von Wissenschaft und Forschung zu verarbeiten [. . .]." Die Serie soll „der heute noch weit verbreiteten kleinlichen Denkweise ein humanitäres astropolitisches Menschheitsmodell entgegensetzen"; sie „ist die Vision einer besseren Welt, die Vision von der kosmischen Bestimmung des Menschen" (Verlagsverlautbarung vom Herbst 1977). – In „Perry Rhodan" werden „interessante theoretische Denkmodelle über zukünftige soziologische Entwicklungsmöglichkeiten diskutiert", und es „wird darin schon seit Jahren Toleranz gegenüber Andersdenkenden und Andersgearteten gepredigt [. . .], wobei im gleichen Zeitraum eine totale Abkehr vom dem ‚Rhodan'-Superstar-Image zu einer Form der ‚Fast-Ideal-Demokratie' erfolgt ist" (aus einem Leserbrief, abgedruckt in: „Der Spiegel" Nr. 10/32. Jg. vom 6. 3. 1978, S. 8).

– die Projektion dieses Realitätsmodells in die geschichtliche Vergangenheit und Zukunft, die ohnehin beide im Wesen identisch sind und dadurch die überdauernde Gültigkeit der zu jenem Modell gehörenden sozialdarwinistischen, rassistischen, imperialistischen Vorstellungen bezeugen,
– Motive (wie z. B. die Unsterblichkeit und die parapsychischen Fähigkeiten der Protagonisten), die als Mittel der Verfremdung einerseits, der Mythisierung andrerseits fungieren.

Der Heimatroman

Erste, doch – für sich genommen – oberflächliche Kennzeichen des Heimatromans sind der ländliche Schauplatz und das bäuerliche Personal. Oberflächlich sind sie deshalb, weil sie nicht

IDYLLE

Eine der zahlreichen Wurzeln der Heimatliteratur ist die *Idylle*, die in ihrer klassischen Ausprägung ein Bild ländlich-einfacher friedvoller Lebensverhältnisse entwirft. Die nebenstehende Abbildung, Titelseite der „Gartenlaube" No. 16/1888, zeigt sie in einer für jene Zeit typischen Ausprägung.

No. 16. 1888.

Die Gartenlaube.

Illustrirtes Familienblatt. — Begründet von **Ernst Keil** 1853.

Wöchentlich 2 bis 2½ Bogen. — In Wochennummern vierteljährlich 1 Mark 60 Pfennig oder jährlich in 14 Heften à 50 Pf. oder 28 Halbheften à 25 Pf.

Frühling.

Frühlingshauch durchweht die Lande,
Fröhlich rauscht der Wasser Lauf,
Und es gehn am Bachesrande
Helle Blumensterne auf.

Kindheit flattert um die Blüthen,
Jugend träumt von Liebeslust;
Glücklich, wer den Lenz zu hüten
Weiß in seiner tiefsten Brust!

erlauben, wünschenswerte und sinnvolle Unterscheidungen vorzunehmen. So differenzieren sie nicht zwischen dem Heimatroman einerseits, dem Western, den „romans champêtres" George Sands (um 1850) oder den „Clochemerle"-Romanen Gabriel Chevalliers (1934/54/63) andererseits. Ebensowenig genügen sie, die vorhandene Verschiedenartigkeit im Vergleich zur idyllischen und bukolischen Dichtung zu erfassen. Immerhin aber weisen sie auf die Tradition, der der heutige Heimatroman tatsächlich entstammt: auf die deutschsprachige bäuerliche Epik, wie sie sich seit dem Anfang des 19. Jh. herausbildete.

Diese Behauptung ist nun zu belegen, und zwar anhand eines literarhistorischen Überblicks, der zugleich den Zusammenhang mit anderen Genres und den spezifischen Ort des heutigen Heimatromans verdeutlichen soll. Zweckmäßig ist indessen, zuvor noch einige für den betreffenden Zeitraum wesentliche soziale Entwicklungen zu nennen, da der politische Bezug für die deutschsprachige bäuerliche Epik konstitutiv ist und ein gut Teil ihrer Eigentümlichkeit erklärt.

Zu solchen Entwicklungen gehören die *„Bauernbefreiung"* und die *Industrialisierung.*

Obwohl die *Bauernbefreiung*, d. h. die Aufhebung der Leibeigenschaft und die Ablösung der Zins- und Fronpflichten, in den einzelnen Gebieten von einer jeweils anderen Ausgangslage aus und in jeweils anderer Weise durchgeführt wurde und obwohl sie höchstens „zwei Drittel der Bauernfamilien und weniger als ein Fünftel der gesamten Bevölkerung" betraf (Henning [3]1976), ist sie ein zentraler Faktor in dem Prozeß, der zur Entfeudalisierung der Landwirtschaft und zur Durchsetzung des Agrarkapitalismus führte. Unter ihre unmittelbaren Auswirkungen sind zu rechnen: die Umstellung der Arbeitsorganisation auf Lohnarbeit und damit die Bildung eines ländlichen Proletariats, eine beträchtlich gesteigerte Produktivität, die die „Freisetzung" von Arbeitskräften und, daraus folgend, die „Landflucht" verursachte, die Stärkung des Großgrundbesitzes (zumal in Ostdeutschland) auf Kosten der anderen bäuerlichen Gruppen, eine Stärkung, die auf seiner nicht zuletzt durch Ablösungsgelder gegebenen und zu Landkauf und Mechanisierung genutzten Investitionskraft beruhte.

Die *Industrialisierung* setzte nach dem Vorbild und unter dem Einfluß Englands, Frankreichs und Belgiens um 1830 ein. Hand in Hand damit gingen die Einführung der Gewerbefreiheit und die Installierung der kapitalistischen Wirtschaftsform im se-

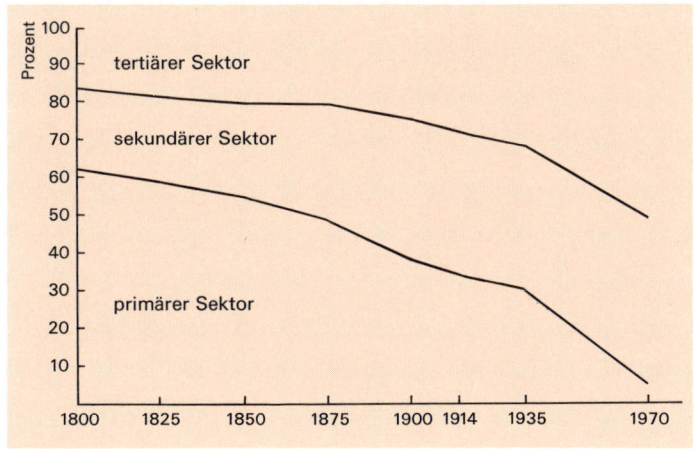

Anteil der in den einzelnen Wirtschaftssektoren Beschäftigten (nach Henning [3]1976, S. 20).

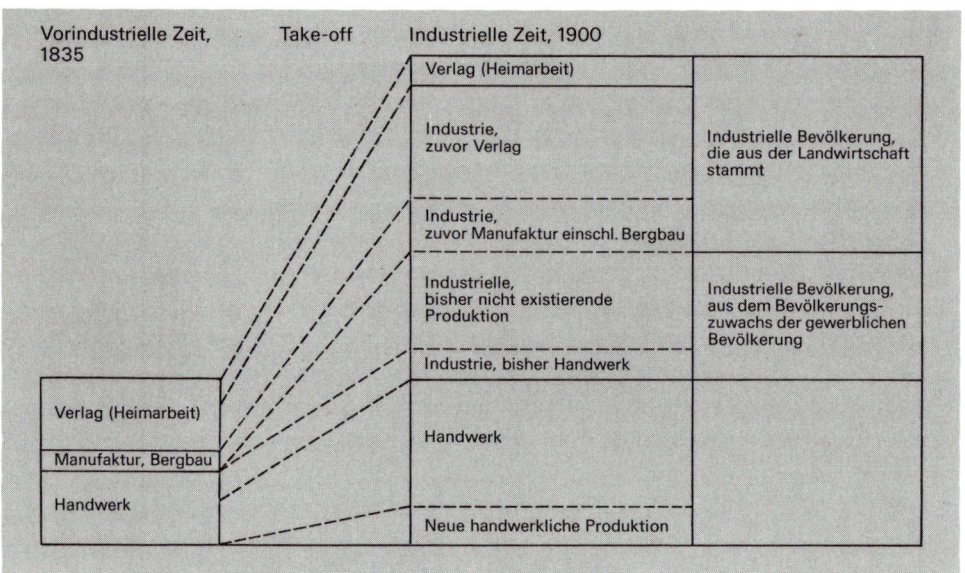

Vorindustrielle Zeit, 1835   Take-off   Industrielle Zeit, 1900

Verlag (Heimarbeit)

Industrie, zuvor Verlag

Industrie, zuvor Manufaktur einschl. Bergbau

Industrielle, bisher nicht existierende Produktion

Industrie, bisher Handwerk

Handwerk

Neue handwerkliche Produktion

Industrielle Bevölkerung, die aus der Landwirtschaft stammt

Industrielle Bevölkerung, aus dem Bevölkerungszuwachs der gewerblichen Bevölkerung

Verlag (Heimarbeit)

Manufaktur, Bergbau

Handwerk

Schema der Änderungen in der Struktur der Produktionsweise im gewerblichen Sektor und Herkunft der industriellen Arbeiterschaft (1835–1900) (nach Henning [3]1976, S. 127).

Herkunft, Bildungsgang und sozialer Status von 116 zur Heimatkunstbewegung gehörenden Autoren (nach Rossbacher 1975, S. 69.)

Sozialer Status des Vaters

wirtschaftendes Kleinbürgertum, Kleingewerbe, Kleinhandel	35 %
(niedere, mittlere) Beamte, Angestellte	18 %
Bauern	16 %

Bildungsgang der Autoren

Gymnasium	26 %
Universitätsabschluß	27 %
Lehrerseminar	33 %

Sozialer Status der Autoren

Volksschullehrer	37 %
journalistische Berufe	21 %
höherer nichtwirtschaftender Mittelstand (Ärzte, Offiziere, Anwälte u. a.)	10 %
nur Schriftsteller (verheiratete Schriftstellerinnen)	11 %

kundären (gewerblichen) und tertiären Sektor (Handel, Banken). Erste Folge waren starke Umschichtungen der auf die einzelnen Wirtschaftsbereiche entfallenden Beschäftigtenanteile. Diese Umschichtungen implizierten einen tiefgreifenden Wandel der beruflichen Gliederung auf gesamtgesellschaftlicher Ebene, der beruflichen Tätigkeiten auf individueller Ebene. Das zeigt sich exemplarisch an den Änderungen, die die Produktionsweise des Gewerbes erfuhr, und an der Rekrutierung der in der entstehenden Industrie Beschäftigten: Die lohnabhängige Arbeiterschaft weitete sich aus und wurde zum Industrieproletariat; der alte kleinbürgerliche Mittelstand der Handwerker verlor seine Geschlossenheit, teils wurde er proletarisiert, teils bildete er – dies vor allem im Generationenwechsel – den neuen, indes von vornherein wenig homogenen Mittelstand der Angestellten, mittleren und höheren Beamten, Akademiker und Kaufleute, teils stieg er auf ins bürgerlich-kapitalistische Unternehmertum, das sich mit der traditionellen Machtelite des agrarischen, des Offiziers- und Beamtenadels verband. Die Frage ist nun, wie die Autoren und Leser der Heimatliteratur den skizzierten Prozeß wahrgenommen haben und auf welche Weise sie von ihm berührt wurden. Die Antwort setzt Informationen über ihren sozialen Status voraus.

Nach Zimmermann (1975) stammen die Autoren von Bauernromanen „fast ausschließlich aus dem Bürgertum [...] und hier wieder in erster Linie aus der bürgerlichen Mittelschicht". Diese Feststellung gilt für den gesamten Zeitraum von 1830 bis 1970. Sie gilt auch für die Verfasser anderer Formen von Heimatliteratur; das ergibt sich etwa aus den Überschneidungen der Autorenlisten Zimmermanns und Heins (1976), welch letzterer die Dorfgeschichte behandelt, und es wird bestätigt durch Rossbachers Untersuchungen (1975) zur Heimatkunstbewegung (ca. 1880–1920). Um das genannte, noch recht globale Resultat zu präzisieren, gibt Rossbacher für 116 zur Heimatkunstbewegung gehörende Autoren außer dem Beruf u. a. die Herkunft und den Bildungsgang an; diese Daten kennzeichnen sie „als Bildungsaufsteiger innerhalb des Mittelstandes", „als Vermittler zwischen kleiner Warenwirtschaft und unteren Intelligenzschichten" (S. 72 und S. 76).

Schwieriger ist die Leserschaft zu bestimmen. Immerhin aber sprechen die vorhandenen Indizien für die Annahme, daß – wenigstens bis 1945 – die Leser zu den Mittelschichten gehörten, daß sie also den sozialen Status mit den Autoren gemein hatten.

Folglich teilten sie ihre Sozialerfahrungen, die, vor dem Hintergrund der Bauernbefreiung und der Industrialisierung, geprägt wurden 1) durch die Verstädterung, 2) durch eine zunehmende Markt-, das heißt: Konjunkturabhängigkeit, 3) durch das Elend des Proletariats und zugleich durch seinen Emanzipationsanspruch, 4) durch die gescheiterte Revolution von 1848 und die Gründung des Kaiserreichs 1871, seinen Aufstieg zur Weltmacht und sein Ende 1918.

Der literaturgeschichtliche Überblick orientiert sich nun daran, welche Texte „Dorfgeschichte", „Dorfroman", „Bauernerzählung", „Bauernroman" o. ä. genannt werden, und subsumiert sie unter dem Terminus „Heimatroman" bzw. „Heimatliteratur". Diese Zusammenfassung wird gerechtfertigt durch die Tatsache, daß keine schlüssigen oder auch nur unstrittigen Abgrenzungen zwischen den durch jene Bezeichnungen postulierten Teilklassen vorliegen. Problematisch indessen bleibt die eindeutige Zuordnung von Merkmalen zum Oberbegriff. Es scheint, daß er allenfalls durch variierende Merkmalkonfigurationen gekennzeichnet werden kann, wobei die wesentlichen, wie angedeutet, Schauplatz und Handlungsträger, Weisen ihrer Darstellung und bestimmte Formen des Realitätsbezugs (z. B. ideologische Momente) sind.

Als einer der ersten Vertreter des Heimatromans gilt *Jeremias Gotthelf*. Die Reihe seiner Werke eröffnet „Der Bauernspiegel oder Lebensgeschichte des Jeremias Gotthelf, von ihm selbst beschrieben" (1837). Er schildert in diesem pikareske Züge aufweisenden Ich-Roman das Hiobsschicksal eines Mannes – früh verwaist, erfährt er die Hartherzigkeit und Bosheit der Bauern; einer Liebesbeziehung setzt der Tod der Geliebten ein Ende; ihm bleibt nur die Flucht in den französischen Kriegsdienst –, seiner Wandlung und seiner Rückkehr ins Dorf, wo er eine

Gotthelf, *Jeremias*, eigentlich *Albert Bitzius*, schweizerischer Schriftsteller, * 4. 10. 1797 Murten, † 22. 10. 1854 Lützelflüh (Emmental); Sohn eines Pfarrers, 1832 selbst Pfarrer, später Schulkommissär; schrieb, ursprünglich in volkserzieherischer Absicht, Romane u. Erzählungen über das schweizerische Bauerntum: realistisch, episch-gelassen mit holzschnitthafter Figurendarstellung, dabei von konservativem und protestantischem Geist.

Hauptwerke u. a.:
Romane:
Der Bauernspiegel (1837); Uli der Knecht (1841/46); Geld und Geist (1844).

Erzählungen:
Die schwarze Spinne (1842); Elsi die seltsame Magd (1843).

Es ist vielleicht nötig, darauf hinzuweisen, daß „Heimatroman" als Synonym der oben gebrauchten Wendung „deutschsprachige bäuerliche Epik" gebraucht wird. – Der Verzicht auf die Erstellung von Teilklassen ist rein pragmatisch begründet; Typenbildung innerhalb des Genres (etwa nach strukturellen, thematischen oder politischen Gesichtspunkten) kann ebenso zweckmäßig und fruchtbar sein wie die Berücksichtigung bestimmter Heimatromane in einer Geschichte z. B. des Entwicklungsromans oder des historischen Romans.

Illustration aus: „Uli der Knecht" (von F. Walthard, 1850).

politisch-erzieherische Tätigkeit aus christlichem Geist aufnimmt.

„Wie Uli der Knecht glücklich wird" (1841; 1846 unter dem Titel „Uli der Knecht" neu aufgelegt) und „Uli der Pächter" (1847) berichten über den langen und schwierigen Weg des Titelhelden zur Wahrnehmung seiner sozialen und religiösen Aufgaben. Seine seelischen Konflikte spiegeln sich in der Konfrontation zweier Personengruppen. Die eine, positiv gewertet, vertritt die Prinzipien beruflicher Tüchtigkeit, einer patriarchalischen Hofgemeinschaft und einer christlichen Lebensführung; die andere repräsentiert das verführerisch-bedrohliche Gegenbild: Arbeitsscheu, Putzsucht, Spekulantentum, städtische Lebensformen führen zur Abwendung vom Glauben, zur Auflösung des sozialen Zusammenhangs und zum finanziellen Ruin. Polarisierung und Schematisierung werden noch weiter getrieben in „Zeitgeist und Bernergeist" (1851/52), einem Roman der

„Zwei Bauern, reich, hoch und ansehnlich, männlich und christlich, sitzen auf ihren alten großen Höfen, befreundet und verwandt unter sich; einer kann sich auf den andern verlassen, und beide stehen der Gemeinde mit Rat und Tat vor, tüchtig und besonnen. Da wird der eine vom ‚Zeitgeist' ergriffen; er gerät, indem er in ein Gericht gewählt wird, unter die Schriftgelehrten und Phrasenmacher, Regierungsstatthalter, Präsidenten usf., wird als reicher und einflußreicher Bauer als gute Beute erklärt und in den Schwindel hineingezogen. Zuletzt wird er Großrat und eine politische Größe, d. h. ein eitler und aufgeblasener Esel, der zu allen schlechten Zwecken benutzt wird. Zugleich wird er ein liederli-cher Schlemmer, Hurer und Religionsleugner und bringt sein Haus an den Rand des Abgrunds. Die Frau liegt schon im Grabe, der eine Sohn, welchen er ebenfalls zu diesem Leben angeleitet hat, wird über einer Blasphemie vom Tode ereilt, als er schlemmend und brüllend die politischen Gelagen nachzieht, das Geld von Witwen und Waisen in der Tasche. Hierdurch wird die Katastrophe herbeigeführt, der niedergeschmetterte Vater weiß sich nicht zu helfen, und nun tritt der andere Bauer zu ihm, welcher fromm und konservativ geblieben ist, und richtet ihn auf, mit Rat und Tat in dem zerrütteten Hause hantierend." (Keller [2]1963, Bd. 3, S. 954)

Was den ökonomischen Erfolg angeht, so bedarf es für ihn zuweilen des Eingreifens eines deus ex machina; im Notfall indes – und der Notfall gehört zur „Logik" der ständischen Gesellschaft – wird er durch „Heroisierung der Armut" (Zimmermann 1975) überflüssig gemacht.

letzten Schaffensperiode. Zeitgeist ist radikaler Liberalismus, Bernergeist ist Konservatismus – damit erhält die Polarisierung einen auf aktuelle politische Vorgänge gemünzten, polemischen Sinn. Zeitgeist ist Demagogie, Zerstörung von Religion und Sitte, sexuelle Ausschweifung, Alkoholismus und Kriminalität; Bernergeist ist „Rechtlichkeit und Weisheit", „Ehre und Wohlgesinntheit" (Keller [2]1963, Bd. 3 S. 950). Gleichsam beglaubigt wird diese Auffassung durch die Handlungsführung: Personen, die dem Zeitgeist – und das heißt: der Sünde – verfallen, verlieren ihre Identität; Ausdruck des Identitätsverlusts aber sind wirtschaftlicher Niedergang und soziale Entwurzelung. Umgekehrt sind Eingliederung in die Gemeinschaft des Hofes und des Dorfes sowie ökonomischer Erfolg Lohn für den, der in der ständischen Gesellschaft und in den traditionellen Besitzverhältnissen die göttliche Ordnung erkennt.

Zur ersten Generation der Autoren von Heimatliteratur gehört auch *Berthold Auerbach*. Seine „Schwarzwälder Dorfgeschichten" (1842–54), selbständig erschienene Romane wie „Barfüßele" (1856) und die Sammlung „Nach dreißig Jahren. Neue Schwarzwälder Dorfgeschichten" (1876) zeichnen sich dadurch aus, daß sie auf einen gemeinsamen geographischen und sozialen Raum (das Dorf Nordstetten) bezogen sind. Wo in dieser Welt Spannungen auftreten, sind sie verursacht durch Streitfälle zwischen Liebhabern, den Generationen, Geschwistern, verfeindeten Familien, Armen und Reichen, Eingesessenen einerseits und Fremden, Auswanderern und Heimkehrern andererseits, schließlich dem Einzelnen und der Gemeinschaft. Dahinter werden einander entgegenstehende Prinzipien sichtbar: Land und Stadt, Natur und Kultur, Bewahrung und Fortschritt, Naivität und Reflexion. Sie versöhnen sich jedoch in den Protagonisten. Ein Beispiel dafür ist die Aschenputtelgestalt Amrei aus „Barfüßele". Sie verbindet die Eigenschaften „Fleiß, Selbstbehauptung, Willensstärke und auch Stolz [...] mit überdurchschnittlicher Intelligenz und philosophischem Tiefsinn", ihr Verhalten bestimmen „bald treuherzig-natürliche Kindlichkeit, bald unablässiges Philosophieren". Aus einer solchen Kumulation folgen Entwicklungslosigkeit der Charaktere und „Statik der Gruppierung" (Mettenleiter 1974, S. 168), die beide wiederum eng zusammenhängen damit, in welcher Beziehung der Erzähler zu den Charakteren steht und wie er die Wirklichkeit interpretiert. Jene Beziehung ist dergestalt, daß die positiv gezeichneten Akteure die Überzeugungen des Erzählers (und des Autors) in „unwahrscheinlichem" Ausmaß teilen, sie also sein Sprachrohr sind. Die Auffassung der Wirklichkeit ist geprägt durch den Willen zur „Poetisierung". Dieser beinhaltet grundsätzliches Einverständnis mit der bestehenden ständisch gegliederten Gesellschaft und Harmonisieren der in ihr angelegten Konflikte durch Aussparung und Umdeutung: so spielen die sozioökonomischen Entwicklungen der Zeit im allgemeinen, der dargestellten Region im besonderen kaum eine Rolle, und ihre unübersehbaren Konsequenzen – sozialer Abstieg und Aufstieg, Auswanderung, Normenrelativierung – werden zum Zusammenstoß von Prinzipien idealisiert bzw. rein psychologisch-moralisch aus individueller Schuld und individuellem Verdienst abgeleitet. Wichtig ist festzustellen, daß die scheinbar apolitische Wahrnehmung der Realität sich erst nach 1848 gegen den früheren Liberalismus durchsetzt, dann aber, durchaus folgerichtig, in eine neue Politisierung mündet: am Beispiel des Familienromans „Waldfried" (1871) läßt sich zeigen, daß seit

Auerbach, *Berthold,* eigentlich *Moses Baruch,* deutscher Schriftsteller, * 28. 2. 1812 Nordstetten (Württ.), † 8. 2. 1882 Cannes; errang mit seinen bäuerlichen, oft gefühlsübersteigerten Erzählungen zeitweise Volkstümlichkeit.

Werke u. a.: Schwarzwälder Dorfgeschichten (1842 bis 1854); Barfüßele (1856).

Illustration aus: „Barfüßele" (von B. Vautier, 1869).

Auerbachs „eigener ‚frommer Pantheismus', sein sozialethischer und humanitärer Liberalismus, sein gefühlsmäßig bedingter und philosophisch vertiefter Toleranzgedanke, sein emotional und gedanklich begründeter Naturkult [...], wie auch seine überkonfessionellen, universalistischen Religionsvorstellungen prägten die Erlebnis- und Denkweise der dargestellten Personen." (Mettenleiter 1974, S. 215)

den Kriegen von 1866/70 der Humanitätsgedanke durch einen strammen Patriotismus verdrängt wurde.

Ungeachtet nun der Verschiedenheiten zwischen den Werken des protestantischen Dorfpfarrers Gotthelf aus dem Kanton Bern und denen des jüdischen, späterhin aber (unter dem Einfluß von Spinoza, Ludwig Feuerbach und David Friedrich Strauß) humanistisch-diesseitsorientierten Berufsschriftstellers Auerbach – ungeachtet der Verschiedenheiten also ist eine wesentliche Gemeinsamkeit erkennbar: der Beitrag beider Autoren zur konservativen Formierung des Genres. Sie ist Ausdruck der Reaktion auf eine politische Entwicklung:

– Der Kampf zwischen den gesellschaftlichen Gruppen um Erhaltung oder Eroberung von Machtpositionen, um Bewahrung oder Ablösung der herrschenden Ideologie führte in Bern zu „allerlei Unfug und Unbehaglichkeit, alte, konservativ gewordene Volksführer taten sich wieder hervor, die Zeitumstände benutzend, und es entstand jene widerliche Verbindung von ehemaligen liberalen Magnaten vom Lande mit den eigentlichen Aristokraten, die überall, kein reelleres Band zwischen sich vorfindend, Religion und Sittlichkeit zu ihrem Schibboleth macht" (Keller [2]1963, Bd. 3 S. 952). Gotthelfs Parteinahme erklärt sich so zunächst aus seinen religiösen Überzeugungen, dann aber aus der Identifikation mit dem bedrohten bäuerlichen Mittelstand, dem seine Helden ja stets zuzurechnen sind. „Magnaten" und „Aristokraten" erschienen ihm als dessen einzige Bündnispartner in der Abwehr einerseits kapitalistischer Tendenzen, verkörpert in den radikalliberalen Demokraten und greifbar etwa in der Bodenspekulation, andererseits sozialistischer Tendenzen, deren potentielle Träger die besitzlosen städtischen und ländlichen Schichten waren.

– In prinzipiell ähnlicher Lage befanden sich große Teile des deutschen Mittelstandes. Verunsichert durch die als unkontrollierbar erfahrenen wirtschaftlichen und gesellschaftlichen Prozesse, entmutigt durch das Fehlschlagen der Revolution, geängstigt durch Ansprüche der entstehenden Arbeiterschaft, nahmen sie Gegenwart und Zukunft als Gefährdung wahr. Zuflucht bot vorderhand nur die Vergangenheit: das Sozialmodell des *Ganzen Hauses,* die Glorifikation der nationalen Geschichte. Daraus folgte jedoch, scheinbar widersprüchlich, eine neue Möglichkeit, sich mit der Realität zu arrangieren, ja sie zu akzeptieren; das geschah so, daß der Obrigkeitsstaat durch seine Analogien mit dem Ganzen Haus, die herrschende Klasse durch ihren Erfolg im Kampf um das alte bürgerliche Ziel der nationalen Einigung gerechtfertigt wurden. Diese Situation trug in sich den Keim der „Anti-Modernization" des deutschen Bürgertums (Ketelsen 1976), auf deren erste Äußerungsformen – Stadtfeind-

Das *Ganze Haus* ist gekennzeichnet
– „durch die Einheit von Haushalt und Betrieb", von Produktion und Konsumtion,
– „durch die lohnlose Mitarbeit aller, auch der weiteren Familienangehörigen, und die Einbeziehung nichtverwandter Arbeitsgehilfen (Gesinde, Lehrlinge und Gesellen)",
– durch die herrschaftliche Stellung des „Hausvaters", dem alle Haushaltsmitglieder unterworfen sind und der „die alleinige Vertretungsmacht nach außen" besitzt.
Diese Sozialform ist typisch für die oberen Klassen der vorindustriellen Gesellschaften in Westeuropa (vgl. Gerhard 1978, S. 81f.). – Der Mythos des Ganzen Hauses verheißt überschaubare Ordnung, eindeutige Rollenbeschreibung in einer unüberschaubaren und uneindeutigen Welt.

schaft, Agrarromantik, Antisemitismus – *Wilhelm Busch* bereits 1871 (im ersten Kapitel der „Frommen Helene") parodierend anspielte. Auerbachs Entwicklung ist ein individuell gebrochener Reflex der allgemeinen Entwicklung: „Ohne daß ich es wußte und wollte (denn ich schrieb damals die Geschichten aus tiefstem Heimweh) traf ich in den Dorfgeschichten mit einem Zuge der Zeit zusammen, daß in dem politischen Hoffnungsmuth und Aufstreben, Leute aus dem Volke interessant und willkommen waren. Das ist jetzt vorbei in dem Pessimismus einerseits und andererseits in dem Schreck vor der Sozialdemokratie." (Auerbach in einem Brief aus dem Jahr 1880). Anders als die Aussage anzudeuten scheint, und im Gegensatz „zu seiner stets betonten Modernität übernahm Auerbach bei der Beurteilung der Sozialdemokratie ganz die Polemik der reaktionären Nationalisten" (Mettenleiter 1974, S. 46); selbst sein affektiv und ideologisch tief verankerter Optimismus geriet ins Wanken. Wenn er dennoch insgesamt eine relativ gemäßigte Position vertrat, war das nicht zuletzt darauf zurückzuführen, daß er als Jude Opfer des für das reaktionäre Syndrom konstitutiven Antisemitismus war.

Es bleiben noch einige literaturgeschichtliche Zusammenhänge zu skizzieren; Zweck ist, weiteres Material bereitzustellen, anhand dessen einesteils die von Gotthelf und Auerbach repräsentierte Generation genauer geortet, andernteils die schon gestreifte Definitionsproblematik beleuchtet werden kann. Eine

Deshalb einige Angaben:
Als für die Vorbereitung
der Heimatliteratur wich-
tige Autoren können z. B.
Heinrich Jung-Stilling und
Ulrich Bräker durch ihre
Lebensbeschreibungen,
Jean Paul, Johann Peter
Hebel, Clemens Brenta-
no, Heinrich von Kleist
und Walter Scott genannt
werden. Erwähnenswerte
Genres sind „Dorfdich-
tung", Idylle, Dialektlitera-
tur, Kalendergeschichte
usw.

Die Methoden von Ost-
wald verraten eine Ten-
denz zur Erziehungsdikta-
tur, denn sie bauen nicht
auf Mündigkeit und Ein-
sicht, sondern sie benut-
zen Aberglauben, Unwis-
sen und Angst. Beispiel-
haft die Erziehung der
Schulkinder zur Sauber-
keit: „Wer dann mit un-
reinlichem Haar und Ge-
sicht oder unsaubern
Händen und Schuhen
kam, ward zum Gelächter
aller auf einen Tritt zur
Schau gestellt, und nach-
dem er eine Stunde da ge-
standen war, heimge-
schickt, um sich reinigen
zu lassen. [. . .]. Wer die
ganze Woche am reinlich-
sten erschienen war, so-
wohl in der Schule als außer derselben, im Dorfe,
auf den Gassen, in der Kirche, auf den Feldern,
ward sein Liebling."
(Zschokke 1973, S. 49)

„Wohl war Goldental nun
ein rechtes goldenes Tal.
Da lag es mitten in den
fruchtbarsten Gärten, wie
vergraben in den vollen
Obstbäumen, umringt von
Wiesen und goldenen
Saatfeldern, wie mitten im
Paradiese." (Zschokke
1973, S. 127) – Eine zu-
sammenhängende Dar-
stellung von Zschokkes
umfangreichem und viel-
seitigem Werk fehlt; erste
Informationen finden sich
in der Einführung zu
Zschokke (1973).

Beschränkung ist dabei jedoch unumgänglich. So soll nur von
zwei Gegenständen die Rede sein, nämlich von dem wichtigen
Traditionsstrang, den die pädagogisch-utopische Dorfliteratur
darstellt, und von Karl Leberecht Immermanns „Münchhausen.
Eine Geschichte in Arabesken" (1838/39).

Beispiele der *Dorfliteratur* sind *Albrecht von Hallers* Lehrgedicht
„Die Alpen" (1729), die physiokratisch ausgerichtete „Wirt-
schaft eines philosophischen Bauers" von *Johann Kaspar Hirzel*
(1761), *Johann Heinrich Pestalozzis* „Lienhard und Gertrud"
(1781–87) und endlich *Zschokkes* „Goldmacherdorf" (1817). Dieses letzte – geschrieben, „um die Ideen von besseren Schulen,
Güterarrondierungen, Spitaleinrichtungen usw. unter unsre
Landleute zu bringen; alle übrige Erzählung ist nur Zucker darauf, um die Bauern ans Lesen zu locken" (Zschokke) – entwik-
kelt über die so formulierte Zielsetzung hinaus das Modell einer
bäuerlich-bürgerlichen Gesellschaftsform. Demonstrationsob-
jekt ist das völlig verwahrloste Dorf Goldental, in das Oswald,
Sohn des ehemaligen Schulmeisters, nach langen Soldatenjah-
ren zurückkehrt. Ursachen des Niedergangs waren Krieg, Teue-
rung und Mißernten, Ursachen des anhaltenden Elends aber
sind eine korrupte, ausbeuterische Obrigkeit, Prozeßsucht und
eine durch die Verarmung hervorgerufene Sittenlosigkeit.
Oswald unternimmt es, als Lehrer die Kinder und Jugendlichen,
dann als Gründer und Leiter einer Genossenschaft eine Gruppe
verschuldeter Bauern, zuletzt als Gemeindevorsteher das gesamte Dorf umzuerziehen, und zwar umzuerziehen zu Rein-
lichkeit, Mäßigung, Fleiß und Sparsamkeit. Diese Tugenden
bilden das Fundament neuer Institutionen und einer neuen Arbeitsorganisation: einer Gemeinschaftsküche, einer Genossen-
schaftskasse, eines Arbeitshauses für die Armen mit festgelegter
Arbeitszeit, rationeller Anbau- und Zuchtmethoden; sie (die
Tugenden) werden, nachdem sie allgemein akzeptiert und verwirklicht sind, durch ein strenges Gemeindegesetz abgesichert.
– Die Inhaltsangabe zeigt, was durch eine Analyse der sprachli-
chen Mittel (des Predigtstils, der zahlreichen biblischen Evokationen, die bis zur Stilisierung Oswalds zur Erlösergestalt, zum

Es „war aller Aufwand in den Klei-
dern verboten und jedem Alter
seine Tracht vorgeschrieben, und
auf Kartenspiel und alles Spiel
um Geld und Geldeswert, auf das
Laster der Trunkenheit, auf
Schimpfreden, Lästerungen, Bal-
gereien und andere Schändlich-
keiten waren von der Gemeinde
einmütig harte Strafen gesetzt.
So kam es, daß sich keiner über-
hob und übernahm; daß, wenn ir-
gendeiner auch einmal Lust hatte
zu tun, was weder ehrbarlich
noch recht war, die Furcht vor
Schmach, Schande und Bestra-
fung ihn wieder zurückschreck-
te." Außerdem war bestimmt, daß
keiner heiraten konnte „als der,
welcher sich außer der Armenan-
stalt ohne Hilfe der Gemeinde er-
nähren konnte" (Zschokke 1973,
S. 130 und S. 119).

74

„guten Hirten" gehen) bestätigt wird: Anders als für die nachfolgenden Generationen ist es für Zschokke noch möglich, an die Gottgefälligkeit und „humanisierende Kraft" individuellen Erwerbsstrebens und einer kapitalistischen Ökonomie zu glauben; es ist für ihn überdies möglich, die konkreten Ausformungen dieser Ökonomie (Markt, Kreditwesen) mit genossenschaftlichen oder sozialistischen Ansätzen zu vereinbaren sowie bürgerliche und (klein-)bäuerliche Interessen identisch zu denken.

Immermanns „Münchhausen" verdient Erwähnung, weil die kapitelweise eingeschobene, später oft herausgelöste Oberhofgeschichte vielfach als eigentlicher Beginn der Heimatliteratur bezeichnet wird. Gegen diese Auffassung spricht schon die Chronologie (Gotthelfs „Bauernspiegel" erschien im Jahr zuvor). Gegen sie spricht der durchaus wesentliche Bezug auf die Münchhausen-Teile, der die Zuordnung zur Heimatliteratur überhaupt fragwürdig macht. Gegen sie spricht schließlich auch die Komposition des „Oberhofs": Im Zentrum steht die Geschichte der Liebe zwischen Oswald und dem Aschenputtel Lisbeth, nur den Rahmen dafür bildet die Schilderung des Hofes und der „Bauerschaft", die vom Schulzen nach frühfeudalem Muster regiert werden; der vom Erzähler gebilligten, soziale Normen relativierenden Mesalliance dort wird hier unbeirrtes Festhalten an Brauch und Herkommen entgegengesetzt – mit der Folge, daß gerade durch das Festhalten Brauch und Herkommen zu „Possen" entarten. Da der Hofschulze, Initiator der Posse, trotzdem nichts verliert von der ihm zuerkannten Größe, von dem dominierenden Rang, den er unter den Akteuren einnimmt, und da auf der anderen Seite der Patriotenkaspar als Aufrührer gegen die tradierte Ordnung und als ihr Opfer an menschlichem und moralischem Gewicht nichts gewinnt, entsteht ein eigentümlicher Widerspruch zwischen Handlungsstruktur und Charakterisierungsweise. Aus ihm erklären sich die unterschiedlichen Interpretationen des Werks, deren eine –

Immermann, *Karl Leberecht,* deutscher Schriftsteller, * 24. 4. 1796 Magdeburg, † 25. 8. 1840 Düsseldorf; nahm als Student an den Befreiungskriegen teil; 1827 Landgerichtsrat in Düsseldorf, 34–37 dort Theaterleiter (hochstehender Spielplan, aber geringer Publikumserfolg); steht als Schriftsteller am Übergang von der Romantik zum Realismus, dabei in seiner Lyrik und seinen Dramen epigonal, bedeutend jedoch mit seinen zeitkritischen Romanen: *Die Epigonen* (1836) und *Münchhausen* (1838–39; mit der eingeschobenen Dorfgeschichte *Der Oberhof,* Darstellung einer Gegenwelt gegenüber der des satirischen Romans). Weitere Werke: Dramen: *Cardenio und Celinde* (1826); *Das Trauerspiel in Tyrol* (1828; später: *Andreas Hofer);* allegorisch-mythisches Drama *Merlin* (1832); *Alexis* (1832) komisches Epos: *Tulifäntchen* (1830); *Memorabilien* (1840–43).

Als einer der ersten zählt Friedrich Hebbel 1853 „Münchhausen" zur Heimatliteratur: „Der *Münchhausen* [. .] hat [. .] einen wahren neuen Weltteil in die Literatur geschleudert, der bis jetzt, merkwürdig genug, nach Analogie Amerikas, nicht den Namen des *Entdeckers,* sondern den des ersten *Ansiedlers,* des behenden, übrigens wacker talentierten, *Berthold Auerbach* trägt. [. .] seine [Immermanns] Nachfolger [. ./holzen], mit fast alleiniger Ausnahme von *Jeremias Gotthelf,* nur seinen Urwald [aus]" (Hebbel o. J., Bd. 8 S. 462).
Die Oberhofgeschichte entwirft ein idyllisch-monumentales Panorama westfälischen Lebens. In die breite Schilderung einer Hochzeit eingebettet ist der Bericht, wie der Hofschulze die Existenz eines Kolonus vernichtet, der, gegen Brauch und Sitte und Standesinteressen verstoßend, es wagt, um seine (des Schulzen) Tochter zu werben. Der Kolonus, Patriotenkaspar genannt, rächt sich dadurch, daß er ein Schwert, Symbol der alten Ordnung und Unterpfand der Macht des Schulzen, entwendet. Gegen dieses Geschehen kontrastieren die Liebe und die allen Widerständen zum Trotz schließlich vollzogene Heirat zwischen dem schwäbischen Grafen Oswald und dem Findelkind Lisbeth.

75

HEIMATLITERATUR

Ganghofer, Ludwig, deutscher Schriftsteller, * 7. 7. 1855 Kaufbeuren, † 24. 7. 1920 Tegernsee; Dramaturg und Redakteur in Wien, lebte später meist in München; war sehr erfolgreich mit seinen sentimentalen, idealisierenden bayerischen „Volksromanen" aus der bayerischen Alpenwelt, oft mit historischem Hintergrund *(Der Klosterjäger; Der laufende Berg; Das Schweigen im Walde);* verfaßte auch effektvolle Theaterstücke *(Der Herrgottschnitzer von Ammergau).*

Anzengruber, Ludwig, österreichischer Schriftsteller, * 29. 11. 1839 Wien, † 10. 12. 1889 ebd.; war Schauspieler, Theaterdichter, Redakteur. Nachklänge des Wiener Volkstheaters in Dramen eines volkstümlichen Naturalismus, meist aus dem Bauernleben: *Der Pfarrer von Kirchfeld; Der Meineidbauer; Der G'wissenswurm; Das vierte Gebot.* Liberale, antiklerikale Haltung. Später Erzählungen und Romane *(Der Schandfleck; Der Sternsteinhof),* Märchen.

Frenssen, Gustav, deutscher Schriftsteller der Heimatkunstbewegung, * 19. 10. 1863 Barlt (Dithmarschen), † 11. 4. 1945 ebd.; zuerst Pfarrer; war mit seinen zeitgebundenen Heimat- und Erziehungsromanen *(Jörn Uhl)* sehr erfolgreich; kraftvolle Schilderung der norddeutschen Landschaft; germanisierende Tendenz.

Als eigentlicher Beginn der Heimatliteratur wird vielfach *Immermanns* in „Münchhausen" eingeschaltete Oberhof-Geschichte (oben: Illustration von B. Vautier zu Immermanns „Oberhof") bezeichnet. Ihre eigentliche Entfaltung erlebte die Heimatliteratur in einer zweiten Produktionsphase, die sich von 1871 bis 1918 erstreckte und für welche die Namen *Anzengruber* (links: Szenenbild aus der Erstaufführung des „Meineidbauern" in Wien), *Ganghofer* und *Frenssen* repräsentativ sind.

simplifizierend, aber traditionstiftend – die völkischen, patri-
archalisch-feudalen, reaktionären Komponenten hervorhebt.
Unabhängig davon, ob der „Oberhof" zur Heimatliteratur ge-
rechnet wird, sind diese zweifellos enthaltenen Komponenten
ein frühes Zeugnis für die nachgewiesene, zunehmend illiberale
Tendenz der Bauerndarstellung.

Die zweite Produktionsphase der Heimatliteratur – vom preu-
ßisch-deutschen Sieg gegen Frankreich bis zum Ende des Ersten Weltkriegs – läßt sich hinsichtlich der Bandbreite der Zeugnisse wie ihrer Entwicklungsrichtung an drei Autoren veranschaulichen, an *Ludwig Anzengruber, Gustav Frenssen* und *Lud-*
wig Ganghofer.

Für die Bestimmung von *Anzengrubers* Position bietet sich der
Roman „Der Sternsteinhof" (1885) an. Die Heldin, Helene, ist
wiederum (wie Auerbachs Amrei und Immermanns Lisbeth)
ein Aschenputtel. Der Bezug zu dieser Märchengestalt wird in
der Tat ausdrücklich hergestellt – allerdings nicht, um auf eine
Parallele hinzuweisen, sondern um den Gegensatz zwischen
Märchen und märchenhaft scheinender Wirklichkeit herauszu-
arbeiten. Helene nimmt die Zerstörung fremden Glücks, ja den
Tod ihres ersten Mannes in Kauf, um endlich Bäuerin auf dem
reichen Sternsteinhof zu werden. Während vor der Erreichung
des Ziels ihr Interesse ein potentiell gesellschaftsfeindliches ist,
verschmilzt es, sobald sie Herrin ist, mit dem sozial akzeptier-
ten, abstrakten Interesse des Hofs an Erhaltung und Erweiterung; sie hat keinen anderen Gedanken mehr, „als wenigst alls
so zsammzhalten, daß amal der künftig Eigner kein Furchen
Grund, kein Stück Vieh, kein Ziegel afm Dach minder vorfindt,
wie du [ihr jetziger Schwiegervater] deinm Sohn, seinem [ihres
Sohnes] Vadern, übergeben hast". Und mit Fug ist sie „sich bewußt, daß sie etwas gelte und daß man etwas an ihr verlieren
werde, und pure Eitelkeit war es, die sie vom ersten Augenblicke
an, wo sich dies Bewußtsein in ihr regte, darnach trachten ließ,
auch etwas ,Rechtes' zu gelten und nichts zu unterlassen, was
ihren Verlust zu einem augenfälligen machen konnte, und so
gewann sie, die immer und allzeit nur sich allein lebte, einen
größeren und wohltätigeren Einfluß auf viele als manche andere, die hingebungsvoll nur einem einzigen Wesen oder wenigen
ihnen zunächst leben, oft allein durch diese Ausschließung sich
gegen alle Fernstehenden bis zur Ungerechtigkeit verhärten
und, nachdem sie das Beispiel einer fast selbstsüchtig erscheinenden, eng umgrenzten Pflichterfüllung der Welt gegeben,
bedeutungslos für diese, vom Schauplatze abtreten" (Anzengruber ²1977, Bd. 2, S. 266 u. 279). Daraus folgt, daß es keine
prästabilierte Harmonie gibt zwischen Moral und individuellem sowohl wie gesellschaftlichem Nutzen, zwischen dem Mo-

„Da war einmal eine blut-
junge, bettelarme Dirne,
wohl war sie bildsauber,
aber das merkte ihr nie-
mand an, denn sie hatte
nur schlechte Kleider,
und mit denen lag sie
nachts in der Herdasche;
der war es aufgegeben,
auf einer glühenden
Pflugschar über ein Was-
ser zu schreiten, einen
gläsernen Berg hinanzu-
klettern und in dem
Schlosse dort oben einem
bösen, alten Weibe, das
den Schlüsselbund nicht
ausfolgen wollte, den
Kopf zwischen Deckel
und Rand einer eisernen
Truhe abzukneipen, dann
aber war das Schloß ent-
zaubert, gehörte mit al-
lem Hab und Gut innen
und allem Grund und Bo-
den außen der armen Dir-
ne, die nun bis an das Ende ihrer Tage herrlich und
in Freuden lebte.
Wahrhaftig, die kleine
Zinshofer Helene war ein
weltkluges, entschlosse-
nes Kind. Sie schätzte
ganz richtig, daß viel An-
strengung, Mühsal und
Pein auf dem Wege nach
solch einem verzauberten
Schlosse liegen müsse,
auf die Hilfeleistung güti-
ger Feen machte sie sich
keine Rechnung, ,schöne
Prinzen' schienen ihr kein
dringliches Erfordernis,
und ,alte Weiber' moch-
ten sich vorsehen." (An-
zengruber ²1977, Bd. 2, S.
12 f.)

Als Beleg für die vorgeschlagene Interpretation kann einer der wenigen direkt wertenden Erzählerkommentare dienen: „Mit der Qual eines anderen Wesens beginnt eines jeden Dasein, und dann geht es so weiter mit dem Quälen oder Gequältwerden, wie sich's eben trifft. Wer mehr Qualen bereitet als erleidet, den nennt man glücklich, und wem es seine Mittel erlauben, das erstere in großem Maßstabe zu tun, der heißt wohl auch groß." (Anzengruber ²1977, Bd. 2 S. 234) – Eine entgegengesetzte Deutung vertritt Mettenleiter (1974, S. 328) unter Berufung auf Friedrich Sengle und Hermann Pongs: „Allein der bäuerliche Besitz- und Herrschaftstrieb, die mit dem Recht des vital Stärkeren und Tüchtigen zusammenfallen, werden als tragendes ethisches Gesetz vom Erzähler propagiert. Auch Helene bleiben Demütigungen und Rückschläge nicht erspart, aber ihr Sieg ist trotzdem schon in der Exposition festgelegt. Als Sternsteinhofbäuerin erfährt sie dann ‚die veredelnde Macht des Besitzes', und es ist der Geist des Hofes, der die Heldin in ‚Unordnungen' einfügt und diszipliniert: Aus der Überzeugung, daß im Bauernboden selbst schon ‚ein Sinn der Existenz' liegt, arbeitet Helene für die Zukunft des Hofes."

Die textimmanente Begründung lautet: „Zunächst einmal wird dem in den konservativen Bauernromanen als hohe Tugend gepriesenen bäuerlichen Konservativismus das Streben nach Selbstverwirklichung und Ausbildung der individuellen Fähigkeiten als positiver Wert entgegengesetzt. Sodann wird die Wahl der bürgerlichen Lebensform als notwendige Konsequenz dieses Strebens nach persönlicher Vervollkommnung hingestellt. Damit wird der durch die industrielle Umwälzung vorangetriebene Prozeß der Verbürgerlichung der Gesellschaft als der richtige Weg individueller wie gesellschaftlicher Entwicklung beglaubigt." (Zimmermann 1975, S. 119)

tiv einer Handlung und ihren Konsequenzen. Dieser Aufweis hat kritische Funktion. Aus äußerster Distanz, bloß beschreibend, entlarvt der Erzähler den ideologischen Mechanismus, der das Bestehende, den Erfolgreichen und Mächtigen mit dem Guten gleichsetzt. Der „Sternsteinhof" kann also als ein Zeugnis des ‚kämpferischen Aufklärers, Moralisten und Reformers' Anzengruber interpretiert werden.

Frenssen ist der ‚bekannteste und verkaufsstärkste Vertreter der frühen Heimatkunstbewegung überhaupt' (Rossbacher 1975), er ist zugleich einer der erfolgreichsten Schriftsteller der ersten Hälfte dieses Jahrhunderts. Sein meistgelesener Roman ist „Jörn Uhl" (1901), in dem der Lebensweg des Titelhelden geschildert wird (siehe unten).

Der referierte Handlungsverlauf kann als Ausdruck eines bürgerlich-liberalen Standpunkts gedeutet werden (Text links). Zimmermann (1975) führt zur Stützung die zeitgenössische liberale Literaturkritik an, die den Roman „wohlwollend bis begeistert" begrüßt habe, während auf der konservativen Seite Skepsis und Ablehnung vorherrschend gewesen seien.

Lebensweg des Jörn Uhl

Jüngster Sohn eines reichen dithmarsischen Bauern, verliert Jörn Uhl als Dreijähriger die Mutter; das geschieht durch die Schuld des „großen, stolzen und immer fröhlichen", aber auch leichtfertigen, trink- und spielfreudigen Vaters (Frenssen 1958, S. 16), zu dessen Gegenbild er sich entwickelt: Jörn „sah mit neugierigen Augen in die Welt und hatte eine wachsende Liebe zu den Büchern, besonders zu solchen, welche eine feste, klare Erkenntnis überliefern, später auch wohl zu solchen, die nüchterne, bedächtige Grübeleien enthielten. Er sagte damals [...]: ‚Ich will die ganze Welt verstehen.' Und er hat in seinem Leben wirklich ein gut Teil davon verstanden." (ebd., S. 70) Sein Plan, das Gymnasium zu besuchen, scheitert – wiederum wegen der Unbekümmertheit des Vaters. So ist er hineingezwungen in die bäuerliche Arbeit, in den Kampf um den Erhalt des verschuldeten Besitzes. Immerhin wird dadurch „seine Seele schon in früher Jugend auf ein Großes gerichtet, und das war Gewinn fürs ganze Leben" (ebd., S. 111). Aus dem Krieg von 1870/71 zurückkehrend, findet Jörn den Hof in Konkurs geraten vor; Ursache sind Spekulationsverluste seines inzwischen durch einen Unfall geistesgestörten Vaters. Er übernimmt den Hof nach dem Willen der Gläubiger, wirtschaftet auch erfolgreich, bis dann eines Tages die gesamte Ernte einer Mäuseplage, das Haus einem Blitzschlag zum Opfer fällt. Er läßt „die Uhl [den Hof] nun fahren, samt allen ihren Sorgen" (ebd., S. 358), und was ihm bisher Lebensaufgabe war, erscheint ihm plötzlich als „Selbsttäuschung und Lüge" (ebd., S. 414). Aus dieser Erkenntnis heraus wagt der jetzt Dreißigjährige einen neuen Beginn: er absolviert ein Ingenieur-Studium und heiratet die Liebe seiner Kindheit und Jugend.

Dieses an sich legitime rezeptionsbezogene Argument verzerrt jedoch den Sachverhalt und steht außerdem in Widerspruch zu den Schlüssen, die aus der Auflagenentwicklung gezogen werden können. Entscheidend für eine alternative Interpretation ist indessen eine Reihe von Textmerkmalen:

– eine archaisierende Erzählhaltung (Allwissenheit des Erzählers, Anrufungen der Akteure, Anrede der als Zuhörer vorgestellten Leser), ergänzt durch an Epos und Bibel erinnernde rhetorische Figuren (z. B. Anaphern, „Und dann"-Anschlüsse) und pathetische Kürze;

– eine Charakterisierungstechnik, für die rassische Attribute und tendenziell biologistische Vergleiche bevorzugte Mittel sind und die die positiven Gestalten mit „privaten Tugenden", insbesondere mit Demut und Vertrauen, ausstattet;

– mythisierende Züge, die sich darin zeigen, daß Natur und Schicksal, Landschaft und Krieg zu übermächtigen dämonischen Wesenheiten verselbständigt werden.

Diese Merkmale rechtfertigen es, in „Jörn Uhl" „jene Verschmelzung von Bauernblut und Industrialisierungswillen" zu erblicken, „die sich mit Thomas Mann als ‚hochtechnisierter Romantizismus' bezeichnen läßt" (Rossbacher 1975, S. 193). Eine Begleiterscheinung des ‚technisierten Romantizismus' oder auch der romantisierten Technik ist die Erweiterung und Entleerung des Heimatbegriffs; dadurch daß er sich von bestimmten Lebensformen und abgegrenzten Lebensräumen löst, wird er verfügbar für nationalistische und imperialistische Ideologien, die ihrerseits ja in Frenssens Darstellung von Krieg und Auswanderung sowie in seinem Konzept der Volksseele angelegt sind.

Von *Ganghofers* Werken (ca. 80 Romane, Erzählungen und Volksstücke, eine Autobiographie), die eine Gesamtauflage von 25 Millionen erreichten und zwischen 1913 und 1962 Vorlage für 32 Filme waren, sind im gegebenen Zusammenhang die „Berg-" oder „Hochlandsromane" wichtig. Ihnen allen liegt ein gemeinsames Muster von Thema, Handlungsaufbau, Personendarstellung, Schauplatz und Ideologie zugrunde.

Thema ist die Liebe. Die Handlung besteht darin, zwei Liebende zusammenzuführen. Dem festgelegten happy end sind retardierende Momente vorgeschaltet, und zwar in der Form, daß gesellschaftliche Normen (Diskriminierung einer Mesalliance oder einer Scheidung), dritte Personen (Nebenbuhler) und Probleme in der Liebesbeziehung selbst (Mißverständnisse) die Möglichkeit der Vereinigung in Frage stellen. Die daraus sich ergebenden Konflikte werden nicht bewältigt, sondern aufgelöst, wie exemplarisch die „unerbittliche Todesmechanik" zeigt, der die störenden Dritten zum Opfer fallen (Zimmermann

1975). Der schematisierten Handlung – variabel ist einzig die Zahl der Konflikte und Geschehensstränge – entsprechen die Konstellation und Charakterisierung der Figuren. Sie werden in einem ersten Schritt entweder der Gruppe der Guten oder der der Bösen zugeordnet, in einem zweiten den oberen oder den unteren Ständen. Welche Eigenschaften für die so gebildeten vier Personenkategorien typisch sind, illustriert der Roman „Das Schweigen im Walde" (1899).

Die Grenzen zwischen den Kategorien sind unaufhebbar und unüberschreitbar. Bezugsgruppe (d. h. die Gruppe, mit der der Erzähler sich identifiziert), sind die guten Adligen und Bildungsbürger; aus ihrer Perspektive (die folglich die des Erzählers ist) erscheinen die positiv gezeichneten Jäger, Bauern und Handwerker weniger als edle denn als harmlos-gutmütige Wilde. – Zentral freilich ist die Gut-Böse-Dichotomie. Mit ihr verknüpft ist der Schauplatz, genauer: das Verhältnis der Personen zum Schauplatz. Die Guten fliehen die Stadt, die die Zivilisation (und das bedeutet: Krankheit und Lüge) repräsentiert; sie suchen und finden im Hochland der Alpen Gesundung durch die Begegnung mit der Natur. In dieser Begegnung offenbaren sich ihnen ihre eigene Bestimmung sowohl wie auch das Wesen der Gesellschaft, weil letztlich in allen Seinsbereichen *ein* Gesetz, das der Natur, herrscht: „Stark und ruhig stiegen die hundertjährigen Bäume zum Himmel auf, jeder ein König in seiner sturmerprobten Kraft. Alle kleinen, niederen Gewächse waren verkümmert und gestorben im Schatten dieser Großen; sie allein bestanden [. . .]. Sogar vom eigenen Leibe hatten die Riesen alle niedrigstehenden Äste abgestoßen und gesundes, saftiges Leben nur den strebenden Zweigen bewahrt, die sich aufwärts streckten bis zur Höhe des Lichtes. [. . .]. ,Wer das so könnte wie der Wald: alles Schwächliche und Niedrige von sich abstoßen, nur bestehen lassen, was stark ist und gesund! So stolz und aufrecht hinaussteigen über den Schatten der Tiefe und die Helle suchen, die hohen, reinen Lüfte! Wer das so könnte!'" (Ganghofer 1977, S. 18 f.) Die Form der Aussage – das unvermittelte Folgern moralischer Bestimmungen aus der Beschreibung biologischer Sachverhalte – belegt die behauptete Gleichsetzung der Seinsbereiche, und zwar in einer biologistisch zu nennenden Ausprägung. Der Inhalt der Aussage – die Glorifikation des Starken, Großen, Gesunden – besitzt deutlich sozialdarwinistische Züge. In den so umrissenen Vorstellungskomplex fügen sich ein – die Deutung böser, grausamer oder ungerechter Phänomene als nur scheinbar dissonanter Elemente, die, recht betrachtet, in der Harmonie des Weltganzen aufgehoben sind, ja sie eigentlich erst begründen: „Wie alles ist in der Welt, so muß es sein. Und wie es auch immer sein mag, immer ist es gut im Sinne des Schöpfers" (S. 136);
– die verklärende Schilderung einer fiktiven Gesellschaft, die hinreichend viele Parallelen zur konkreten (wilhelminischen) aufweist, um für ihr Abbild genommen werden zu können und damit der Rechtfertigung ihres hierarchischen Aufbaus, ihrer Macht- und Besitzverhältnisse, ihrer Denk- und Verhaltensnormen zu dienen.

Theodizee und soziale Apologetik, Biologismus und Sozialdarwinismus sind im Rückblick als ideologischer Kern auch der Handlung und der Personentypisierung erkennbar. Das happy end für die definitionsgemäß Guten, die Vernichtung der Bösen gewährleisten die „Vernünftigkeit" des Schicksals, das nun seinerseits zum Organ der Natur, zu ihrem Selektionsinstrument wird und so das Bestehende als natürlich und notwendig legitimiert.

Die exemplarische Darstellung der Produktionsphase von 1871 bis 1918 verlangt zahlreiche Ergänzungen und Schlußfolgerungen: 1) Sie stellt u. a. die vorausgesetzte Definition des Gegenstandsbereichs in Frage. 2) Sie weist auf die Bedeutung bisher nicht erwähnter Traditionen, so des Wiener Volkstheaters, dessen wichtigste Vertreter, Ferdinand Raimund und Johann Nepomuk Nestroy, Anzengruber zum Vorbild dienten. 3) Sie läßt offen, wie die individuellen Antworten auf die historische Realität zusammenhängen mit neuen politisch-geographischen Faktoren (divergierende Entwicklung Deutschlands und Österreichs, zumal seit 1871; jetzt sich auswirkende Unterschiede im Gesellschaftsaufbau der deutschen Regionen) und mit neuen sozialökonomischen Verhältnissen (zunehmende Fraktionierung der Mittelschichten; Allianz zwischen bestimmten ihrer Teilgruppen und den im „Bund der Landwirte" organisierten Großagrariern; sich wandelnde Beziehung zwischen diesen letzteren und der Industriewirtschaft im Gefolge von Schutzzollpolitik und Kolonialismus). 4) Sie leistet nicht die Einordnung der zahlreichen anderen Autoren von Heimatliteratur, zu deren bekanntesten Peter Rosegger, Clara Viebig, Wilhelm von Polenz, Adolf Bartels, Ludwig Thoma und Lulu von Strauß und Torney gehören. Ebensowenig gibt sie einen Überblick über die innerhalb des Genres existierenden Varianten, wie er sich etwa für den Roman in der typologischen Gliederung Zimmermanns (1975, S. 67 ff.) findet.

Dessenungeachtet beschränkt sich die folgende Erörterung darauf zu skizzieren, daß diese Phase als Phase der Bereitstellung von Mustern, die ausgewählten Autoren als Ausgangspunkte, Anreger, Vorläufer späterer Perioden und Strömungen verstanden werden können.

Anzengruber repräsentiert mit seiner aufklärerisch-sozialkritischen Position eine in sich durchaus differenzierte Reihe von liberalen, radikaldemokratischen, sozialistischen und proletarisch-revolutionären Schriftstellern: *Minna Kautsky, Franz Rehbein, Lena Christ,* dann (in der Zeit zwischen den beiden Weltkriegen) *Oskar Maria Graf, Hans Fallada, Johannes R. Becher, Anna Seghers, Adam Scharrer.* Nach 1945 stellt sich in diese Tradition die Landliteratur der DDR (z. B. *Erwin Strittmatter*). Für den dramatischen und filmischen Bereich sind zu nennen *Martin Sperr, Franz Xaver Kroetz, Rainer Werner Fassbinder* und schließlich *Hans W. Geissendörfer* mit seiner Bearbeitung des „Sternsteinhofs" (1976).

An *Frenssens* mythisierenden Tendenzen, an seinem Romantizismus ist eine neue Qualität der „Anti-Modernization" deutlich geworden, jenes Gemischs von „Antiindustrialismus, Antimodernismus, Antiintellektualismus, Antimaterialismus, Traditionalismus und Provinzialismus", dazu von Antisemitismus, Germanenkult und chauvinistisch-militaristischem Expansionismus, das von der gesamten Heimatkunstbewegung vertreten und meist noch erheblich schärfer und aggressiver vorgetragen wird (Ketelsen 1976). Die ideologische Nähe erklärt, warum die Heimatliteratur sich von der nationalsozialistischen Literatur vereinnahmen ließ, so daß sie in der dritten Produktionsphase von 1919 bis 1945 weitgehend mit der völkischen Provinz- und „Blut und Boden"-Literatur identisch ist.

Die Rezeption *Ganghofers* ist bestimmt von einer entpolitisie-

Ein Beispiel für eine extreme Anti-Modernization ist „Der Wehrwolf" (1910) von *Hermann Löns.* Diese „Chronik" aus dem Dreißigjährigen Krieg schildert den Kampf einer verschworenen Gemeinschaft von Heidebauern gegen das Land durchziehende, plündernde Horden. Wesentlich sind
– die den Erzähler, die Charaktere und die Ereignisfolge prägende Mischung von Gewalttätigkeit und Sentimentalität,
– die Einreihung des Geschehens in die Welt- und Naturgeschichte und, daraus folgend,
– die Mythisierung des Kampfes zwischen dem an die Scholle gebundenen Volk und den Fremden zum Prinzip allen Lebens.

renden Leseart der ohnehin eher latent als manifest politischen Inhalte. Insofern also durch die geschichtlichen Ereignisse nicht kompromittiert, bilden die einzelnen Elemente der Bergromane – das Thema der Liebe auf dem Lande, die Verklärung der bestehenden Zustände usw. – das Repertoire, aus dem die für die Zeit seit 1945 typischen Heimatroman-Serien in Heftform schöpfen.

Der Frauenroman

Der Frauenroman – als solcher gekennzeichnet durch die weibliche Hauptgestalt und die dominante Liebesthematik – wird hier in einer besonderen Spielart dargestellt, die bei *Eugenie Marlitt* prototypisch ausgebildet ist und die, von *Hedwig Courths-Mahler* gewissermaßen zur Serienreife geführt, dem Heftroman zugrunde liegt. (Daß sie, die Spielart, als Heftroman die höchste Auflage und die größte Leserzahl erreicht, ist Motiv für die Entscheidung, sie auszuwählen.) Zu dieser Eingrenzung des Untersuchungsbereichs treten, teils aus ihr folgend, andere. Nicht berücksichtigt werden außerdeutsche Traditionsstränge wie der angloamerikanische und der französische, obwohl ihr Einfluß und ihr Marktanteil beträchtlich sind; ebensowenig der Zusammenhang mit kanonisierter Literatur, für die stellvertretend Romane *Theodor Fontanes* genannt werden können. Schließlich bleibt auch ausgespart eine detaillierte Darstellung des Wegs, der vom empfindsamen Roman über die sentimentalen Erzählungen *Heinrich Claurens* („Mimili" 1816), die „Entsagungsromane" *Johanna Schopenhauers* (um 1820), den Adelsroman von *Ida Hahn-Hahn* („Gräfin Faustine" 1841), den jungdeutschen Zeitroman Gutzkowscher und Spielhagenscher Prägung zu *Marlitts* Werken führt.

Diese erste wirkliche Bestsellerautorin der deutschen Literaturgeschichte veröffentlichte zwischen 1865 und 1887 neun Romane und drei Erzählungen. Kern der Handlung ist im typischen Fall eine Aschenputtelgeschichte. Wie der damit vorgegebene Rahmen ausgefüllt wird, kann eine Analyse der Personenkonstellationen zeigen. Sie orientiert sich daran, welche Charaktere durch (im übrigen meist sehr eindeutige) Kommentare des Erzählers als „sympathisch" und „gut", welche als „unsympathisch" und „schlecht" erscheinen, und sucht nach den Attributen, die explizit oder implizit die Zuordnungen erklären. Das an zwei Romanen – „Reichsgräfin Gisela" (1870) und „Im Hause des Kommerzienrates" (1876) – gewonnene Ergebnis läßt sich so zusammenfassen.

Wesentliches Unterscheidungsmerkmal zwischen den beiden Kategorien sind *die* Wertvorstellungen und Verhaltensweisen,

„Reichsgräfin Gisela" erzählt zunächst von der Liebe des Hüttenmeisters Theobald Ehrhardt zu Jutta von Zweiflingen, die ihn verläßt, um Baron Fleury zu heiraten; Theobald findet den Tod, als er seinen Bruder Bertold vor dem Ertrinken rettet. Bertold verläßt Deutschland, kehrt aber nach elf Jahren unerkannt zurück und macht es sich zur Aufgabe, seine Heimat durch Aufklärung, Industrialisierung und soziale Reformen in ein neues Zeitalter zu führen. Jutta und Fleury haben indessen – auf deren Erbe spekulierend – die Sorge für die junge, doch scheinbar todkranke Reichsgräfin Gisela übernommen. Bertold und Gisela finden in einem langen Prozeß zueinander, dessen wesentlicher Inhalt die körperliche und seelische Wandlung Giselas ist: sie gesundet und überwindet zugleich das aristokratische Vorurteil, das einem nationalen und sozialen Engagement im Wege steht; Bertold enthüllt die Intrige Juttas und Fleurys und vernichtet sie auf diese Weise.

„Im Hause des Kommer-zienrates" ist die Ge-schichte der Liebe zwi-schen Käthe Mangold und dem Arzt Bruck. Bevor sie diese Liebe einander ge-stehen können, muß Kä-the ihre bildungsbürger-lich geprägten Prinzipien gegen Gefährdungen und Versuchungen bewahren und vertiefen, muß Bruck sich von der emanzipati-onsbesessenen, schwär-merisch an der Sozialen Frage interessierten, dabei egoistischen und am Adel orientierten Flora, seiner Braut und Käthes Stiefschwester, lösen. Dieses Sich-Lösen ist sei-nerseits eine Hinwen-dung zum bürgerlichen Ideal der Frau, der Familie und der Gesellschaft.

die auf zwei verschiedene Bezugsgruppen hindeuten. Während die negativ gezeichneten Personen den Standards der höfischen Aristokratie folgen, sind für die „Guten" die bürgerlichen – im späteren Werk: die bildungsbürgerlichen – Normen verbind-lich. Dieser Differenzierung, die auch und gerade für die Ne-benfiguren gilt, entsprechen noch die architektonischen und in-nenarchitektonischen Einzelheiten der jeweiligen Lebensräu-me; sie findet einen letzten Reflex in den Formen der Anrede (etwa im Adelstitel, im „Kommerzienrat" oder „Medizinalrat" hier, im betonten oder verweigerten „Doktor" bzw. „Doktorin" dort).

Wenn also die Guten – unabhängig von ihrer realen Standes-oder Klassenzugehörigkeit – bürgerliche Werte vertreten, ja da-durch erst zu Guten werden, heißt das, daß die bestehende ge-sellschaftliche Rangordnung einer mit ihr unvereinbaren mo-ralischen konfrontiert und so ihrer Legitimation beraubt wird: „Oh, mein Herr, ich habe einen schaudernden Blick getan in jene Welt, die sich durch Mauern und Wälle hochmütig ab-schließt von der übrigen Menschheit! Ich bin bis dahin der kin-dischen Meinung gewesen, diese Mauern seien da, um das Reine vom Unreinen, die Tugend vom Verbrechen zu scheiden, und nun sehe ich, daß das Verbrechen draußen unter den Verachte-ten nicht heimischer sein kann als hinter diesen Mauern. Ich

Flora im Arbeitszimmer. Il-lustration aus „Im Hause des Kommerzienrates".

mußte mich noch vor wenigen Augenblicken überzeugen, daß man, statt den Adel doppelt dafür zu strafen, weil er *nicht* adlig ist, selbst wieder zum Betrug greift, um die Flecken der Ehrlosigkeit vor dem richtenden Auge der Welt zu verdecken … Ich flüchte zu den Menschen, die wahrhaft Menschen sind – ich suche ein Asyl im Pfarrhause." (Marlitt 1974, S. 326 f.) Diese Variation und Lösung der alten Frage, ob Geburts- und Geistesadel korrespondieren, ist Reichsgräfin Gisela in den Mund gelegt; es drückt sich darin die (spätestens seit Richardson bestehende) Überzeugung aus, daß der Kanon der bürgerlichen Tugenden der eigentlich humane sei und daß folglich der Wert eines Individuums sich nach ihm, nicht nach der Standeszugehörigkeit bemesse. Festzuhalten bleibt: Erst die Priorität der moralischen vor der gesellschaftlichen Ordnung ermöglicht es, die Handlungsabläufe als Abwandlungen des Aschenputtelschemas zu interpretieren, wie umgekehrt die zum happy end erklärte Koppelung von moralischem Aufstieg und sozialem Abstieg der Heldinnen jene Priorität bestätigt.

Warum indessen bürgerliche Wertvorstellungen und Verhaltensweisen feudal-aristokratischen überlegen sind, begründet der Erzähler 1) aus ihrer (behaupteten) Fähigkeit, akute gesamtgesellschaftliche Probleme zu lösen, 2) aus dem Glauben, daß die ihnen spezifischen Auffassungen von der Rolle der Frau und des Mannes, darüber hinaus von Struktur und Funktion der Familie der menschlichen Natur entsprächen.

Zu 1): *Das* Problem der Industrialisierungsperiode ist die *Soziale Frage*, d. h. das Elend der besitzlosen Masse des Volkes und die daraus entstehenden Spannungen. Dieser von Marlitt wahrgenommene Sachverhalt findet – was „Reichsgräfin Gisela" angeht – Erklärung im ‚unbegrenzten Egoismus' des Adels, in seinem Hochmut und seiner Genußsucht, in seiner Selbstabschließung zur Kaste und im daraus entspringenden Unvermögen, den Wandel der Gesellschaft zu registrieren und auf ihn zu antworten. Gerade das aber: die historische Aufgabe zu lösen und so „das allgemeine Menschenwohl" zu fördern, gelingt Bertold Ehrhardt, dem Repräsentanten des Bürgertums; er schafft eine „Kolonie", wo „die freie Anschauung von Gott und seinem Wort ungestört die Flügel entfalten [darf] … Draußen herrscht und regiert fort und fort der unbegrenzte Egoismus, und eine Kaste sucht der anderen auf den Nacken zu steigen; hier aber waltet die Liebe und man erhält den unwiderleglichen Beweis, daß sich das Musterbild der Menschheit, wie es die oft verlachte Humanität anstrebt, in der Tat verwirklichen läßt. Der Mann im Waldhause [Bertold] sieht glückliche, zufriedene Gesichter, wohin sein Blick sich wendet. Das lächerliche Jagen nach Ämtern und Orden dringt nicht herein – dafür kommt das höchste

„Die Kartoffel vertritt bei ihm [dem notleidenden Bewohner des Thüringer Walds] Fleisch und Brot; er ißt sie gebraten oder in der Pfanne gebacken zu seinem dünnen, elenden Kaffee, mit dem die erquickende Mokkabohne gewöhnlich nur noch den Namen gemein hat. Damit sättigt er sich oft monatelang, und eine einzige Mißernte läßt sofort das Gespenst der Hungersnot auftauchen." – „Es war eine jener armen sogenannten Porzellanfrauen, die jahraus, jahrein nach Brot gehen müssen. Sie kaufen den Ausschuß in den Porzellanfabriken hoch auf dem Thüringer Wald um ein Billiges und schleppen die Last oft viele Meilen weit ins Land hinab, um sie unten gegen kärglichen Gewinn wieder zu verhandeln. Den schweren Korb auf dem Rücken, das kleinste Kind auf dem Arm, und öfter auch noch ein größeres an der Hand, wandern die armen Kreuzträgerinnen mit wunden Füßen durch Wind und Wetter, elender noch als das Lasttier; denn sie leiden nicht allein – sie sehen ihre Kinder leiden …" (Marlitt 1974, S. 84 f. u. 169)

Streben, das die Menschenseele erfüllen soll, das Streben nach innerer Entwicklung und Befreiung um so besser zur Geltung." (Marlitt 1974, S. 231 u. 346) Dem Klerikalismus, sich äußernd in Bigotterie oder politisch-taktischem Mißbrauch religiöser Gefühle und Institutionen, dem zerstörerischen Kampf aller gegen alle wird eine Sozialordnung entgegengesetzt, in der Humanität und Liebe herrschen. Ihr Fundament ist die Dynamik der industriellen Entwicklung, die, dank der „Einzelbestrebungen tüchtiger Köpfe", prometheische Kräfte freisetzt und Intelligenz und Fortschritt „wie auf Sturmesflügeln" einziehen läßt (Marlitt 1974, S. 322 u. 118). Ihre konkrete Verfassung ist die einer paternalistisch organisierten Gemeinschaft: der Fürsorge des Unternehmers antworten Zuneigung und Dankbarkeit der Arbeiter.

Was nun den anderen Roman, „Im Hause des Kommerzienrates", angeht, so hat sich darin der Wunschtraum von der Interessenidentität aller nicht-aristokratischen Bevölkerungsgruppen verflüchtigt. Das über das Industrie- und Finanzkapital verfügende Großbürgertum, verkörpert vor allem in Römer, sucht sich dem Adel anzugleichen, und zwar auf Kosten sowohl der anderen Teile des Bürgertums als auch des Proletariats, ja schließlich sogar um den Preis der (moralischen) Selbstaufgabe und (ökonomischen) Selbstzerstörung. Obwohl diese Selbstzerstörung in die Gründerkrise von 1873 situiert ist, in einen Börsenkrach also, der strukturelle Ursachen hatte und eine langanhaltende Depression einleitete, motiviert der Erzähler den Untergang Römers mit individuellem moralischem Versagen. Hybris und Selbstentfremdung werden als Symptome einer Krankheit aufgefaßt, deren wesentliche Ursache Gier nach Geld ist. Geld bleibt indessen nicht passives Objekt der Gier; es entfaltet vielmehr eine magisch-dämonische Aktivität, die jedes Gefühl auszulöschen, jede zwischenmenschliche Beziehung zu pervertieren droht. – Dem Prozeß der Verstrickung Römers ist entgegengestellt der Prozeß der Befreiung Käthe Mangolds. Während sie es anfangs „nämlich über die Maßen hübsch [findet], reich zu sein", verwandelt sich dieses „kindlich naive Ergötzen" zunehmend in „Furcht und Angst vor den Geldmassen", und zwar zum einen infolge der Einsicht in jene erwähnte, vom Geld ausgehende Bedrohung, zum anderen deshalb, weil sie das ererbte Vermögen, soweit es durch Wucher und Schwindel zustande gekommen ist, als ererbte Schuld empfindet (Marlitt 1977, S. 52 u. 236). Die Schuld aber verlangt Sühne. Käthe leistet sie im wohl durch äußere Umstände herbeigeführten, doch emotional vorweggenommenen und gewünschten Verlust ihres Reichtums; sie leistet sie in der Hilfe für Bedürftige und in der erfolgreichen zeitweiligen Führung eines Kleinbe-

„[. . .] den einst wirklich gutherzigen Mann[Römer] hatten Glück und Geld unempfindlich [d. h. egoistisch] gemacht"; bei seinem Aufstieg „stieß [er] verächtlich die Leiter um, auf der er emporgeklommen; sein Glücksrausch blendete ihn dergestalt, daß er in den Jargon der eingefleischtesten Krautjunker verfiel"; für seinen „Hauptlebenszweck", die „Erwerbung weltlicher Güter", und für die Wahrung des ‚äußeren Ehrenscheins' ‚gab er die wahre innere Ehre hin" (Marlitt 1977, S. 254, 76, 52 u. 15).

Die Deutung impliziert, daß die äußeren Umstände gedacht werden als von „der gestaltenden Hand des Schicksals" bestimmt (Marlitt 1977, S. 169): dann ist der Bankrott ein Zeichen dafür, daß das innerlich bereits gebrachte Opfer vom Schicksal angenommen wird – „weltanschauliche" Voraussetzung des folgenden happy end.

STELLUNG DER FRAU

Allgemeine deutsche Real-Encyclopädie für die gebildeten Stände.
Conversations-Lexikon. 11. Aufl. in 15 Bden.
Leipzig, F. A. Brockhaus, 1864–1868, 6. Band (1865)

Frauen, worunter der edlere Sprachgebrauch das ganze weibliche Geschlecht befaßt, sind unter den Nationen und auf den Culturstufen, auf welchen das Geschlechtsverhältniß und die daraus entstehenden Beziehungen zwischen Mann und Weib eine höhere ästhetische und sittliche Richtung genommen haben, die Repräsentanten der Sitte, der Liebe, der Scham, des unmittelbaren Gefühls, wie die Männer die Repräsentanten des Gesetzes, der Pflicht, der Ehre und des Gedankens; jene vertreten vorzugsweise das Familienleben, diese vorzugsweise das öffentliche und Geschäftsleben. Diesem Inhalt entspricht die Form; das Weib strebt nach Zierlichkeit, Anständigkeit und Schönheit, der Mann nach Fülle, Kraft und praktischer Zweckmäßigkeit. Wie die Religion dem Weibe, so ist die Philosophie dem Manne entsprechend. Jenes empfindet, dieser erkennt das Richtige; der Mann ist stark im Handeln, Mittheilen und Befruchten, das Weib im Dulden, Empfangen und Gebären; Stärke verlangt überall der Mann, Anmuth das Weib. Für das consequente logische Denken des Mannes hat das Weib sein instinctartiges und ahnungsvolles Auffassen zum Ersatz. Der Mann war stets in der Staats- und Religionsschöpfung, in der Philosophie, in Kunst und Wissenschaft productiv, neugestaltend und maßgebend; das Weib nahm an seinen Entwickelungen aufnehmend und mitempfindend theil. Nicht als ob es irgendwelche Bildungssphäre gäbe, die der Frau als solcher verschlossen wäre. Dieses so wenig, als es eine zwiefache Moral, ein zwiefaches Wahres, Richtiges oder Schönes geben kann. Erreichbar ist daher in den ideellen Lebensgebieten für jeden schlechthin jedes, nur mit Überwindung größerer oder minderer Schwierigkeiten von der einen oder andern Seite. Jeder aber soll sich im großen moralischen Werke der Menschheit den Platz wählen, welcher mit der geringsten Verschwendung der Kräfte und Mittel ausfüllbar ist, und wo er auf die leichteste Art den größten Nutzen stiftet. Niemand soll gern sich Lebenszwecke vorsetzen, zu deren Erreichung er mit übergroßen Hindernissen zu kämpfen hat, während er die Wirksamkeit, zu deren leichter Vollführung ihm die Natur die Mittel mit liebevoller Fürsorge reichlich an die Hand gab, verschmäht. So namentlich in diesem Fall. Die Natur hat dem weiblichen Geschlechte Gaben verliehen, die sie dem Manne versagt hat; sie hat dem Weibe Schmerzen, aber zum Ersatze auch Freuden zugetheilt, die der Mann nicht kennt; die Sorgen und Schmerzen einer Mutter werden von ihren Freuden unfehlbar mehr als blos aufgewogen. Es gibt eine Menge von Kleinigkeiten, an denen der Mann kalt, ja verächtlich vorübergeht, und die dem Weibe höchst wichtig und eine Quelle der angenehmsten Eindrücke und Empfindungen sind; aber für gewisse Sorgen und Schmerzen des Mannes wird das Weib selten das richtige Verständniß haben. Diese Verschiedenheiten sind bestimmt, um in dem Entwickelungsgange der Menschheit zu einem Gesammtresultate zusammenzuwirken. Die Hauptfunctionen des Mannes beziehen sich auf den öffentlichen Verkehr, den Staat, die Production in Kunst und Wissenschaft, die des Weibes auf die Familie und das gesellige Leben. Je reiner und sittlicher das Familienwesen, desto reiner der Kern einer Nation, desto edler und reiner ihre Geschichte. Viele der größten und tüchtigsten Männer, die sich im Staatsleben oder in Wissenschaft und Kunst auszeichneten, verdanken das beste ihres geistigen Theils, die moralische Grundlage ihres Daseins, den Einflüssen ihrer Mütter.
Alle die körperlichen und geistigen Eigenthümlichkeiten, durch welche das Weib sich vom Manne unterscheidet, stehen im innigsten Zusammenhange mit der Bestimmung desselben, Mutter zu werden.

Arthur Schopenhauer „Parerga und Paralipomena" II 2 (1851)

§ 363.

Schon der Anblick der weiblichen Gestalt lehrt, daß das Weib weder zu großen geistigen, noch körperlichen Arbeiten bestimmt ist. Es trägt die Schuld des Lebens nicht durch Thun, sondern durch Leiden ab, durch die Wehen der Geburt, die Sorgfalt für das Kind, die Unterwürfigkeit unter den Mann, dem es eine geduldige und aufheiternde Gefährtin seyn soll. Die heftigsten Leiden, Freuden und Kraftäußerungen sind ihm nicht beschieden; sondern sein Leben soll stiller, unbedeutsamer und gelinder dahinfließen, als das des Mannes, ohne wesentlich glücklicher, oder unglücklicher zu seyn.

§ 364.

Zu Pflegerinnen und Erzieherinnen unserer ersten Kindheit eignen die Weiber sich gerade dadurch, daß sie selbst kindisch, läppisch und kurzsichtig, mit Einem Worte, Zeit Lebens große Kinder sind: eine Art Mittelstufe, zwischen dem Kinde und dem Manne, als welcher der eigentliche Mensch ist. Man betrachte nur ein Mädchen, wie sie, Tage lang, mit einem Kinde tändelt, herumtanzt und singt, und denke sich, was ein Mann, beim besten Willen, an ihrer Stelle leisten könnte.

(Schopenhauer 1977, Bd. X S. 668)

Würde der Frauen (Friedrich Schiller 1800)

Ehret die Frauen! sie flechten und weben
Himmlische Rosen ins irdische Leben,
Flechten der Liebe beglückendes Band,
Und in der Grazie züchtigem Schleier
Nähren sie wachsam das ewige Feuer
Schöner Gefühle mit heiliger Hand.

Ewig aus der Wahrheit Schranken
Schweift des Mannes wilde Kraft,
Unstet treiben die Gedanken
Auf dem Meer der Leidenschaft.
Gierig greift er in die Ferne,
Nimmer wird sein Herz gestillt,
Rastlos durch entlegne Sterne
Jagt er seines Traumes Bild.

Aber mit zauberisch fesselndem Blicke
Winken die Frauen den Flüchtling zurücke,
Warnend zurück in der Gegenwart Spur.
In der Mutter bescheidener Hütte
Sind sie geblieben mit schamhafter Sitte,
Treue Töchter der frommen Natur.

Feindlich ist des Mannes Streben,
Mit zermalmender Gewalt
Geht der wilde durch das Leben,
Ohne Rast und Aufenthalt.
Was er schuf, zerstört er wieder,
Nimmer ruht der Wünsche Streit,
Nimmer, wie das Haupt der Hyder
Ewig fällt und sich erneut.

Aber, zufrieden mit stillerem Ruhme,
Brechen die Frauen des Augenblicks Blume,
Nähren sie sorgsam mit liebendem Fleiß,
Freier in ihrem gebundenen Wirken,
Reicher als er in des Wissens Bezirken
Und in der Dichtung unendlichem Kreis.

Streng und stolz sich selbst genügend,
Kennt des Mannes kalte Brust,
Herzlich an ein Herz sich schmiegend,
Nicht der Liebe Götterlust,
Kennet nicht den Tausch der Seelen,
Nicht in Tränen schmilzt er hin,
Selbst des Lebens Kämpfe stählen
Härter seinen harten Sinn.

Aber, wie leise vom Zephir erschüttert
Schnell die äolische Harfe erzittert,
Also die fühlende Seele der Frau.
Zärtlich geängstigt vom Bilde der Qualen,
Wallet der liebende Busen, es strahlen
Perlend die Augen von himmlischem Tau.

In der Männer Herrschgebiete
Gilt der Stärke trotzig Recht,
Mit dem Schwert beweist der Scythe,
Und der Perser wird zum Knecht.
Es befehden sich im Grimme
Die Begierden wild und roh,
Und der Eris rauhe Stimme
Waltet, wo die Charis floh.

Aber mit sanft überredender Bitte
Führen die Frauen den Szepter der Sitte,
Löschen die Zwietracht, die tobend entglüht,
Lehren die Kräfte, die feindlich sich hassen
Sich in der lieblichen Form zu umfassen,
Und vereinen, was ewig sich flieht.

Das Stichwort „Frauen" aus der Brockhaus-Real-Encyklopädie, die Textbeispiele von Schiller, Schopenhauer (linke Seite) und J. H. Campe (unten) zeigen ebenso wie die

Abbildungen (oben rechts: Gemälde von H. Thoma; unten: Illustration aus Marlitts „Im Hause des Kommerzienrates") die Stellung der Frau: ihre Beschränkung auf das häusliche Leben, auf ihre Rolle als Ehefrau und Mutter. Versuche, diese Beschränkung zu durchbrechen, wurden häufig Anlaß für Karikaturen (oben links Karikatur von H. Daumier, „Die politisierende Frau" aus dem Jahr 1848. Die Bildunterschrift lautet: „Als Kandidat zur Nationalversammlung bin ich zurückgewiesen; da bleibt mir nur noch ein Weg offen . . . laß mich allein, Zenobia . . . stör mich nicht in meinen Gedanken . . . ich bin eben im Begriff, ein Manifest an Europa abzufassen.").

Joachim Heinrich Campe „Väterlicher Rat für meine Tochter. Ein Gegenstück zum Theophron. Der erwachsenen weiblichen Jugend gewidmet" (1789)

Jede menschliche Gesellschaft, auch die kleinste, die aus Mann und Weib und Kindern besteht, ist ein Körper; und zu jedem Körper gehören Haupt und Glieder. Gott selbst hat gewollt, und die ganze Verfassung der menschlichen Gesellschaften auf Erden, so weit wir sie kennen, ist darnach zugeschnitten, daß nicht das Weib, sondern der Mann das Haupt seyn sollte. [. . .] Dazu ward bei allen gebildeten Nationen die ganze Erziehungs- und Lebensart der beiden Geschlechter dergestalt eingerichtet, daß das Weib schwach, klein, zart, empfindlich, furchtsam, kleingeistisch – der Mann hingegen stark, fest, kühn, ausdauernd, groß, hehr und kraftvoll an Leib und Seele würde. [. . .] Es ist also der übereinstimmende Wille der Natur und der menschlichen Gesellschaft, daß der Mann des Weibes Beschützer und Oberhaupt, das Weib hingegen die sich ihm anschmiegende, sich an ihm haltende und stützende treue, dankbare und folgsame Gefährtin und Gehülfin seines Lebens seyn sollte – er die Eiche, sie der Epheu, der einen Theil seiner Lebenskraft aus den Lebenskräften der Eiche saugt, der mit ihr in die Lüfte wächst, mit ihr den Stürmen trotzt, mit ihr steht und mit ihr fällt – ohne sie ein niedriges Gesträuch, das von jedem vorübergehenden Fuß zertreten wird.

Hierin nun ist an sich gar nichts Böses; nichts, was deinem Geschlechte auch nur im geringsten zur Unehre oder zum Nachtheile gereichen kann. Abhängig zu seyn, ist ja im Grunde das Loos aller Menschen, so viel ihrer auf Erden leben, des Mannes so gut als des Weibes, des Fürsten so gut wie des niedrigsten seiner Unterthanen.

Zur Klärung des histori-
schen Hintergrunds und
zur genaueren Einschät-
zung von Marlitts Position
– vor allem im Hinblick auf
die ihr eigene Ausprä-
gung des Antikapitalis-
mus – kann das im Zusam-
menhang des Heimatro-
mans Gesagte herange-
zogen werden.

triebs; sie leistet sie schließlich in der ihr Glück sichernden Ehe
mit Bruck.

Zu 2): In zu präzisierender Beziehung zum dargestellten Gesell-
schaftsverständnis der Figuren – und folglich zu ihrer Wertung
durch den Erzähler – steht ihre *Auffassung von den Geschlechtsrollen und von der Familie.*

Welche normativen Erwartungen an die Frau herangetragen
werden, zeigt die Analyse der insbesondere Gisela und Käthe
gemeinsamen Eigenschaften und Verhaltensweisen, deren Be-
deutungsgrad sich daran erweist, ob sie einer (Läuterung signali-
sierenden) Entwicklung unterworfen sind und/oder ob sie in
Opposition zu Merkmalen der Antagonistinnen (Jutta, Flora)
stehen. Demnach sind zentral 1 *Ursprünglichkeit* und *Natürlichkeit* (die Gegensätze von Exzentrizität, Berechnung, Kokette-
rie), 2 *Ernst* und *Nachdenklichkeit* (Gegensätze zu „Schöngeiste-
rei" und Oberflächlichkeit), 3 *Opfermut, Hilfsbereitschaft, Mitleid* und *Kinderliebe* (als Gegensätze zu Kälte und Egoismus).
Argumentativ abgesichert werden diese Attribute, indem sie auf
die Natur der Frau zurückgeführt werden. Fiktional-psycholo-
gisch abgesichert werden sie dadurch, daß die Heldinnen sie mit
persönlicher Autonomie, Urteilsfähigkeit, ‚weiblichem Stolz'
vereinbaren; ein Konflikt zwischen Triebansprüchen und den
ja nicht eigentlich verinnerlichten, sondern angeborenen Normen ist somit ausgeschlossen.

Käthe „hatte willig ihre
ganze Zukunft hingewor-
fen, um ihn [Bruck] zu
erlösen." (Marlitt 1977,
S. 386) – Eine gerade we-
gen des Abstands instruk-
tive Vergleichsmöglich-
keit bietet die Verslegen-
de „Der arme Heinrich"
von Hartmann von Aue
(um 1195): Die Bereit-
schaft einer Jungfrau, ihr
Leben für den geliebten
Mann zu opfern und ihn so
vom Aussatz zu erlösen,
entspringt einem religiös
motivierten, individuellen
Entschluß, nicht einer an
die Frau als solche heran-
getragenen Erwartung.

Aus den aufgezählten Attributen leitet sich das Verhältnis zum
(Ehe-)Mann ab: Die Frau unterwirft sich ihm in selbstloser, de-
mütiger, treuer Hingabe, und sie definiert sich ausschließlich
über ihn und seinen Status. Die abweichende Position Floras,
die nicht, wie Bruck es unter Berufung auf „alle Billigdenken-
den" wünscht, hinzunehmen bereit ist, „daß die Frau die Mit-
strebende, die verständnisvolle Gehilfin des Mannes auch auf
geistigem Gebiete werde", sondern „*Gleich*strebende, *Gleich*be-
rechtigte nach jeder Richtung hin sein" will – diese Position
wird auf zweifache Weise desavouiert. Einerseits erscheint sie
unglaubwürdig und unrealisierbar, weil sie mit Floras Handeln
nicht kongruent ist. Andererseits verbindet sie sich mit Elementen einer höfischen Liebesidee; deren Grundstruktur (Liebe als
schicksalhafte Macht, als Dienst des Mannes an der geliebten
Herrin) reduzieren Käthe wie auch der Erzähler umwertend auf
eine Ausbeutungsbeziehung, auf die Ausbeutung des schwachen Mannes durch die zum Vampir stilisierte Frau (Marlitt
1977, S. 109).

Die Geschlechtsrollen sind notwendig komplementär. Wenn
also, verkürzt gesagt, die Frau emotional und submissiv sein
soll, muß der Mann rational und dominant sein. Wichtiger
aber, als dafür hier den detaillierten Nachweis zu führen, ist es,

die Folgen für die Ausgrenzung typisch männlicher und typisch weiblicher Tätigkeitsbereiche sowie für die Verfassung der Familie herauszustellen.

Der Tätigkeitsbereich des Mannes ist die Welt, d. h. der Beruf, die gesellschaftliche Produktion; der der Frau ist die häusliche Sphäre, die Familie, die private Reproduktion, wo sie für sich „Glück, [...] beseligendes Zusammensein und Zusammenwirken" findet, wo sie dem Mann „ein Daheim" schafft, „das ihm, unabhängig von den äußeren Strömungen, gleichmäßig ein harmonisch-inniges Familienleben bietet" und wo sie dem Kind schließlich das ist, „was die treue Mutter sein soll, das tröstende Licht, das keine Nacht aufkommen läßt, die höchste Instanz, die mit einem Kusse jeden Streit schlichtet, die unermüdlich stützende Hand, an der das Kind geistig und physisch laufen lernt" (Marlitt 1977, S. 121, 218, 258).

Die Polarität der Geschlechtsrollen, ihre Hypostasierung zu Geschlechtscharakteren, die beschriebene Form der Arbeitsteilung, die Gegenüberstellung von Beruf und Öffentlichkeit einerseits, von Familie andererseits und die emotionale Besetzung der beiden Bezirke (hier harmonische Intimität, Innerlichkeit, Abschirmung, dort an Effizienz- und Rationalitätskriterien orientierte Aktivität und bedrohende Konkurrenz) – das alles sind konstitutive Bestandteile der bis heute wirksamen bürgerlichen Familienideologie. Die Ideologie geht zurück auf das letzte Drittel des 18. Jh. und erscheint um 1865 in ihrer definitiven, philosophisch, biologisch, psychologisch fundierten Gestalt.

Sie spiegelt und prägt eine Periode des Umbruchs: Der Aufstieg des Bürgertums, der Begriff des Gesellschaftsvertrags, der zunächst „gegen die theologische Legitimation staatlicher Herrschaft ins Feld" geführt und dann „auch auf das System der Hausherrschaft angewandt wurde", Bauernbefreiung und Industrialisierung, die Trennung von Wohn- und Arbeitsstätte zerstörten die Haushaltsform der alten Oberschichten, das Ganze Haus; sie gefährdeten zugleich die bürgerlich-patriarchalische Ehe und Familie (ja Ehe und Familie als Institution überhaupt) und nährten so „die Forderung nach Emanzipation der Frauen aus dem ehemännlichen bzw. väterlichen Regiment und deren mit den Männern gleichberechtigte Integration in die bürgerliche Gesellschaft" (Hausen 1978, S. 164). Dieser Prozeß wurde erfolgreich gestoppt, die überkommenen Verhältnisse stabilisiert, der männliche Herrschaftsanspruch gesichert; es etablierte sich seit etwa 1830 ein neuer, durch jene Ideologie und durch juristische Vorkehrungen gestützter „Patriarchalismus im Gegenstoß" oder „Sekundärpatriarchalismus" (René König). Sein sozialer Ort war primär das Bildungsbürgertum, denn dort ent-

Zu Recht nennt Kienzle „die Marlittschen Romanfamilien Höllen der Intrigue, des Geschwisterneides, des Verrats, des Hochmuts und der Erbschleicherei" (1975, S. 64); dazu paßt, daß die Heldinnen stets ihre leibliche Mutter verloren haben. Das Familienideal erscheint allenfalls als Erinnerung, als Appell oder Beispiel einer älteren Beschützerin (der Frau Diakonus hier, der Pfarrerin dort) und – im happy end – als Verheißung. Die Erzählstrategie deutet Kienzle so: „Durch das Anknüpfen am [Familien-] Konflikt, durch den Nachvollzug und die unerbittliche Steigerung des Konflikts auf der Romanebene wird dieser beim Leser evoziert, durch den Prozeß der Überwindung durch das heldenhafte Mädchen und in seinem Sinne wird dessen Bedrohlichkeit heruntergespielt und zurückgenommen." (ebd.)

Wie gewöhnlich liest die Jette
Wieder nachts in ihrem Bette.

Auf dem Kopf hat sie die Haube,
In der Hand die Gartenlaube.

Aus: Wilhelm Busch:
„Fipps der Affe", 11. Kap.

Ein Indiz dafür ist die partielle Gleichsetzung von Frauen und Kindern.

Falsch ist es, die verschiedenen Fluchtwelten (Bertold Ehrhardts Dorfgemeinschaft, Käthe Mangolds Hausgemeinschaft) als Ganzes Haus zu bezeichnen, wie Schulte-Sasse/Werner (in: Marlitt 1977, S. 419 ff.) es tun. Ihr Kern ist immer – anders als in einer Reihe von Heimatromanen – die bürgerliche Kleinfamilie. – Klärungsbedürftig bleibt die Frage, inwieweit „mit den ‚Geschlechtscharakteren' ein für die bürgerliche Gesellschaft generell typisches Funktionselement", inwieweit eine kultur- und zeitspezifische Erscheinung angesprochen ist (vgl. Hausen 1978, S. 183).

sprach er bestimmten Zuständen, Notwendigkeiten und Möglichkeiten, etwa dem (bei Berufsbeamten) normalerweise außerhäuslichen Arbeitsplatz, dem Erfordernis einer intensiven Erziehung, das sowohl die Kindheit als eigenständige und eigenwertige Lebensphase wie auch die Mütterlichkeit als wichtige weibliche Qualität hervorbrachte, endlich der finanziell gegebenen Chance, die Frau dem Erwerbsleben fernzuhalten und sie auf den häuslichen Wirkungskreis festzulegen. Er erwies sich darüber hinaus schon früh als funktional für Teile des handwerklichen Mittelstandes, die das für sie bedrohliche Überangebot an Arbeitskräften durch Einschränkung der Frauenarbeit zu reduzieren suchten. Bedingung seiner Entstehung und Durchsetzung war also, daß er das Verhältnis zwischen den Geschlechtern gegen die sich verallgemeinernde Leistungskonkurrenz immunisierte und, die Wiederherstellung der männlichen Arbeitskraft an Gratisaktivitäten der Frau knüpfend, die „Ungemüthlichkeit" der kapitalistischen Wirtschaftsweise kompensierte. – Indes: was den Bedürfnissen und Interessen des Mannes aus den bildungsbürgerlichen und handwerklichen Schichten entsprach, bedeutete, wie erwähnt, für die Frau verstärkte Abhängigkeit, Einengung, Verlust von Funktionen und von Prestige; es stand dazu noch in offenem Widerspruch zur Familienstruktur der unteren Klassen, die wesentlich charakterisiert war durch die Mitarbeit und Ernährerrolle der Frau, ihre größere Selbständigkeit und damit durch die (nach Marx) „höhere Form des Verhältnisses beider Geschlechter" (vgl. auch Gerhard 1978). Bedingung für die Durchsetzung und Ausbreitung des neuen Patriarchalismus, für seine Annahme und Übernahme durch die Frau und durch die unteren Klassen, war ein beträchtlicher propagandistischer Aufwand, innerhalb dessen der Frauenroman wohl eine nicht zu unterschätzende Rolle spielte (und spielt).

Aus dem Gesagten folgt: Die Affinität der Marlittschen Idealvorstellungen von Geschlecht, Familie und Gesellschaft erklärt sich aus der ihnen gemeinsamen Verwurzelung im (Bildungs-)Bürgertum; sie drückt sich aus 1) in der antiaristokratischen Tendenz (Kritik am Kastengeist, an der höfischen Liebesidee), 2) im Entwurf einer Fluchtwelt, deren „sekundärpatriarchalischer" Aufbau die Gleichberechtigung der Frau sowohl wie des Proletariats ausschließt und deren scheinbar systemwidrige, antikapitalistisch-idyllische Züge eigentümlich ambivalent, ja – insofern gerade sie, in die Realität umgesetzt, zur Erhaltung der individuellen Arbeitsfähigkeit und Arbeitswilligkeit beitragen – systemstabilisierend sind.

Angaben über die Leserschaft der Frauenromane können einen Gradmesser dafür liefern, mit welchem Erfolg die aufgeführten

„Die Gartenlaube" wurde 1853 von Ernst Keil gegründet; sie bestand (seit 1933 als „Die neue Gartenlaube") bis 1943. Ihre wöchentliche Auflage entwickelte sich von 5000 auf ca. 100 000 um 1860, ca. 225 000 um 1866/67 und erreichte mit ca. 380 000 in den Jahren 1875/76 und 1881 den Gipfelpunkt. Zum Vergleich: Von keiner der konkurrierenden Publikationen konnten in diesem Zeitraum mehr als 150 000 Exemplare abgesetzt werden. Unter den Autoren sind zu nennen Ferdinand Freiligrath, Karl Gutzkow und Friedrich Spielhagen (für die jungdeutsche Tradition), Auerbach, Rosegger und Ganghofer (für die Heimat- und Alpenliteratur), Temme (als Verfasser von Kriminalerzählungen), Fontane, Marie von Ebner-Eschenbach, Paul Heyse und Wilhelm Raabe sowie schließlich – in der Nachfolge Marlitts, deren erster, in Fortsetzungen erschienener Roman „Goldelse" (1866) die Verkaufszahlen sprunghaft ansteigen ließ und dadurch auf die belletristische Konzeption des Blattes starken Einfluß gewann – E. Werner und Wilhelmine Heimburg. Entgegen dem durch diese Liste vermittelten Eindruck jedoch war die Mehrzahl der Autoren nur im Nebenberuf schriftstellerisch tätig und entstammte „dem kleinstädtischen mittleren und höheren Bürgertum, meist dem [akademisch ausgebildeten] Beamtentum".

Die Tendenz der Zeitschrift war „bis 1870 etwa eine liberale und stets eine nationale"; die ursprüngliche Absicht zielte darauf, durch unterhaltsam dargebotene naturwissenschaftliche, medizinische, technische, wirtschaftliche und historische Belehrung gegen Orthodoxie, Aberglauben und Konservatismus zu wirken. Die „Gartenlaube" trug also keineswegs „von Anbeginn jenen biedermännisch-unpolitischen Charakter, wie es ihre Ankündigung verspricht". „In dem Maße [aber], in dem sich der deutsche Liberalismus und der liberale Nationalismus als Ideologien des deutschen Bürgertums in seiner Breite wandeln,

wandeln sich auch die Tendenzen der Gartenlaube. Die Gartenlaube wird späterhin politisch neutralisierter, sie wird national in einem immer konservativeren Sinne", bis sie sich – z. B. mit Richard Skowronneks Roman „Der Bruchhof" (1901) – sogar völkischen Anschauungen öffnet (Horowitz 1937, S. 118 u. 50).

Werte und Normen propagiert wurden, wobei natürlich die konkrete Form des Gradmessers von den jeweiligen theoretischen Prämissen abhängt. – Da Marlitts sämtliche Romane in der „Gartenlaube" erstveröffentlicht wurden, erscheint es plausibel, deren Publikum als repräsentativen Ausschnitt des ihren zu nehmen.

Obwohl nur *eine* Abonnentenanalyse vorliegt – und zwar von einem späten Zeitpunkt, als die Auflage auf 83 000 zurückgegangen war –, gilt als sicher, daß die Leserschaft zum größten

Abonnentenanalyse der Gartenlaube

Kaufleute/selbständige Gewerbetreibende	20,3 %
Fabrikbesitzer/Direktoren/Prokuristen	2,8 %
Ingenieure	1,6 %
Akademiker/Höhere Beamte	9,9 %
Mittlere Beamte	18,5 %
Kaufmännische Angestellte/Bankbeamte	7,2 %
Handwerker	3,3 %
Gewerbliche Hausangestellte	7,5 %
Arbeiter	3,1 %
Freie Berufe	2,2 %
Gutsbesitzer/Landwirte	15,2 %
Hausbesitzer/Pensionäre/Rentner	3,1 %
ohne Berufsangabe	5,3 %

Die Daten (aus: Kirchner 1960, S. 149) beziehen sich auf 13 730 Zugänge an neuen Beziehern in den Jahren 1935–37. – Für die Zeit um 1875 sagt Engelsing (1973, S. 120): „Die Gartenlaube' wurde auf dem Höhepunkt ihrer Entwicklung von den meisten ‚Familien in besseren Verhältnissen' abonniert und lag in allen Konditoreien, Kaffeehäusern und Klubs aus, so daß die Zahl ihrer Leser nun auf 5 Millionen geschätzt werden konnte."

In diesem lang andauernden Vorgang der Verbürgerlichung spielen auch andere literarisch-kulturelle Faktoren eine Rolle (z. B. die Rezeption der deutschen Klassik, vor allem Schillers); wichtiger aber sind natürlich schulische und sozialpolitische Maßnahmen („vaterländische" Erziehung, Sozialgesetzgebung usw.). Jeder dieser Faktoren ist ambivalent, insofern er ein mehr oder minder fundiertes Emanzipationsversprechen mit einer mehr oder minder disziplinierenden Anpassungsforderung verknüpft.

Teil dem mittleren und höheren Bürgertum angehörte und daß sie überwiegend aus Frauen bestand. Es fehlt jedoch jede präzise Auskunft über Leser, die nicht Abonnenten bzw. Käufer waren (z. B. Haushaltsangehörige wie Kinder, Jugendliche, Dienstboten), über innerhalb des angenommenen Rahmens noch durchaus mögliche bedeutsame Verschiebungen in der Zusammensetzung des Publikums und über etwaige signifikante Unterschiede zwischen der Autoren- und der Lesergruppe.

Wenn nun die Verbreitung der Frauenromane den Indikator bildet, dann lassen sich in der Diffusion der beschriebenen Orientierungsmuster mindestens zwei Abschnitte unterscheiden: ein erster mit nicht mehr nur bildungsbürgerlichen, sondern allgemein mittelständischen Adressaten (die Phase der „innerbürgerlichen" Formierung), ein zweiter mit kleinbürgerlichen und proletarischen Adressaten (eine Phase der Verbürgerlichung der Unterschichten). Die Zäsur – falls angesichts sich überlappender Prozesse überhaupt von „Zäsur" gesprochen werden kann – offenbart sich einerseits in einem Streit um den ästhetischen und weltanschaulichen Wert von Marlitts Romanen (1885), einem Streit, der deren Elimination aus dem literarischen Kanon und einen komplexen Geschmackswandel bei Teilen des Bürgertums signalisiert; sie offenbart sich andrerseits in Produkten, die, wie die Romane Courths-Mahlers und die Frauenromanhefte, von vornherein für die „circuits populaires" (Escarpit) bestimmt waren. Welche Spezifika diese Produkte aufweisen, ist Gegenstand der folgenden Erörterungen.

Hedwig Courths-Mahler verfaßte – im wesentlichen zwischen 1905 und 1935 – über 200 Romane und Erzählungen. Die wegen zahlreicher Nachdrucke, Bearbeitungen und Übersetzungen kaum noch überprüfbaren Angaben zur Gesamtauflage schwanken zwischen 30 und 50 Millionen. Ihren andauernden Erfolg bezeugen eine wöchentlich erscheinende Heftserie („Bastei Hedwig-Courths-Mahler-Romane" mit über 120 Titeln) und Taschenbuchausgaben (etwa 35 Titel); Verfilmungen (bereits 21 in den zwanziger Jahren, zuletzt eine fünfteilige Fernsehversion) sowie ihr das gesamte Genre dominierender Einfluß bestätigen ihn.

Erster Gegenstand der Textbeschreibung ist die weitgehend standardisierte Handlungsstruktur. Sie läßt sich grosso modo auf ein Schema reduzieren, das Wernsing/Wucherpfennig (1976) aus Heftromanen abgeleitet haben (vgl. Randspalte). Die Exposition (a) erlaubt eine Anzahl von Variationen: Um das füreinander bestimmte Paar A–C können einer oder mehrere Rivalen bzw. eine oder mehrere Rivalinnen gruppiert werden; es ist außerdem möglich, ein weiteres Paar einzuführen

Beispiele zu Charakterisierungstechniken aus dem 1919 erschienenen Roman „Der Scheingemahl"
(Courths-Mahler [6]1978)

direkte Charakterisierung

Er bot einen prachtvollen Anblick in seiner kraftvollen, zielbewußten Männlichkeit. Seine charakteristischen Züge hatten sich in den letzten Monaten voll schwerer Sorge vertieft und gehärtet, und die klugen Augen verrieten, daß in diesem, im Anfang der Dreißig stehenden Mann noch der ganze ungebrochene Jugendmut pulsierte. Die erste große Enttäuschung seines Lebens, die ihn plötzlich zum armen Mann gemacht hatte und ihn vor eine schwierige Aufgabe stellte, hatte ihn wohl gereift, aber nicht gebrochen. Die Baronin konnte mit Recht stolz sein auf ihren Sohn. (S. 9)
[...] auf der Schwelle erschien eine schlanke junge Dame in einem eleganten, vornehm wirkenden Hauskleid aus weicher, königsblauer Seide mit einem Tableau aus Goldstickerei. Es schmiegte sich graziös um sehr schöne, edle Formen und ließ die zierlichen Füße frei. Die junge Dame war mittelgroß. Sie hatte einen Teint von bewundernswerter Reinheit und zarter Frische. Große, tiefblaue Augen, von dunklen, schöngezeichneten Brauen und Wimpern umgeben, blickten klar und offen aus dem feingeschnittenen Gesicht, das von sehr schönem Haar umgeben war. Es hatte eine goldbraune Färbung und einen rötlich-metallischen Glanz und war sehr kleidsam frisiert. Aus den Augen und einem kleinen Grübchen in der Wange, das sich beim Lächeln zeigte, sprach übermütige Schelmerei. Die junge Dame bot – trotz ihres damenhaft-zurückhaltenden Auftretens – einen so lebensfrischen, herzerfreuenden Anblick, daß Baron Oldenau seine Antipathie merklich schwinden fühlte.
Er mußte sich eingestehen, daß diese junge Dame unstreitig sehr schön war und durchaus nichts herausforderndes Anspruchsvolles an sich hatte. Sie erschien ihm im Gegenteil voll lieblicher, schlichter Natürlichkeit und Anmut, so daß er sie nicht mehr für eine launische, anmaßende Dollarprinzeß halten konnte, die auf den Geldsack ihres Vaters pochte. (S. 26 f.)

Charakterisierung durch andere Figuren

„Sie ist eine gehorsame Tochter und weiß, daß ich nur an ihr Glück denke. Ich werde ihr einen Mann aussuchen, der sie an einen Platz stellt, wie er mir wünschenswert für sie erscheint. Und sie weiß, daß sie mein Stolz ist, und daß ich darauf hinziele, daß sie eine hervorragende Stellung im Leben einnimmt." (S. 26)

„Wenn die Gesellschaft auch noch so vornehm ist, es wird sich kein Mensch darunter befinden, der eine vornehmere Gesinnung hat als du, wenn du auch nicht gelernt hast, die leeren Formen zu beherrschen. Ich sehe in dein Herz, und da sehe ich nur, was mich stolz auf meinen Vater macht. Aber ich weiß, es hilft nichts, dir etwas auszureden, was du dir vorgenommen hast. Herr Karl Hartmann hat einen sehr harten Kopf, wenn auch ein weiches Herz." (S. 28)

Charakterisierung durch Eigenschaften und Verhaltensweisen

„Um mich sollst du dich nicht sorgen, liebe Mutter. [...]. Die größte Sorge, die mir auf dem Herzen lastet, ist die um dich ... daß du darben und dir manches versagen mußt, was dir bisher als selbstverständlich erschien, das ist das bitterste für mich." (S. 5)

„Wie gefällt Euer Durchlaucht Fräulein Hartmann?" fragte der Freiherr. „Ist sie nicht entzückend?"
Der Fürst zuckte die Achseln. „Unter uns, mein lieber Herr von Goltzin, sie ist *au fond* nicht mein Typ. Ich mach' mir halt nix aus blonden Weibern. Aber sie ist schon eine sehr hübsche Erscheinung."
„Bedenken Durchlaucht die Millionen ihres Vaters!"
„Na, ich werd' sie halt bedenken! An was denk' ich sonst?" (S. 53)

---

oder die Funktionen von B und C in *einem* Akteur zu vereinen. Die Wertung der Charaktere (in b) erfolgt direkt (durch einen stets verläßlichen Erzählerkommentar) und indirekt (über Urteile anderer Figuren, aber auch durch die Zuschreibung von Eigenschaften und Verhaltensweisen, deren moralischer Gehalt sich textimmanent erst aus der systematischen Assoziierung mit „Guten" oder „Bösen" ergibt).

Die Zitate (vgl. oben) demonstrieren ansatzweise, welche Fragen im Zentrum der Aufmerksamkeit stehen und welche Antworten gegeben werden. Die Fragen sind die nach dem richtigen Sein und Tun, und zwar in einem abgegrenzten Lebensbereich: in Liebes- und Familienbeziehungen. Die Antworten vermitteln soziale Normen, die sich prinzipiell mit den Geschlechtsstereotypen Marlitts decken, sie aber vereinfachen und rigider interpretieren:

– Der *gute Mann* ist tüchtig, fleißig, zielbewußt, willens- und charakterstark, selbstbeherrscht, von vornehmer Gesinnung, intelligent und dabei gütig, voller Gemüt und Humor; seine Kleidung ist von unaufdringlicher Eleganz, sein Körper sportlich

a. *Irrtumswahl*

A lernt B kennen ([scheinbare] Liebe, [eventuell] Heirat), C im Hintergrund (Wartestellung).

b. *Herausstellung*

Aufdeckung häßlicher Charakterzüge an B. C profiliert sich als gut.

c. *Konkurrenz* („Konfliktsituation")

B konkurriert mit C um das Herz von A.

d. *Elimination*

B wird ausgeschaltet

e. *Happy End (richtige Wahl)*

A und C heiraten.

und kraftvoll, sein scharf geschnittenes, gebräuntes Gesicht drückt Ernst und Energie aus, seine Augen sind blau, seine Haare blond; kurz: seine Erscheinung verrät „zur Genüge den Herrenmenschen" (Courths-Mahler [6]1978, S. 19). Der *böse Mann* ist egoistisch, berechnend und disziplinlos, Eigenschaften, die sich übersetzen in gehässige, neidische oder zynische Äußerungen, in intrigante oder kriminelle Handlungen, in Verschwendung und Ausschweifung; das Benehmen ist affektiert, die Kleidung übertrieben aufwendig (oder vernachlässigt), das Aussehen verrät Degeneration und Kraftlosigkeit, der Blick ist stechend. – Die *gute Frau* ist passiv und fügsam (die wiederkehrenden Benennungen: Sanftmut, Schmiegsamkeit, Hingabe, Güte, Hilfsbereitschaft), wobei sich diese Wesenszüge hinter ‚übermütiger Schelmerei' und scheinbarer Widerspenstigkeit verbergen können. Die Schelmerei ist nicht anders als die scheue Zurückhaltung Symptom unberührter Jugendlichkeit – und insofern an ein bestimmtes Lebensalter gebunden; Natürlichkeit, Schlichtheit, Frische, Sauberkeit, Offenheit und Klugheit dagegen sind dauernde Attribute. Aussehen und Bewegungen sind – wiederum in altersgemäßer Abstufung – charakterisiert durch Grazie und Zierlichkeit; herausgestellte Details sind der zarte Teint, die edlen Hände, das feingeschnittene Gesicht, die schneeweißen Zähne, die duftigen Haare, die großen, leuchtenden, blauen oder braunen Augen. Die *böse Frau* ist herausfordernd und verführerisch, kokett, leichtsinnig und extravagant. Zeichen dafür: die raffinierte Aufmachung, die Fähigkeit, zu blenden und zu fesseln, die durch Vergleiche und Metaphern vom Erzähler evozierte Animalität.

Die Beziehung zwischen Mann und Frau, insbesondere die Ehe, ist ein „Tauschverhältnis zwischen ungleichen Partnern. Die eine Seite [welche, determiniert der Geschlechtscharakter] bringt sich selber ein in den Tausch, sie wird zum Besitz der anderen; die andere Seite muß dafür eine Art Lebensrente aussetzen." (Wernsing/Wucherpfennig 1976, S. 101) Besitzen und Besessenwerden, Beherrschen und Beherrschtwerden stellen also den Hauptaspekt der Beziehung dar, einer Beziehung, die bemerkenswerte Parallelen zur „anal-sadistischen Kollusion" aufweist, der nach Willi (1975, S. 107) „häufigste[n] Form von Ehekonflikten in unserer Kultur". Obwohl weder die Akteure noch der Erzähler das Vorhandensein eines Konflikts zugestehen, sind die psychischen Kosten eines Verhältnisses manifest, dessen Zustandekommen und dessen Fortbestand – Vertrauen, Spontaneität und Sinnlichkeit verbietend – allein durch Distanz, Disziplinierung und Resignation erkauft werden.

Vorgebildet ist diese Beziehung im latent sexuellen Verhältnis der Protagonisten zum jeweiligen andersgeschlechtlichen El-

Daraus läßt sich schließen: Die für die Bewertung entscheidende Dimension ist im Fall des Mannes Stärke vs. Schwäche, im Fall der Frau Passivität vs. Aktivität. Auffällig ist dabei die eindeutige Verknüpfung dieser eigentlich seelischen mit bestimmten äußeren Merkmalen. – Die geschlechtsspezifischen Kriterien sind nun durch allgemein gültige zu ergänzen. Die *Guten* insgesamt zeichnen sich aus durch eine vaterländische Gesinnung, die noch bei der Wahl des stets deutschen oder deutschstämmigen Partners mitspielt, des weiteren durch eine ‚ideale Veranlagung', die jedes finanzielle Interesse, jedes Jagen nach Geld ausschließt. Von besonderer Relevanz sind hier jedoch ihre sozialen Beziehungen, genauer: ihre Paarbeziehung, ihre Beziehung zu Eltern und Kindern, ihre Beziehung zur Gesellschaft.

Belege für diesen Konflikt sind
– die häufige Zuflucht zu List und Täuschung, die Scheu vor der Äußerung von Gefühlen und der Stellenwert der Selbstbeherrschung bei der Charakterisierung;
– die Diskriminierung der Frauenarbeit, die offenbar mit Macht- und Kontrollproblemen zusammenhängt.

ternteil; der gleichgeschlechtliche ist relativ häufig verstorben. Während der erwachsene Sohn der Mutter gegenüber eine dominant-fürsorgliche Position einnimmt, verharrt die Tochter in kindlicher Abhängigkeit vom Vater. Zumal in ihrem Fall sind Revolte und Emanzipation undenkbar, denn der Zustand kindlicher Abhängigkeit wird unmittelbar abgelöst von dem bräutlicher bzw. ehelicher Abhängigkeit. Die als Norm verkündete Infantilisierung der Frau beweist also, daß ihre Beziehung zum Mann die zum Vater wiederholt; sie belegt außerdem erneut jene Trennung von Zärtlichkeit und Sinnlichkeit, die schon beim Schauerroman festgestellt wurde und die in psychoanalytischer Deutung Ausdruck einer Massenneurose ist, nämlich der „Aufspaltung der Mutterimago in einen zärtlich geliebten und hochgeschätzten und in einen sinnlich begehrten, gefürchteten Teil" (Wernsing/Wucherpfennig 1976, S. 113). – Die Kinderliebe der Heldinnen ist die Kehrseite ihrer Unterwerfung, denn nur in ihr verwirklicht sich kompensatorisch der Anspruch auf Besitz, Herrschaft, Überlegenheit und Selbstbestimmung. Die stete Gefährdung, die Scheinhaftigkeit der so erreichten Autonomie zeigt sich darin, daß sie (die Autonomie) Selbstdisziplinierung, Festhalten an Formen und Konventionen, Orientierung am Urteil der anderen nicht aufhebt, ja nicht einmal problematisiert. Diese fraglose Anpassung an die gesellschaftlichen Erwartungen aber gilt nicht allein für die Frau, sondern ebenso für den Mann.

In diesen Zusammenhang gehört, falls sie als Konzession an den Machtwillen der Älteren gedeutet werden kann, die anscheinend notwendige „Beglaubigung" der Heldin durch die Schwiegermutter oder eine andere mütterliche Frau.

Die Konfliktunfähigkeit der Charaktere wirkt sich notwendig aus auf die Form der Konkurrenz (in c): Der Ausgang des Kampfes, d. h. die Entscheidung von A, steht von vornherein fest, weil A (ebenso wie der Erzähler) gegensätzliche innere Strebungen oder eine Kollision zwischen dem eigenen Willen und sozialen Zwängen nicht kennt. Daß A und C nicht sofort zueinander finden, wird auf dreierlei Art begründet: 1) A muß erst sein ihm selbst verborgenes Gefühl wahrnehmen; 2) A und C halten irrtümlich die eigene Liebe für unerwidert; 3) es existiert ein äußeres Hindernis (z. B. eine bereits bestehende Ehe zwischen A und B).

Die Konflikt- und Veränderungsunfähigkeit der Charaktere bestimmt des weiteren den Weg, auf dem diese Täuschungen und Hindernisse eliminiert werden (d). Exemplarisch ist der letztgenannte Fall einer bestehenden Ehe. Sie würde entweder die Verbindung von A und C ausschließen oder einen Verstoß gegen das zwar informelle, doch grundsätzlich gültige Scheidungsverbot unausweichlich machen, wenn nicht – wie schon bei La Roche und Ganghofer – jener Mechanismus einsetzte, der durch den Tod von B den Liebenden die Entscheidung erspart. Das zeigt: Die Lösung fällt den Helden zu, ohne daß sie aller-

KELTER

Erika-Roman

Nr. 1567   Jubiläumsausgabe   90 Pf

Entzweit mit der Mutter

Für eine Versöhnung ist es nie zu spät — Roman von MONIKA BAUER

Schweiz Fr 1,— Österr. S 6,— Lux'bg./Belg. Fr 12,— Ital. L 180 Frankr. F 1,50 Span. ptas 32,—

Das Leben hatte es gut mit ihm gemeint. Er war glücklich. Im Überschwang der Gefühle zog er seine geliebte Frau Claudia zu sich herunter. Er umfing ihr schmales Gesicht mit seinen Händen und gab ihr einen zärtlichen Kuß.

„Aber Heribert, die Kinder können zurückkommen" versuchte sie sich ihm zu entwinden.

Er lachte nur leise auf und drückte sie fester an sich.

„Sie sollen ruhig sehen, wie lieb ich dich habe, kleine Frau", raunte er ihr leidenschaftlich ins Ohr.

Sie sah ihn errötend an. Auch in ihren Augen brannte die gleiche Sehnsucht, dasselbe Verlangen. Aber sie mußten vernünftig sein. Er war noch zu schwach und mußte erst wieder zu Kräften kommen.

„Komm, Heribert, wir müssen vernünftig sein", wehrte sie ernst ab und löste sich aus seinen Armen.

Er tat einen harten, gepreßten Atemzug, dann hatte er sich schon wieder in der Gewalt.

„Ja, komm, ich werde furchtbar vernünftig sein, Kleines, mach nicht so bange Augen, als ob ich ein gefährlicher Wolf wäre, der dich mit Haut und Haaren verspeisen will." Ganz ruhig klang seine Stimme, und ihr war nichts von dem Aufruhr anzumerken, der in ihm tobte.

Mit feuchten Augen sah sie zu ihm auf.

„Selbst wenn es so wäre, ich hätte keine Angst, denn ich mag es sehr gern, wenn du so hungrig nach mir bist", flüsterte sie verschämt.

Seine dunklen Augen funkelten schon wieder, und er legte seinen Arm fester um sie.

„Ich warne dich, Kleines, sieh mich nicht so an, sonst bin ich mit aller Vernunft am Ende."

Sie machte sich unsicher lächelnd von ihm frei und rannte einfach davon. Es war wie eine Flucht vor ihrem eigenen drängenden Herzen, das voll heißer, brennender Sehnsucht war.

Mit einem zärtlichen Lächeln sah er hinter ihr her.

„Mann und Frau sind nach Natur und Bestimmung auf Ergänzung angelegt und demgemäß ist es einem einzelnen Menschen unmöglich, sich zur harmonischen Persönlichkeit zu entwickeln. Diese in der Literatur der Klassik und Romantik hochstilisierte Idee der Ergänzung verallgemeinert und steigert den in der Sexualität angelegte Gattungszweck zur psychischen Verschmelzung in der Seelengemeinschaft. Für die Polarisierung der Geschlechtscharaktere scheint die Idee der Ergänzung der Definitionsgrund gewesen zu sein." (Hausen 1978, S. 169 f.)

dings ein Zufall wäre. Die Regelmäßigkeit ihres Eintretens bezeugt (innerhalb der fiktionalen Welt) das Dasein einer kontrollierenden, richtenden, quasi-göttlichen Instanz, des Schicksals. Dieses Schicksal besiegelt im happy end (e), daß nur die Guten (wenn auch nicht alle Guten) erfolgreich und die Erfolgreichen gut sind. Es honoriert die Bereitschaft, sich dem Mann, den herrschenden Normen, ihm (dem Schicksal) selbst zu unterwerfen, d. h. es honoriert Konformität und Entsagung. Es bestätigt die gesellschaftliche Ordnung also dadurch, *was* es belohnt, aber auch dadurch, *wie* es belohnt, denn als Lohn wird die Zuweisung eines höheren sozialen Status ausgegeben. Kriterien des Aufstiegs sind (in der Reihenfolge ihrer Bedeutung) „unverheiratet/verheiratet", „bürgerlich/adlig" und „arm/reich". Während die Hochschätzung der Ehe auf die Konzeption der Geschlechtscharaktere zurückgeht, liefern die beiden anderen Kriterien die Legitimation für eine nach Stand und Besitz gestufte Gesellschaft. Anders gesagt: Nur wenn diese soziale Hierarchie authentischer Ausdruck der moralischen Weltordnung ist, haben die Aufnahme in die Aristokratie und das Erlangen von Reichtum sittliche Qualität. – Es bleibt zu bemerken, daß die

Erzählform dem Aufbau der Figuren und des Geschehens korrespondiert, insofern nämlich der allwissende Erzähler die Perspektive des Schicksals und der „Guten" teilt; das daraus entstehende, in sich geschlossene Weltbild ist zuerst von Willenborg (1962) als das der „autoritären Persönlichkeit" gekennzeichnet worden.

Über die Anfänge des *Frauenromanhefts* liegen keine genauen Angaben vor. Eine 1925 zusammengestellte Liste von „Schundheftreihen, die in Deutschland unter den Schulkindern verbreitet sind", enthält Titel wie „Die schöne Krankenschwester", „Romanperlen", „Dirndl-Romane". Die entsprechenden Serien sind vermutlich Vorläufer der seit 1949 in großer Zahl gegründeten Periodika, deren es in der Bundesrepublik 1953 ca. 80, 1965 noch ca. 40 gab. Die verschiedenen Typen unterscheiden sich nach den Kulissen und den Requisiten (aristokratisches, bäuerliches, bürgerliches, nie aber proletarisches Milieu; Schauplatz). Das zugrundeliegende Muster ist indessen immer das von Courths-Mahler und daneben von Ganghofer gelieferte, das selbst durch bisweilen vertretene neue Auffassungen zum Verhältnis der Generationen und der Geschlechter (etwa zur Berufstätigkeit der Frau und zur Scheidung) nicht in Frage gestellt wird.

Von Interesse ist der Vergleich mit der abweichenden Position Marlitts hinsichtlich des Verhältnisses von sozialer und moralischer Ordnung (vgl. S. 83f.).

Der Heftroman

Gegenstand des folgenden Kapitels ist der Heftroman. Drei Gründe sind hierfür ausschlaggebend:
1) Kaum ein anderes Gebiet des nichtkanonisierten Romans, ja der nichtkanonisierten Literatur überhaupt hat ein gleich starkes Interesse der Forschung gefunden.
2) Kaum ein anderes Gebiet ist ähnlich homogen. Das aber und die klare Abgrenzbarkeit sowie die relative Einfachheit erleichtern es, Zusammenhänge zu konstruieren, die, obzwar am Extremfall gewonnen, generelle Interpretationshypothesen darstellen.
3) Der Rückbezug auf die Analysen des Westernhefts, „Jerry Cottons", „Perry Rhodans" und schließlich des Frauenromanhefts macht die Konzentration auf die allen Genres gemeinsamen Züge möglich; er gestattet es damit, in einigermaßen ökonomischer Weise ein höheres Abstraktionsniveau zu erreichen, ohne daß auf Anschaulichkeit und zusätzliche Einzelinformationen verzichtet werden müßte.

1,40 DM / Band 688
Schweiz Fr 1,60/Öster. S 10.

BASTEI

Fürsten-Roman

Prinz Rolands ungeliebte Frau

Ein großer Schicksalsroman aus dem Hochadel · Von Ruth von Neuen

Belgien F 27 / Frankr. F 3,50 / Italien L 650 / Luxemb. F 26 / Nieder. F 1,60 / Schweden kr 4,25 Lm. / Spanien P 60

1,40 DM / Band 888
Schweiz Fr 1,60 / Österr. S 10,—

BASTEI

Jerry Cotton
Nichts ist spannender

WELT-ERFOLG
2. Auflage

Kugeln für die Konkurrenz

Sie machten Millionen mit Müll und Mord

Belgien F 37 / Frankr. F 3,50 / Italien L 650 / Luxemb. F 26 / Nieder. F 1,60 / Schweden kr 4,25 Lm. / Spanien P 66

Heftromane (oben: Beispiele für den Adels- und Kriminal-roman) sind standardisierte Massenerzeugnisse. Diese Standardisierung kommt u. a. zum Ausdruck in der Sprache, im Handlungsaufbau, vor allem aber in der Aufmachung. Die Titelseite einer Reihe ist nach einheitlichen Gesichtspunkten gestaltet. Der Reihentitel wird besonders hervorgehoben, der eigentliche Hefttitel und der Autorenname treten zurück. Die durch Verwendung klanglicher Mittel und rhetorischer Figuren (vgl. unten) suggestiv wirkenden Titel weisen auf den Konflikt hin.

Titelbeispiele:

Der kurze Weg ins Grab	jambisch
Die Toten aus der Tief-kühltruhe. Ein Kriminal-roman so explosiv wie Dynamit	jambisch/Stabreim/Vergleich
Schrecken des Meeres	cursus planus
Der Boß sieht rot	jambisch/Lautmalerei
Der Engel, der ein Teufel war	jambisch/Metapher/Paradoxie
Ein Engelchen zähmt zwei Bengelchen	Binnenreim/Stabreim
Zerbrechlich ist der Ruhmes Glanz	jambisch
Reichtum trocknet keine Tränen	jambisch/Stabreim
Unter den Geiern von Manhattan	Metapher
Ein Toter läuft um sein Leben	cursus planus/Stabreim/Paradoxie
Entzweit mit der Mutter. Für eine Versöhnung ist es nie zu spät	cursus planus

Titel der Reihe	Fürsten-Roman	G-man Jerry Cotton
Farben	gold, rot, grün Pastelltöne	rot, schwarz, weiß
Ornamente	Blumen, Kronen	– (nur Verlags-emblem
Schrifttypen	an Fraktur/Gotisch angelehnt (wechselnd)	an Antiqua angelehnt (wechselnd)
Illustration	Porträt (Einzel-person, Paar)	Aktion
Autoren-pseudonym	Ruth von Neuen Myra Myrenburg, Patricia Vanden-berg	– (Jerry Cotton)

In der Bundesrepublik existierten 1953 ca. 160 Romanheftreihen; 1965 war ihre Zahl auf 87 zurückgegangen. Für den Anfang der siebziger Jahre geben der nachweislich unvollständige „adw-katalog der deutschen werbeträger 1971" 75, Fohrbeck/Wiesand (1972) über 96 Reihen an. Seither sind keine wesentlichen Veränderungen eingetreten. In 85 % der Fälle erscheinen die Hefte wöchentlich. Sie werden von den Verlagen selbst in „Spannungs-" oder „Männerromane" und „Unterhaltungs-" oder „Frauenromane" eingeteilt – eine Klassifikation, die der hier vorgenommenen in „Abenteuer-" und „Frauenromane" entspricht. Jede der beiden Kategorien umfaßt zwischen 45 und 55 Serien.

Bemerkenswert sind indessen inhaltliche Verschiebungen, zumal die Zunahme von pornographischen Elementen und von Horror- oder Gruselserien, die auf den Schauerroman zurückgreifen.

Die Aufmachung

Die Titelseite ist nach einheitlichen Prinzipien gestaltet. Das obere Viertel ist für den genormten Reihentitel reserviert, der, unterstützt durch Farben, Ornamente und Schrifttypen, ein bestimmtes Assoziationsfeld absteckt. In dieses Feld, das Image der Serie als eines Markenartikels, fügen sich ein die Illustration, der Hefttitel und meist ein verlagseigenes Autorenpseudonym. Wenn auch die zwei letzteren graphisch untergeordnet sind, besitzen sie doch eine wichtige Funktion. Ein adliger oder angelsächsischer Verfassername beispielsweise verheißt die Schilderung einer fremden, exotischen Welt und enthält zugleich den Anspruch auf Authentizität. Der Titel – suggestiv durch die Verwendung klanglicher, besonders metrischer Mittel und rhetorischer Figuren – gibt direkte Hinweise auf die Art des Konflikts, auf die Lösung oder auf den moralischen Sinn des Geschehens. – Der Heftumfang ist auf 64 Seiten festgelegt (Groß- und Sammelbände enthalten zwei bis drei Einzelhefte [Remittenden]). Der Text ist zweispaltig gesetzt und in zahlreiche Absätze und Kapitel untergliedert. Außer für den Umschlag wird aus Kostengründen Zeitungspapier verwendet; der Preis beträgt konstant etwa ein Drittel des niedrigsten Taschenbuchpreises. – Die Anzeigenwerbung (ohne Eigenwerbung) nimmt meist deutlich weniger als zehn Prozent des Gesamtraums ein, so daß „Kunde 1' (das Publikum) für die Heftchenverlage nach wie vor und im Gegensatz zur Presse die größte Bedeutung hat, während ‚Kunde 2' (die Werbebetreibenden) in den Heften noch kaum zum Zuge kommt" (Fohrbeck/Wiesand 1972, S. 126). Zu den Anzeigen hinzuzurechnen ist die versteckte Werbung (vgl. die häufig Filmen entnommenen Titelbilder und die im Textteil erwähnten Zigarettenmarken Jerry Cottons). Über ihr Ausmaß ist so wenig bekannt wie über die Ursachen der Attraktivität, die die Hefte als Werbeträger für bestimmte

Standardisierungstendenzen lassen sich besonders in der Aufmachung der Bücher nachweisen. Die beiden abgebildeten Kriminalromane sind innerhalb derselben Taschenbuchreihe erschienen und ähneln sich in ihrer Aufmachung wie zwei Artikel der gleichen Marke. Schon der Buchrücken weist die beiden Bücher durch die reihentypischen schwarzen Streifen als Serienprodukte aus. Aber auch die weiteren Details der Ausstattung entsprechen sich genau: hier wie dort wird ein Foto aus irgendeinem Film verwendet, und je ein kurzer und ein längerer Einführungstext soll den flüchtigen Betrachter zum Kauf anreizen. Enthüllend ist der Vergleich dieser Texte: sie verwenden ganz parallele Sprachformeln und Wortspiele, vom Ergänzen des

Titels zu einem ganzen Satz auf der Vorderseite bis zur intensivierenden Aneinanderreihung gleichgebauter Sätze auf der Rückseite. Jeweils auf beiden Seiten wird auch das »Markenzeichen« vieler Romane der Autorin erwähnt, der Detektiv Poirot, der als liebenswert-schrullige Gestalt vielen Lesern ein Begriff ist.

Produktgruppen usw. besitzen; klar ist dagegen, welche Leserdispositionen angesprochen werden (vgl. S. 111).

Standardisierung

Aus den Angaben zu Serienzahl, Typen bzw. Klassen und Aufmachung resultiert, daß die Romanhefte standardisierte Massenerzeugnisse sind. Diese Feststellung ist Ausgangspunkt der Frage, ob und wie die Standardisierung sich ausprägt: a) in der

Sprache, b) in der *Zeichnung und Konstellation der Figuren,* c) im *Aufbau der Handlung,* d) in der *Erzählweise.*
Die Antwort – vergleichende Zusammenfassung und Ergänzung des zu den einzelnen Genres bereits Gesagten – impliziert, daß Standardisierung und Voraussagbarkeit äquivalent sind.

SPRACHE. Ein Verfahren, um verschiedene Texte hinsichtlich der Voraussagbarkeit zu vergleichen, ist der *Lückentest* (Cloze procedure): Versuchspersonen haben die Aufgabe, Leerstellen, die in einem Text für jedes n-te (im allgemeinen jedes fünfte) Wort eingesetzt werden, auszufüllen. Aus dem Verhältnis der Zahl der richtigen Lösungen zur Gesamtzahl der Lücken ergibt sich der angestrebte Meßwert. – Der Lückentest erlaubt eine weitere Anwendung: An Stelle *einer* Person oder Gruppe können *mehrere* Personen oder Gruppen die Texte bearbeiten. Die Resultate können u. a. zeigen, daß weder der Grad der Voraussagbarkeit noch die Rangfolge der Texte leserunabhängig ist. Die sprachliche Esoterik der „Perry Rhodan"-Serie schränkt demnach nicht notwendig die soeben generell formulierte Annahme ein, da sich die Testwerte bei „Fans" möglicherweise in dem Bereich bewegen, der für Hefte normal ist.
Der Test ist also ein brauchbares Meßinstrument, doch er erklärt die Ergebnisse nicht. Dazu nun können sprach- und stilstatistische Analysen beitragen, denn Voraussagbarkeit ist abhängig von den verwendeten lexikalischen Elementen (seltene oder gebräuchliche, lange oder kurze Wörter, Umfang des Wortschatzes) und vom Satzbau (Satzlänge, Parataxe oder Hypotaxe). Auszählungen an allerdings kleinen und verzerrten Stichproben liegen vor. Sie bestätigen die Erwartung, daß triviale Texte sich von kanonisierten unterscheiden durch kürzere und einfachere Sätze und eine geringere Variation der „Inhaltswörter" (Substantive, Adjektive, Verben; Gegenbegriff: „Formwörter" [Artikel, Präpositionen, Konjunktionen]). Sie bestätigen nicht, daß der jeweilige Anteil der Wortarten am Gesamttext oder die Proportionen zwischen den Wortarten (Substantiv/Adjektiv; Substantiv/Verb; Adjektiv/Verb) in bemerkenswerter Weise differieren; die oft wiederholte Behauptung, eine hohe Frequenz von Adjektiven sei für Trivialliteratur typisch, ist damit in Frage gestellt. – Die Erklärungskraft dieser Feststellungen bleibt begrenzt, solange sie nicht zum Entwurf der umgreifenden fiktionalen Welt in Beziehung gesetzt werden. Dessen Eigentümlichkeit – hier vor allem die geringe Komplexität, die Verselbständigung des Details, die stimmungsstarke Atmosphäre – determiniert die erwähnten statistischen Merkmale, aber auch die denotativen und konnotativen Aspekte der lexikalischen und stilistischen Komponenten: der akzentuie-

Beispiel eines Lückentests

Bei zwei willkürlich ausgewählten, wenn auch nicht repräsentativen Ausschnitten aus einem Frauenromanheft und aus Gottfried Kellers „Grünem Heinrich" wurden von 20 Personen im ersten Fall durchschnittlich 55 %, im zweiten Fall weniger als 25 % richtige Lösungen gefunden. Trotz der schmalen Basis erscheint es plausibel, für Romanhefte eine relativ hohe Voraussagbarkeit anzunehmen.

renden klanglichen Mittel, der gehäuften Diminutive und superlativischen Ausdrücke, der Vergleiche und Metaphern, der intensivierenden Variationen und der Benennung (anstelle von Beschreibung und Darstellung).

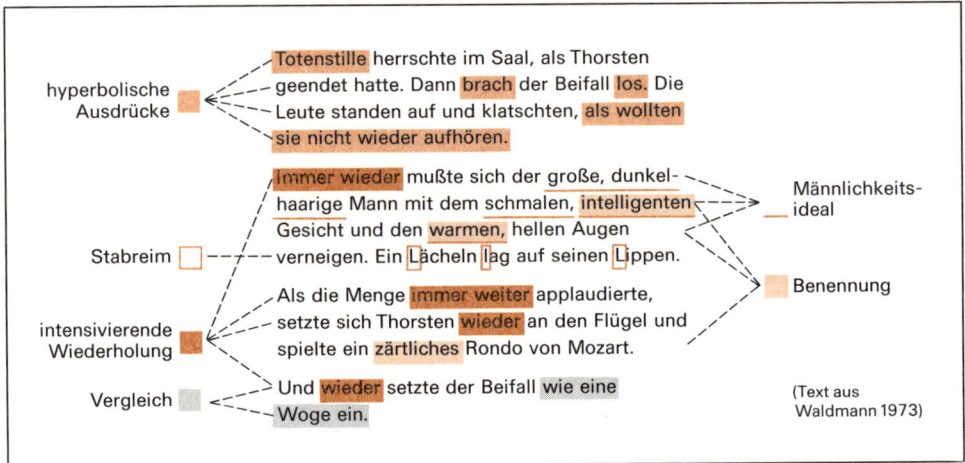

(Text aus Waldmann 1973)

ZEICHNUNG UND KONSTELLATION DER FIGUREN. Standardisierung der Charakterzeichnung bedeutet zunächst, daß die Menge der berücksichtigten externen, auf die Akteure einwirkenden Faktoren minimiert wird. Dem dienen die Beschränkung des Handlungsraumes bzw. seine Kulissenhaftigkeit, die Kürze der erzählten Zeitspanne, das Aussparen des politisch-gesellschaftlichen Hintergrundes und die Festlegung der Personenzahl auf höchstens sechs.

Das bedeutet sodann Reduktion der internen (psychischen und psychosozialen) Faktoren und deren Verknüpfung zu einem feststehenden Muster, das sich auf abstraktester Stufe so veranschaulichen läßt:

I. guter Mann	III. böser Mann
II. gute Frau	IV. böse Frau

Dieses Muster wird übersetzt in kategoriespezifische Kennzeichen, die den Figuren beigelegt, aus denen sie zusammengebaut werden. Zu den Kennzeichen gehören körperliche Eigenschaften, Dispositionen, Einstellungen, Motive und Verhaltensweisen.

– Die (hier nicht zu wiederholenden) körperlichen Eigenschaften gipfeln in einer magischen Aura, deren Sitz das Auge ist (wenn sie nicht wie in Perry Rhodans Psychostrahler, einer Art

102

Hypnose-Gerät, völlig veräußerlicht wird). Die Aura des Helden *und* seines Gegenspielers signalisiert Kraft und Instinktsicherheit, Energie und Autorität; die Ausstrahlung der Protagonistin ist identisch mit Mädchenhaftigkeit und Mütterlichkeit, die der Antagonistin mit Sex-Appeal. – Bemerkenswert ist: Frauen sind durch ihre Ausstrahlung und ihre Körpermerkmale bereits eindeutig klassifiziert, was zweifellos damit zusammenhängt, daß sie primär als Geschlechtswesen gesehen werden. Ob die Aura des Mannes das Charisma ist, das ihn als Führer der Guten, als Sachwalter von Schicksal und Weltordnung ausweist, oder ob sie verrät, daß er „naturböse, nicht so geworden, nicht bedingt, nicht schwankend, sondern absolut und grundlos schlecht", eine Bestie, ein Teufel ist (Wernsing/Wucherpfennig 1976, S. 49), darüber informieren indessen endgültig erst seine Position im Geschehen, die Erzählerkommentare und das ihm zugeschriebene Reaktionspotential.

– In diesem letztgenannten Komplex sind die trennschärfsten Bestandteile – diejenigen also, die generell und am deutlichsten Gute von Bösen unterscheiden – das Fehlen von Geld- und Besitzgier, die Bereitschaft zu Verzicht und Entsagung sowie Konventionalismus. Es ist unnötig, noch einmal darzulegen, daß der Beweggrund Geld stets als Ausfluß verwerflichen Eigennutzes gilt und daß die so formulierte Kritik einem moralisierenden Antikapitalismus entspringt. Verzicht wird geleistet im Beruf, dessen Anforderungen (etwa für Jerry Cotton) immer vor den eigenen Bedürfnissen rangieren, und in der Partnerwahl, wo es – wie schon in der Entscheidung von Kotzebues Philibert für Ottilie – darum geht, „Vernunftgründe", d. h. gesellschaftlich vermittelte Interessen gegen Triebansprüche durchzusetzen. Daß der Verzicht über punktuelle Manifestationen hinaus die Haltung zum Leben insgesamt prägt, wird durch den Zwang bestätigt, den die positiven Figuren sich selbst ständig auferlegen. Sie verschweigen, disziplinieren und verdrängen ihre als schwächlich und niedrig bewerteten Gefühlsregungen, sie unterwerfen sich anonymen oder personalen Mächten (dem Schicksal, dem Gesetz, Mr. High, den Eltern). Da diese Mächte ja bestimmte traditionelle Wert- und Normvorstellungen vertreten, ist die Unterwerfung gleichbedeutend mit dem in seiner Erscheinungsform noch präziser zu erfassenden Konventionalismus.

Aus der Art der Schematisierung und der Auswahl der Eigenschaften folgt die Konstellation der Akteure. Sie erscheint als Haß zwischen Guten und Bösen, als Herrschaft des guten Mannes über die gute Frau, als Dominanz der Hauptgestalten über ihre Gefolgsleute; kurz: zentral ist, die Struktur der Charaktere abbildend, die Dimension von Macht und Unterwerfung.

Das gilt nicht uneingeschränkt für den Frauenroman – wohl deshalb, weil es dort ja nicht zentral um die Bewährung des Mannes im Kampf, sondern um die Bewährung der Frau in der Wahl geht.

AUFBAU DER HANDLUNG. Die Handlung resultiert aus den personalen Beziehungen. Sie setzt sie um in ständigen Kampf: in die Jagd des Polizisten auf den Verbrecher, in die kriegerische Auseinandersetzung zwischen galaktischen Imperien oder (im Landserheft) zwischen deutschen und alliierten Truppen, in die Konkurrenz zwischen Liebhabern. Der Verlauf des Geschehens ist festgelegt, sein Ausgang ist vorentschieden; ein planvoll eingebautes Gegengewicht zu diesen Invarianten bilden „action", kleinere „Spannungsbogen" von Szene zu Szene und einzelne „Erregungsmomente".

Es ist wohl nützlich, hier eine Zwischenbilanz zu ziehen und wichtige ideologische Aspekte der Personendarstellung und der Handlungsführung hervorzuheben.

– *Ein* Aspekt betrifft den *Widerstreit zwischen geforderter Entsagung und Glücksverlangen.* Der Konflikt wird dadurch beseitigt, daß dank dem Eingreifen des Schicksals Entsagung durch Glück belohnt wird. Die Durchsetzung des Realitätsprinzips erscheint so als notwendige Bedingung einer Durchsetzung des Lustprinzips.

– Ein weiterer Aspekt betrifft das Verhältnis von *Willensfreiheit und Determiniertheit.* Die Figuren sind nicht nur in ihrer „seelischen Mechanik [...] prinzipiell erkennbar und durchschaubar" (Waldmann 1973, S. 21), sie sind vor allem voraussagbar, und das heißt: in ihren Möglichkeiten vorbestimmt. Indessen, nicht soziale Umstände (Erziehung, Milieu, finanzielle Lage u. ä.) legen das Verhalten fest. Daraus, daß unveränderliche körperliche Merkmale, unter ihnen die erwähnte Aura, sich zumindest im nachhinein als eindeutige Indikatoren der moralischen Qualität des Handelns erweisen, ist vielmehr zu schließen, daß über die Zugehörigkeit zur Kategorie der Guten oder der Bösen (ergänzend: zu der der Herrschenden oder der Beherrschten) von Geburt an entschieden ist. Es liegt also ein quasi-biologischer Determinismus vor. Er erklärt einerseits die Unwandelbarkeit der Charaktere; andererseits wird an ihm offenbar, daß der Kampf ein konstitutiver Bestandteil der fiktionalen Weltordnung, ihrer im happy end immer neu bekräftigten „prästabilierten Harmonie" ist. – In unaufgelöstem Widerspruch dazu steht die den Personen zugeschriebene Selbstgesetzlichkeit und Selbstverantwortlichkeit. Exemplarisch: der Kriminelle als eine prominente Verkörperung des Bösen. Ursache seines Handelns ist eine autonome Entscheidung; er hat ein Verbrecherideal, ein gutes Gewissen, ein Über-Ich, das die verbrecherische Tat billigt, ja sie sogar fordert. Die Idee der Autonomie schafft (im Gegensatz zum Determinismus) die Voraussetzung dafür, daß eine moralische Wertung überhaupt vorgenommen werden kann. Die Idee der *absoluten* Autonomie löst (genau wie die im Heftroman enthaltene Version des Determinismus) das Individuum aus seiner sozialen Verflechtung heraus; indem sie so seine Abhängigkeit negiert, bewahrt sie die Gesellschaft davor, für das Tun des Einzelnen verantwortlich gemacht zu werden, und sichert gleichzeitig die Unvermischtheit des guten und des bösen Prinzips.

ERZÄHLWEISE. Die Darstellungsweise wiederholt (oder produziert) die Wesenszüge der dargestellten Welt; Perspektive und Gegenstand sind strukturell identisch. Der durchschaubaren Ordnung entspricht die *Allwissenheit des Erzählers.* Seine *Parteinahme* – am deutlichsten dort, wo er, gegen die erzählerische Logik, als handelndes Ich auftritt – besiegelt die dualistische Aufteilung der Personen und bezeugt überdies, da sie ja mit dem Urteil des Schicksals zusammenfällt, die Sinnhaftigkeit allen Geschehens.

Standardisierung verweist unmittelbar auf *Fabrikations- und Lektürebedingungen,* denn sie impliziert leichte Herstellbarkeit und leichte Zugänglichkeit. In ihrer nicht mehr nur formalen, sondern inhaltlich konkretisierten Erscheinung steht sie über-

„Autoritarismus" soll den Persönlichkeitstypus bezeichnen, der von den bestehenden ökonomischen Verhältnissen, Qualifikationsanforderungen, Lebensumständen und Sozialisationsprozessen hervorgebracht wird und der innerhalb dieser Gegebenheiten funktional ist. Welche Variablen das Syndrom bilden, zeigt die erste der beiden folgenden Listen; die zweite nennt stichwortartig und unvollständig entsprechende Textmerkmale.

Konventionalismus	Anpassung an gesellschaftliche Erwartungen, strenge Befolgung der Regeln des „guten Tons"
Autoritäre Unterwürfigkeit	Verhältnis zu Eltern und Vorgesetzten geprägt durch Gehorsam; Leugnung von Konflikten; hohe Bewertung der hierarchischen Ordnung; Pflichtgefühl, Entsagungsbereitschaft; Unterwerfung unter das Schicksal
Autoritäre Aggression	Verteufelung des Feindes, des Verbrechers; „vaterländische Gesinnung", Glorifikation der eigenen Gruppe
Anti-Intrazeption (Abwehr des Subjektiven, des Phantasievollen, Sensiblen)	Selbstdisziplinierung, Zurückhaltung, Verleugnung eigener Wünsche (Geld, Sexualität), Resignation
Aberglaube und Stereotypie	Schicksalsbegriff; schematisierende Wahrnehmung des Ichs und des anderen; Betonung des Charismas
Machtdenken und „Kraftmeierei"	Männlichkeitsideal; Leben als Kampf; hohe Bewertung der Hierarchie, Identifikation mit den Mächtigen
Destruktivität und Zynismus	Leben als Kampf; Mißtrauen als Grundeinstellung; Verteufelung des Fremden und des Abweichenden
Projektivität (Disposition, an wüste und gefährliche Vorgänge in der Welt zu glauben; die Projektion unbewußter Triebimpulse auf die Außenwelt)	Leben als Kampf, stete Furcht vor innerer und äußerer Bedrohung
Sexualität (übertriebene Beschäftigung mit sexuellen „Vorgängen")	übertrieben geringe Beschäftigung mit Sexualität, Zuordnung zu negativen Figuren (Verdrängung)
(vgl. Adorno 1973, S. 45)	

dies in direkter Beziehung zum Gesellschaftssystem, einer Beziehung, die freilich erst einsichtig werden kann, wenn die Vielzahl der beschriebenen Aspekte auf den soziologisch relevanten Begriff gebracht ist. Als ein solcher Begriff gilt – wohl seit Willenborgs Arbeit über Courths-Mahler (1962) – der Autoritarismus (vgl. S. 105).

Das Autoritarismuskonzept läßt sich, wie die Gegenüberstellung demonstriert, auf den Heftroman anwenden, und zwar sowohl auf die Akteure als auch auf den Erzähler und das umgreifende Weltbild. Diese Tatsache setzt die Texte in einen Bezug zu den anderen Faktoren des literarischen Kommunikationsprozesses und folglich – das wurde oben angedeutet – zum Gesellschaftssystem. Obgleich die Fruchtbarkeit des Ansatzes damit schon außer Zweifel ist, bleibt sie begrenzt, weil Hypothesen über die innere Form jenes Bezugs nicht präzisiert bzw. nicht präzisierbar sind. Dazu bedarf es zunächst eines Instruments, das nicht nur Vorhandensein und Fehlen, sondern auch den Grad des Autoritarismus registriert. Erst dadurch können möglicherweise bedeutsame Differenzen wahrgenommen werden, Differenzen zwischen Texten, die aus verschiedenen Epochen, nationalen Traditionen und Genres stammen und/oder die verschiedenen Produzenten- und Rezipientengruppen zuzuordnen sind.

Von Interesse wäre beispielsweise ein Vergleich zwischen Märchen und Jugendliteratur, zwischen Mädchenbüchern und Frauenromanen, zwischen diesen und Abenteuerromanen, endlich zwischen fiktionalen und nicht-fiktionalen Texten (etwa politischer und kommerzieller Werbung).

Das Folgende löst diese Forderung nicht ein; es informiert vielmehr, einen bereits geäußerten Gedanken aufnehmend, über die Herstellung und die Lektüre von Heftromanen.

Produktion und Vertrieb des Heftromans

In der Bundesrepublik erscheinen jährlich etwa 5000 Hefttitel. Die Gesamtauflage erreichte 1965 357 Millionen Exemplare, 1971 340–370 Millionen. Es gibt keine Indizien dafür, daß sich diese Zahlen geändert haben. Fünf Verlage beherrschen den Markt:

– Der *Bastei-Verlag* (Teil der Unternehmensgruppe Lübbe, zu der außer einem Druckhaus und dem Gustav Lübbe Verlag ein Taschenbuch-, ein Comic-, ein Rätselzeitschriften- und ein Publikumszeitschriftenbereich gehören) hat eine Jahresauflage von mindestens 85 Millionen Heften; seine bekannteste Serie ist „G-man Jerry Cotton".

– *Pabel-Moewig-Semrau* (seit 1970 zum Hamburger Heinrich Bauer Verlag gehörig, dem größten deutschen Zeitschriftenproduzenten [u. a. „Quick"; „Neue Revue"; „TV Hören und Sehen"; „Neue Post"; „Bravo"; Sexjournale]) hält ebenfalls einen Marktanteil von über 25 Prozent; erwähnenswerte Reihentitel sind „Perry Rhodan" und „Der Landser".

– Für die *Verlage Zauberkreis, Kelter* und *Marken* wurde 1970 eine Druckauflage von 46 bzw. 29 bzw. 18 Millionen ermittelt (Fohrbeck/Wiesand 1972).

Die generelle Publizitätsscheu der Verlage läßt vermuten, daß der unerklärte Rest von 60–90 Millionen Heften größtenteils auf zu niedrige offizielle Angaben zurückzuführen ist. Sie verhindert auch (was noch wichtiger ist) Aussagen über die formelle und informelle Organisation von Redaktion und Betrieb sowie über die Außenkontakte (z. B. zum Handel, zu demoskopischen Instituten, Romanagenturen, Illustrierten, zur Regenbogenpresse usw.) – Aussagen also, die notwendig sind, um die den Heftroman prägenden Entscheidungsprozesse zu rekonstruieren. Einige der Faktoren, die diesen Prozeß steuern, sind dennoch bekannt.

Fundamental, aber keineswegs spezifisch für die genannten Unternehmen, sind die Normen, die aus dem bestehenden Wirtschaftssystem resultieren und die im Verfügungsrecht des Kapitaleigentümers (bei Bastei wie bei Pabel-Moewig-Semrau eine Familie), im Zwang zur Kapazitätsauslastung und in der Marktorientierung erscheinen.

Eine weitere wichtige Rahmenbedingung stellen gesetzliche Regelungen dar. Zu nennen sind hier das *Bundesgesetz über die Verbreitung jugendgefährdender Schriften* (GjS) vom 29. 4. 1961, auch *Schmutz-und-Schund-Gesetz* genannt, sowie § 184 StGB, der die Verbreitung unzüchtiger Schriften verbietet. Neben den Gerichten (aufgrund von § 184 StGB und dem GjS) ist die *Bundesprüfstelle*, die durch das GjS geschaffen wurde, die wirksamste Kontrollinstanz, die allerdings nur auf Antrag tätig wird. Um dem staatlichen Eingriff (das heißt vor allem: wirtschaftlich wirksamen Sanktionen wie Indizierung und partiellem Verkaufsverbot) vorzubeugen, führen die Verlage eine freiwillige Selbstkontrolle durch. Nach deren Richtlinien sind zu vermeiden die Schilderung sinnloser Gewaltanwendung, die Entschuldigung, Verharmlosung oder Verherrlichung von Verbrechen und Krieg, die „Diskriminierung von Völkern, Rassen, Religionen, Ehe, Familie, Kunst und Wissenschaft"; verlangt wird, daß weder dem Helden noch ,Behörden und Ordnungsmächten' Rechtsverletzungen zugeschrieben werden und daß die Wiedergabe sexueller Vorgänge weitgehender, vom ,guten Geschmack' diktierter Zurückhaltung unterliegt. Wie diese tatsächlich oder scheinbar sehr restriktive Zensur sich auswirkt, zeigen einerseits die Hefte, andererseits die Indizierungen der Bundesprüfstelle für jugendgefährdende Schriften. Nach Geiger (1974, S. 254) wurden zwischen 1954 und 1971 1223 Bücher auf die Liste der jugendgefährdenden Schriften gesetzt (davon waren nur 13 Kriegsschriften). Bei den Periodika und Reihenveröffentlichun-

Landserhefte – so die Ergebnisse einer von Geiger (1974) durchgeführten Inhaltsanalyse – lösen den Zweiten Weltkrieg aus den historischen, politischen und moralischen Zusammenhängen und stellen ihn als ein spannend-abenteuerliches Geschehen dar. Handlungsziel ist der militärische Sieg, Wertungsmaßstab der jeweilige Beitrag zur Erreichung dieses Ziels. Die Perspektive ist fast ausschließlich die des deutschen Wehrmachtsapparats, nicht die der damaligen Gegner und auch nicht die des einfachen Soldaten.

gen u. a. wurden 5296 Indizierungen ausgesprochen. In 4661 Fällen handelte es sich dabei um Sexhefte, -dias und -schmalfilme. In zehn Fällen wurden Kriegsromanhefte indiziert.

Nach Kunkel (1971, S. 566) hat der Bastei-Verlag einen annähernd repräsentativen Testleserkreis mit über 40 Mitgliedern aufgebaut, der die „Jerry Cotton"-Hefte auf ihre Eignung prüft und dessen Votum über die Veröffentlichung entscheidet. Ein ähnliches Verfahren wendet der Bauer-Verlag an, um die Titelbilder seiner Zeitschriften auszuwählen; zudem läßt er jede Woche die Lesehäufigkeit und die Bewertung der jeweils veröffentlichten Beiträge ermitteln; die Ergebnisse dienen der fortwährenden Überprüfung sowohl der individuellen journalistischen Leistung als auch der Zeitschriftenkonzeption. Eine weitere Variante des Verfahrens liegt übrigens bei Fortsetzungsromanen vor, wo die Reaktion des Publikums den Handlungsverlauf bestimmt; auch diese Reaktion wird bereits systematisch erfaßt. Es ist zu vermuten, daß das Marketing sich nicht auf einzelne Serien oder Verlage beschränkt. Ebenso plausibel ist die Annahme, daß alle Verlage über Umfrageergebnisse zu Motiven, Einstellungen, Erwartungen der Leserschaft verfügen.

Unterste Entscheidungsinstanz ist das Lektorat. Es hat u. a. die Aufgabe, die vorgelegten Romanentwürfe in die Reihenkonzeption einzupassen, d. h. ihre formale und inhaltliche Standardisierung zu gewährleisten. Zur Erfüllung dieser Aufgabe tragen *Schreibanweisungen* bei, die die ökonomischen, juristischen und leserpsychologischen Gegebenheiten gewissermaßen operationalisieren.

Diese Gegebenheiten besitzen für die Autoren Zwangscharakter. Warum das so ist, erklärt sich vordergründig aus den Vertragsbedingungen, im Grunde aber aus dem Machtverhältnis zwischen den Verlagen und den Autoren. Die Verlage bilden faktisch ein Nachfragemonopol: Da die Anforderungen ja weitgehend identisch (oder – bei Serien – sehr spezifisch) sind, besteht für ein einmal abgelehntes Skript relativ geringe Aussicht, anderswo angenommen zu werden; dazu paßt, daß die Honorarhöhe nicht ausgehandelt, sondern einseitig festgelegt wird (Fohrbeck/Wiesand 1972; Pforte in: Rucktäschel/Zimmermann 1976). Die nicht lohn- oder gehaltsabhängigen Heftromanautoren ihrerseits sind weder eine homogene noch eine organisierte Gruppe. Schreiben ist für 75 % eine hauptberufliche, für 14 % eine nebenberufliche, für 11 % eine teilberufliche Beschäftigung. Eine vergleichsweise hohe Anzahl arbeitet ausschließlich in diesem Medienbereich, der für 80 % eine der beiden wichtigsten Einkommensquellen ist. Was Herkunft, Selbstbild und Persönlichkeitsstruktur betrifft, so stammen nach Pforte die meisten Autoren „aus dem kleinbürgerlichen Mittelstand" und

Der Vertrag, meist erst nach Annahme des Skripts abgeschlossen (so daß die Ablehnung stets zu Lasten des Autors geht), räumt dem Verlag prinzipiell das Recht ein, den Text zu verändern und ihn unter einem verlagseigenen Pseudonym zu veröffentlichen. Das Pauschalhonorar liegt zwischen 800,– und 2700,– DM, im Durchschnitt zwischen 1200,– und 1400,– DM.

Die Angaben basieren auf einer Stichprobe von 71 Autoren, die sich selbst dem fraglichen Tätigkeitsgebiet zugeordnet haben. Journalisten, Publizisten, Schriftsteller, die sich anders einstuften, aber im Bezugsjahr 1970 auch Heftromane verfaßten, sind ebensowenig berücksichtigt wie Amateurschreiber; die Schätzungen, die von nahezu 2000 Heftromanautoren ausgehen, fassen wohl alle Kategorien zusammen.

Schreibanweisungen für Heftroman-Autoren

Richtlinien für Autoren der Serie „Kommissar X" (Pabel-Verlag)

„Jo wohnt im Bronx, Gun Hill Road 234, in einem zehnstöckigen Apartmenthaus. Seine Wohnung befindet sich in der vierten Etage. Lift . . ."

„Die Wohnung besteht aus Diele (Korridor massiv, Sicherheitsschloß und Vorlegekette), Wohn- und Arbeitszimmer (Schreibtisch, Couch, Bücherschrank, Sessel, Rauchtisch, Bar, Anrichte), Junggesellenschlafzimmer. Telefon in beiden Zimmern, kleine Kochküche mit allem Komfort, von hier aus Fenster zum Hinterhof mit vorbeiführender Feuertreppe."

„Jo raucht nur Chesterfield."

„Charakter: Er ist weder Abstinenzler (aber auch kein Supertrinker!) noch ein Frauenverächter, aber er stellt seine beruflichen Belange über seine Privatvergnügen. Außer berufsbedingten Flirts ist es ratsam, Walker nicht ernsthafte Liebschaften eingehen zu lassen."

„Jo Walker ist als ein Mann zu zeichnen, der lebt und arbeitet, liebt und leidet, der ein Mensch ist mit Vorzügen und auch kleinen Fehlern, der ein Herz hat und auch ein Herz bei anderen sucht – und findet. Dieser Kommissar X ist kein brutaler Catcher, aber auch kein sentimentaler Bruder."

„KX-Romane sollen keine politischen Themen behandeln (Kuba, Ost-West-Konflikt, China usw.), selbst politische Anklänge am Rande des Geschehens sind tunlichst zu vermeiden."

„Bei der Konzeption des Romans achte man darauf, daß die Kombinationsgabe und das Gedächtnis des Lesers nicht übermäßig beansprucht werden."

aus: Fohrbeck/Wiesand 1972, S. 132 f.

Hinweise für Autoren der Serie „John Drake" (Marken-Verlag)

„Die Welle der James Bond-Filme hat das Interesse des Publikums verstärkt auf Spionage und Spionage-Abwehr gelenkt. Da wir auf diesem Sektor den Helden John Drake aufzuweisen haben, wollen wir uns die Erkenntnisse, die aus den James Bond-Erfolgen gewonnen werden können, zunutze machen . . . Entsprechend dieser Erkenntnis und der augenblicklichen Gemütslage des Publikums wollen wir die Konzeption der Drake-Reihe ändern."

„Das Milieu muß farbiger und interessanter werden. Nachtlokale und Bars nach Schablone langweilen den Leser . . . Drake bewegt sich in Ministerien, luxuriösen Bungalows, exclusiven Clubs. In einem Satz: Drake bewegt sich oben. Um ihn ist der Duft der großen weiten Welt. Das einzige feststehende Milieu ist das CIA-Center in Langley, 16 Kilometer von Washington entfernt."

„Die Änderung seines Images kann etwa so umrissen werden: John Drake wird aktiver, rapider im Tempo, souveräner und menschlicher.
Drake wird der ‚Mann mit dem harten Kern', der unserer Wohlstandsvermassung sein eigenes Konzept entgegensetzt."

„Damit er nicht zum unerträglichen Superhelden wird, diktieren wir ihm zwei Schwächen an:
a) Er ist zuweilen einer schönen Frau gegenüber zu vertrauensselig. Aber immer muß er ihr gerade noch rechtzeitig genug auf die Schliche kommen.
b) Er liebt Wettkämpfe, die mit Tieren ausgetragen werden . . ."

„Sex soll in vorsichtigen Dosen in die Romane eingebaut werden . . ."
„Die Figur Paul Canada soll künftig nicht mehr vorkommen!"

Außer diesen Richtlinien zu den Krimi-Serien „Kommissar X" und „John Drake" sind Anweisungen für die Verfasser von Frauenromanen bekannt geworden (publiziert u. a. in „Die Zeit" Nr. 39, 1966 und „Frankfurter Rundschau" Nr. 18 vom 22. 1. 1972, S. VII). Sie enthalten Ratschläge („Anregungen für aktuelle Themen kann man sich z. B. aus den Frauen-Illustrierten holen, wo auf den Seiten der ‚Lebensberater' eine Fülle von Liebes- und Eheproblemen angesprochen wird"), aber auch präzise Regelungen. Die Regelungen betreffen
– den Typ der auftretenden Personen (es soll stets der „Typ des Erfolgsmenschen" sein, „der erfolgreiche Fabrikbesitzer, der erfolgreiche Ingenieur, der erfolgreiche Geschäftsmann schlechthin, auch der Gutsbesitzer, der seinen Herrenhof hochgewirtschaftet hat, der Graf, der aus seinem Schloß ein erfolgreich florierendes Hotel macht usw."), ihr Milieu („in Deutschland unter deutschen Menschen", wobei die Welt des Theaters, des Films, der Kunst und der Politik zu meiden ist), ihr Aussehen und ihr Alter (die „Hauptpersonen sollen gut aussehen, es sind schöne Menschen, sie tragen edle Züge"; Männer sind 30 bis 50, Frauen 25 bis 40 Jahre alt), schließlich ihre Anzahl (höchstens sechs);

– die Thematik: Gegenstand muß ein Liebeskonflikt sein, der vom Schicksal ausgelöst wird, immer aber mit dem Problem des Reichseins bzw. des Reichwerdens verknüpft ist; Politik und Sexualität sind tabuisiert („Szenen mit erotischen Anklängen sind zu vermeiden. Liebesszenen beschränken sich auf die rein gefühlsmäßigen Beziehungen zwischen Mann und Frau.");
– die Handlungsführung, die die „dramatische Grundidee" in eine Folge ‚kleiner Spannungsbogen' umzusetzen hat, bevor sich das aufgebaute „Erregungsmoment" im happy end auflösen darf; lange Expositionen und Rückblenden sind untersagt;
– den Stil (kurze Sätze ohne Fremdwörter, starker Anteil von Dialogen).
Außerdem enthalten die Anweisungen Annahmen über die Adressaten und Aussagen über die erwünschte Wirkung: Die „durchschnittliche Heftleserin" will und soll „sich mit den Gefühlen der Heldin identifizieren" können, sie will und soll „sich selbst in diese Traumwelt [. . .] projizieren, um damit für ein paar Stunden ihrem eigenen Alltag zu entfliehen".

haben eine höhere Schulbildung, seltener einen Studienabschluß; sie „verstehen sich als Dichter, die bloß noch nicht ihre Chance bekommen haben", sind aber ‚Konformisten', die ‚den Massengeschmack aus dem eigenen Innern schöpfen' (in: Rucktäschel/Zimmermann 1976, S. 53 f.). Diese generellen Aussagen sind anhand der vorliegenden Daten nicht überprüfbar.

Es bleiben Anmerkungen zum Vertrieb: Die Heftromane sind (wie Leihbibliotheks-, Zeitungs- und Zeitschriftenromane) an bestimmte Verbreitungswege außerhalb des Buchhandels gebunden, nämlich an den Zeitschriftengroßhandel, an Kioske und den Bahnhofsbuchhandel sowie den Postversand. Die Remittenden werden nicht sofort eingestampft, sondern in ausländische Feriengebiete geliefert, in Sammelbänden erneut angeboten oder für Einzel-Nachbestellungen gelagert. Die Verkaufsauflage wird auf ca. 80 % der Druckauflage geschätzt. Wichtige Maßnahmen, um den Absatz zu stabilisieren bzw. zu steigern, sind die Eigenwerbung in den Heften, die Einrichtung von „Kontakt-Seiten", schließlich die Gründung und Unterstützung von Leser-Clubs.

Leserschaft, Funktion und Wirkung der Lektüre

Umfrageergebnissen zufolge sind die Leser von Heftromanen auf nach verschiedenen demographischen Merkmalen gebildete Bevölkerungsgruppen so verteilt:

	1				2	
	VII 1963	X 1967	X 1973	V 1975	1973/74	
Bevölkerung insgesamt	31 %	37 %	31 %	27 %	41 %	1 Romanheftleser in verschiedenen Bevölkerungsgruppen (ab 16, 1975 ab 14 Jahre)
Männer	28 %	36 %	28 %	23 %	39 %	
Frauen	33 %	37 %	34 %	30 %	42 %	
Altersgruppen						2 Buchleser in verschiedenen Bevölkerungsgruppen (ab 18 Jahre; mindestens wöchentliche Lektüre)
16 (14) – 29 Jahre	46 %	49 %	43 %	34 %	51 %	
30 – 44 Jahre	29 %	38 %	28 %	26 %	38 %	
45 – 59 Jahre	24 %	30 %	28 %	22 %	36 %	
60 Jahre und älter	20 %	29 %	24 %	24 %	38 %	
Schulabschluß						
Volksschule	33 %	41 %	34 %	32 %	34 %	
Mittlere Reife	21 %	26 %	24 %	15 %	62 %	
Abitur	15 %	13 %	15 %		76 %	
Berufskreise						
Landwirte		31 %		23 %	23 %	
Angelernte und Hilfsarbeiter		45 %		40 %	27 %	
Facharbeiter		45 %		30 %	34 %	
Einfache und mittlere Angestellte und Beamte		35 %		26 %	49 %	
Leitende Angestellte und Beamte		19 %		13 %	62 %	
Selbständige und freiberuflich Tätige		ca. 20 %		14 %	47 %	
Stadt und Land						(aus: Schmidtchen 1968, S. 2075; Schmidtchen 1974, S. 772 f.; Allensbacher Berichte 24/1975, S. 6)
Dörfer		34 %			32 %	
Kleinstädte		00 %			37 %	
Mittelstädte		36 %			43 %	
Großstädte		38 %			46 %	

Als Konstante erweist sich, daß Heftleser bei den Sechzehn- (bzw. Vierzehn-) bis Neunundzwanzigjährigen, beim Bevölkerungsteil mit Hauptschulabschluß, bei angelernten und Facharbeitern überrepräsentiert sind. Veränderungen unterworfen ist dagegen die Zahl der Leser (1963 ca. 14, 1967 ca. 17, 1973 ca. 15, 1975 ca. 13 Millionen). Es überrascht, daß gerade die Befragung, die die Vierzehn- und Fünfzehnjährigen einbezieht, zu den niedrigsten Werten kommt, denn der Leseranteil gilt in dieser Altersgruppe als besonders hoch.

Es überrascht außerdem, daß der angegebene Rückgang (zwischen 1967 und 1975 um etwa ein Viertel) ohne erkennbaren Einfluß auf die Zahl der Reihen und Titel sowie die Auflagenhöhe geblieben ist. Vorbehalte hinsichtlich der Daten erscheinen also angebracht. Eine theoriebezogene Interpretation ist ohnehin unmöglich; dazu bedarf es der Kenntnis, welchen Ort innerhalb des gesamten Medienkonsums die Heftlektüre einnimmt, in welcher psychischen Situation sie erfolgt, welche Position die Heftleser in ihrer sozialen Kategorie und in ihrer sozialen Umwelt besetzen und, vor allem, welche Persönlichkeitsstrukturen für sie typisch sind. Diese Kenntnis vermitteln die vorliegenden repräsentativen Buchmarktanalysen nicht. Einschlägige Informationen sind jedoch in den Studien von Schönbach et al. (1971) und Geiger (1974) enthalten.

Die erstere hat zur Grundlage die Befragung einer Experimentalgruppe von 54 Personen, die mindestens einmal wöchentlich Heftromane lesen, und einer ebenso großen, nach Verteilung von Geschlecht, Alter, Schulbildung, beruflichem Status und Wohnortgröße gleichen Kontrollgruppe, deren Mitglieder keine Hefte lesen. Die Resultate:
– *Männliche Heftleser* nennen als Lektüre ausschließlich Abenteuerromane (67 % lesen Krimis, 50 % Western, 33 % Sciencefiction, 3 % Landserhefte); alle *weiblichen Leser* nennen Frauenromane, 21 % außerdem Krimis, 4 % Western. Diese unter-

Angaben zur Leseintensität

Es lesen pro Monat	in Prozent der Bevölkerung ab 16 Jahre		
	X 1967	X 1967	V 1975
10 Hefte und mehr	3 %		
6 – 10 Hefte		3 %	2 %
5 – 9 Hefte	4 %		
1 – 5 Hefte		22 %	17 %
1 – 4 Hefte	18 %		
weniger als 1 Heft (im Durchschnitt eines Jahres)	12 %	12 %	8 %

(aus: Schmidtchen 1968, S. 2074 und Allensbacher Berichte 24/1975, S. 5)

In ihrer Größenordnung stimmen die Daten – ergänzt durch übrigens widersprüchliche Angaben zur Leseintensität – zur vermuteten Gesamtauflage, bestätigen aber nicht die oft wiederholte Behauptung, jedes Heft finde durchschnittlich mindestens sieben Leser: ihre Richtigkeit vorausgesetzt, machen sie ungefähr zwei Leser wahrscheinlich.

Repräsentative Buchmarktanalysen

– Emnid-Untersuchung 1958 (s. Fröhner 1961)
– DIVO-Untersuchung 1964 (s. Girardi et al. 1965)
– Allensbach-Untersuchung 1967/68 (s. Schmidtchen 1968)
– Allensbach-Untersuchung 1973 (s. Schmidtchen 1974)
– Ifak-Untersuchung 1973 (s. Mayer 1974)
– Infratest-Untersuchung 1977/78 (s. Unholzer 1978, Teckentrup 1979)

Diese Untersuchungen konzentrieren sich weitgehend auf den Buchleser. Ihr Gegenstand ist dessen Einstellungen zu Buch, Bucherwerb und Lektüre, die vom Leser wahrgenommene Instrumentalität des Buches, einige Aspekte der familialen, schulischen und beruflichen Sozialisation usw. Bedingt durch dieses Interesse und die angewandte Methode (Befragung), bleiben die Lesercharakteristiken relativ oberflächlich.
Unbekannt ist, über welche zusätzlichen Kenntnisse die Verlage verfügen und ob die durch die Werbung angesprochenen Dispositionen, nämlich „Unsicherheit, Angst, Frustration, Aggressivität und verklemmte Sexualität [. . .], dazu soziale und kulturelle Benachteiligung und der Wunsch nach ihrer Beseitigung, all das auf dem Hintergrund einer als stupend vermuteten Unwissenheit" (Wesollek 1976, S. 17), verläßlich ermittelt und für Heftleser spezifisch sind (vgl. die im Folgenden referierten, dem teilweise widersprechenden Untersuchungen).

schiedliche Interessenausrichtung wird in der Tendenz durch Leserprofile der Serien „Silvia" (18 % der Leser sind männlich) und „Jerry Cotton" (71 %) bestätigt. Sie gilt auch für Bücherleser (16 % der Bücher lesenden Männer, 63 % der Frauen neigen zu Liebes-, Familien- und Frauenschicksalsromanen; Vergleichszahlen für „harte Unterhaltung": 69 bzw. 53 %).

– Für die Experimentalgruppe wurde eine stärkere Nutzung des Fernsehens (mit inhaltlichen Schwerpunkten) und bestimmter Periodika (u. a. „Bild", „Neue Revue", „Jasmin", „St. Pauli Nachrichten", Regenbogenpresse) festgestellt. Die Autoren folgern, daß die Heftleser „in allen Medien das gleiche ‚human interest'", die gleiche unpolitisch-sensationelle Botschaft suchen.

– Was Charakterzüge und Verhaltensweisen angeht, so sind Leser „unkomplizierter, eher extravertiert und stabiler" (Schönbach et al. 1971, S. 402), geselliger und erlebnishungriger; in ihrer Freizeit sind sie nicht weniger aktiv. Die politischen Einstellungen sind konservativer und rigider. Die Ideale, ermittelt über die Frage nach wünschenswerten Eigenschaften, sind an Leistung, Erfolg und gesellschaftlicher Anerkennung orientiert. Die Nicht-Leser schätzen dagegen relativ höher persönliche Autonomie, Sauberkeit und Geduld; ein Item schließlich läßt bei ihnen stärkere Aggressivität vermuten.

Es ist klar, daß diese Resultate weder vollständig noch generalisierbar sind. Möglicherweise nur scheinbare Widersprüche (etwa zwischen der geringeren Aggressivität und der ausgeprägteren Rigidität der Heftleser, zwischen ihrer Resignation und ihrer Leistungsorientierung) und „erratische" Angaben (z. B. zur Sauberkeit) erschweren die Deutung. Nützlich wären eine Unterteilung beider Gruppen (wenigstens in Leser von Frauen- und Abenteuerromanen hier, in Leser verschiedener Buchkategorien dort) und ihre Abgrenzung gegenüber Personen, die weder Bücher noch Hefte lesen. Solche Einschränkungen stellen die Fruchtbarkeit der Untersuchung nicht in Frage, definieren aber die Ergebnisse als Hypothesen.

Die Arbeit Geigers erlaubt es, diese Hypothesen zu testen, und zwar im Hinblick auf Unterschiede zwischen Lesern und Nicht-Lesern von Landserheften:

– Die Leser nutzen signifikant häufiger Abenteuerromanhefte und Comics, und sie richten mehr Aufmerksamkeit auf thematisch entsprechende Bücher und Filme. Dieser Sachverhalt bestätigt die modifizierte „more and more-rule", wonach „Personen, die *bestimmten Aussagen* in einem Medium stark ausgesetzt sind, [...] an der *gleichen Art von Aussagen* auch in anderen Medien in hohem Maße Anteil" nehmen (Schönbach et al. 1971, S. 405).

– Die Interessenten von Landserheften bejahen öfter als Nicht-

Die ebenfalls nicht repräsentative Stichprobe umfaßt Daten von 242 männlichen Schülern. 101 (42 %) unter ihnen gelten als Leser, 139 (56 %) als Interessenten; die beiden Gruppen überschneiden sich. Daß von 72 befragten Mädchen nur 12 (17 %) Leserinnen waren, bezeugt erneut geschlechtsspezifische Lektüreinteressen. Die Erhebung weiterer demographischer Merkmale läßt vermuten, „daß ein kleinbürgerliches, konservatives ‚Milieu' den Zugang zur ‚Landser'-Lektüre eher fördert" (Geiger 1974, S. 168).

112

Interessenten ethnozentrische Ansichten, sie befürworten eher die Prügelstrafe und ‚staatlich legitimierte Aggression'; es gibt unter ihnen „mehr Anhänger konservativer politischer Meinungen und eine stärkere Tendenz zu apologetischen Interpretationen des deutschen Faschismus und der Wehrmacht [. . .], daneben auch mehr, die – trotz der abstrakten Betonung einer Pflicht zu politischer Betätigung – gegenüber Fragen der Politik einen resignativen oder passiven Standpunkt einnehmen". Sie erweisen sich darüber hinaus „als weitgehend in die Gesellschaft integriert, durch besonders häufige Betonung der Tugend der Leistung wie auch durch Aktivitäten in traditonellen Organisationen (Sport- und Musikvereinen)" (Geiger 1974, S. 184 f.). Die Befunde tragen zur Klärung bei, erzeugen aber auch neue Fragen:

– Sie lassen als gemeinsame Quelle der Leistungs- und Aufstiegsorientierung einerseits, der ja nicht generellen, sondern auf den Sinn politischer Betätigung bezogenen Resignation andererseits eine „privatistische" Einstellung vermuten; wegen dennoch bestehender Inkonsistenzen rechnet Geiger damit, daß die Leser entweder ein ambivalentes Verhältnis zu Autoritäten haben oder keine homogene Gruppe sind.

– Die Aussagen über das Aggressionspotential sind eindeutiger; sie kontrastieren aber – jedenfalls dann, wenn zwischen Frustration und Aggression ein Kausalzusammenhang angenommen wird – zu der von den Lesern bekundeten größeren Selbstsicherheit und höheren Zufriedenheit mit den eigenen Leistungen.

– Zentral ist, daß die These bekräftigt wird, Heftleser seien „Normalfälle", nicht sozial isolierte Randerscheinungen. Diese These – übrigens zusätzlich gestützt durch Zahlen zu Wohnsituation, Berufstätigkeit und Alter von Heftleser*innen* (vgl. Weinmayer 1971, S. 83f.) – widerspricht einer Auffassung, die Angaben zum Publikum der Regenbogenpresse verallgemeinert. Sie stimmt hingegen überein mit Erwartungen, die sich aus dem Konzept der Autoritären Persönlichkeit ableiten lassen, denn dieses will, wie angedeutet, die psychische Grundstruktur des Durchschnittsbürgers unserer Gesellschaft erfassen.

Zum Problem des Durchschnittsbürgers und des Durchschnittslesers noch einige Überlegungen: Während bislang, d. h. seit Wilhelm Reichs und Erich Fromms grundlegenden Forschungen, der Autoritarismusbegriff als einheitlich betrachtet wurde, gelangt Oesterreich (1974) aus theoretischen und empirischen Gründen zu dem Urteil, dieser Begriff enthalte zwei zu unterscheidende Komponenten und beziehe sich folglich auf (mindestens) zwei Charaktertypen. Er nennt sie den „klassischen Autoritären" und den „rigiden Konventionalisten". Der erstere ist gekennzeichnet durch Angst, Fatalismus, ‚emotionale Mobilisierbarkeit gegen Andersdenkende‘, ‚projektive Vorurteilshaftigkeit und Orientierung an den großen vaterländischen Ideen‘. Den letzteren bestimmt Oesterreich als zufriedenen und selbstsicheren, insgesamt also „weniger emotional instabilen, mehr selbstkontrollierten, leistungsorientierten, ordentlichen, das Bestehende bejahenden Typus". Gemeinsame Züge sind Konformität, Rigidität, die Bindung an Autorität und „narrowmindedness" (S. 30 f.). Die Frage stellt sich, wie die Existenz dieser Varianten zu erklären ist. Die Argumentation, aufs äußerste verkürzt, lautet so: Die Produktionsbedingungen bestimmen, vermittelt über Qualifikationsanforderungen und Lebensumstände, die primäre Sozialisation, die ihrerseits die Persönlichkeit des Sozialisanden (des Kindes) dauerhaft prägt. Unterschiedliche Produktionsbedingungen (bei der Elterngeneration) bringen mithin differierende Charaktertypen (bei der Kindergeneration) hervor. Konkret: Die fortschreitende Rationalisierung des Arbeitsbereichs verlangt die „Durchrationalisierung des Menschen", d. h. erhöhte Flexibilität, Selbstkontrolle, Leistungsbereitschaft. Daraus folgt eine Tendenz weg von Erziehungsformen, „die auf der Anwendung von Gewalt und dem Einsatz elterlicher Macht beruhen", zu Techniken, „die durch die Androhung des Entzuges elterlicher Zuwendung Herrschaft" ausüben und „hinsichtlich der Internalisierung bestehender Wert- und Normsysteme, unhinterfragter Anpassung an vorhandene Realitäten und starker Bindung an Autoritäten", also hinsichtlich der Erzeugung des Konventionalisten effizienter sind (S. 40 f.). Dieser Charakter ist demnach der modernere; er ist wahrscheinlich in den jüngeren Altersgruppen und vor allem in den Mittelschichten verbreitet.

Obwohl die Beschreibung und die Erklärung nicht als gesichert gelten können, erscheint es sinnvoll, davon auszugehen, daß innerhalb der bestehenden Gesellschaft mindestens zwei „repräsentative" Persönlichkeitstypen koexistieren. Mit der Möglichkeit eines dritten, des narzißtischen Charakters, ist zu rechnen; es muß auch geprüft werden, ob die Variable „Geschlecht" bei der Konstruktion jener Typen zu Recht vernachlässigt wird oder ob nicht viel für die Vermutung spricht, daß es geschlechtsspezifische Spielarten mit durchaus bedeutsamen Verschiedenheiten gibt. – Daraus entspringt für die Trivialliteraturforschung die Notwendigkeit, sowohl den auf die Leser bezogenen (und auf die Produzenten beziehbaren) Frageraster zu revidieren – das heißt zunächst: den teils bestätigten, teils unzureichenden Ansatz von Schönbach et al. (1971) und Geiger (1974) zu erweitern und zu präzisieren – als auch das textanalytische Werkzeug derart zu verfeinern, daß es nicht allein Ab-

In diesem Zusammenhang ist die These zu diskutieren, daß Groschenhefte „als Taktiken der Strukturbewahrung überholt sind. Ihre starre Dramaturgie, ihre undialektischen Alternativen entstammen einer Moral des Mangels, die von der Konsumgüterwerbung längst verabschiedet ist. Die moderne Umwelt trainiert Reizempfänglichkeit und Beweglichkeit, sie braucht und begünstigt einen lernfähigen, jugendlichen Menschentyp. [. . .]. Die Frustrationstoleranz der Menschen hat abgenommen, weil mit der fortschreitenden Entwicklung der Produktivkräfte die zugemuteten Triebverzichte immer weniger einleuchtend sind." (Wellershoff 1973, S. 15 f.)

114

stufungen, sondern eventuelle qualitative Unterschiede anzu-
zeigen imstande ist.

Es bleibt das Problem, wie die postulierten Typen und inhaltlich bestimmte Textkategorien zusammenhängen, genauer:
warum ein Individuum (oder eine Klasse von Individuen) sich
für eine Lektüre entscheidet und in welcher Weise die Lektüre
auf das Individuum einwirkt. Zum ersten Aspekt: Nur dann,
wenn der aufgrund sozialpsychischer Merkmale gebildete
Typus und die Leser einer Textkategorie annähernd identische
Mengen sind, können die Merkmale als Erklärung für die Wahl
der Lektüre dienen. Diese Bedingung ist hier zweifellos nicht
erfüllt, und zwar wegen des zu hohen Allgemeinheitsgrads und
zu großen Umfangs, den der (gleichwohl nützliche) Autoritarismusbegriff auch in Oesterreichs Fassung aufweist. Einen Weg,
die Kluft zu überbrücken, zeigt Klockhaus (1971). Ihr gelingt es,
bei jungen Arbeitern festgestellte Differenzen in der Nutzung
von Medien (Zeitung, Illustrierte, Fernsehen, Film) zurückzuführen auf Differenzen in als präkommunikativ betrachteten
Einstellungen (zu Gesellschaft, Familie, Religion usw.). Einige
der oben genannten Befragungsdaten könnten für einen analo-
gen Versuch im Hinblick auf Heftleser herangezogen werden. –
Der zweite, komplementäre Aspekt des Problems ist Ausgangspunkt der Wirkungsforschung.

Daß Medieninhalte Wirkungen ausüben, ist nahezu allgemeine
Überzeugung. Sie ist das Axiom jeder Literaturgeschichts-
schreibung, die Abhängigkeiten zwischen Texten aufdecken
will; sie liegt moralischer Kritik an den Medien zugrunde; sie
motiviert jede Zensurmaßnahme. Ihre extreme Ausformung
findet sie in der These, der Rezipient sei wehrloses Objekt einer
Lenkung, Vergewaltigung, Manipulation durch die Medien.
Ob *bestimmte* Medieninhalte *bestimmte* Wirkungen ausüben, ist
strittig. So strittig, daß die Frage zuweilen verneint und die
Antithese vertreten wird, der Rezipient entscheide über Wahrnehmung und Verarbeitung einer Botschaft nach seinen bewußten und kontrollierten Bedürfnissen und Interessen. Während
für jene These die Persönlichkeit eine tabula rasa ist und ihr Verhalten einem einfachen Reiz-Reaktions-Schema entspricht, beinhaltet die Antithese, daß das Individuum, die Mechanismen
der eigenen Psyche ebenso wie den Gebrauchswert der ange-
botenen Nachricht durchschauend, zweckrational handelt.
Allgemeinstes Resultat empirischer Untersuchungen ist nun,
daß bestimmte Medieninhalte bestimmte, aber nicht immer
gleiche Wirkungen hervorrufen; eine Vielzahl von Variablen
(Eigenschaften des Kommunikators, des Mediums, des Rezipienten selbst und formalen Aspekten der Aussage) beeinflußt den Effekt; dieser kann auf verschiedenen Ebenen der Psy-

Die Wirkungsforschung
kann für die bisherige Argumentation einen Test
darstellen, insofern die
Grundannahmen (z. B.
das Persönlichkeitsmo-
dell) zusammenpassen
müssen. Tatsächlich tun
sie es wenigstens teilweise nicht.

che (Triebe, Gefühle, Kognitionen) sowie auf der des Verhaltens sofort oder mit Verzögerung eintreten und kürzere oder längere Zeit anhalten. Eine einheitliche, umfassende Theorie existiert nicht, wie sich an zwei vom Heftroman ausgehenden Arbeiten illustrieren läßt:

– Die erwähnte Studie Geigers (1974) weist nach, daß die Lektüre eines Landserhefts zu einer statistisch signifikanten Zunahme in der Äußerung antirussischer Vorurteile und zu einer rigideren Strafforderung für Rechtsbrecher führt; individuell variierende Reaktionen hängen u. a. von den präkommunikativen Einstellungen, den früheren Leseerfahrungen und der besuchten Schulart ab.

– Kellner (1975) entwickelt, um die Ursachen für den Erfolg vor

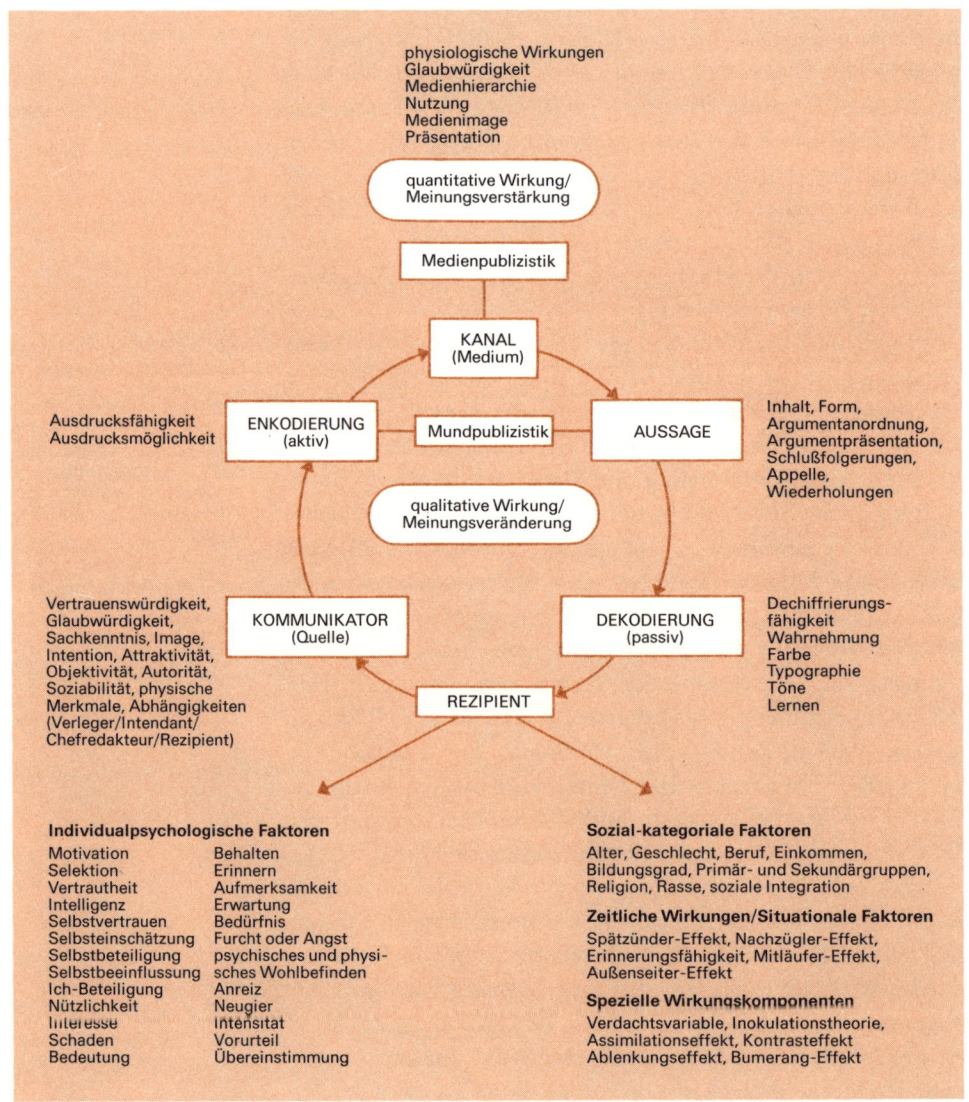

(aus: Hackforth 1977, S. 23)

allem der Kriminalromanhefte aufzuhellen, die folgende Argumentation: Die in der Leserschaft überrepräsentierten Bevölkerungsgruppen sind, stärker als andere, frustrierenden Lebensumständen ausgesetzt; daraus entstehen ein höheres Maß an Aggression und ein intensiveres Bedürfnis, sie (die Aggression) abzureagieren. Eine risikolose, legale Möglichkeit dazu bietet die Lektüre von Gewaltschilderungen. Wie Traum und Tagtraum erlaubt sie „eine symbolische ‚Beseitigung aller‘, die dem Leser ‚im Wege stehen‘, ihn ‚beleidigt‘ oder ‚geschädigt‘ haben", und das heißt: sie erlaubt eine Beseitigung der „Mächtigen und Reichen"; insofern werden die realen gesellschaftlichen Konflikte in einem ‚fiktiven Klassenkampf‘ aufgehoben (S. 314 und 322). Die erwarteten Aggressivitätswerte (hoch *vor*, kurzfristig niedrig – oder wenigstens niedriger – *nach* der Lektüre) sind nicht überprüft.

Es ist deutlich, daß die beiden Positionen einander in einem wichtigen Punkt widersprechen, und zwar in der festgestellten bzw. vorhergesagten postkommunikativen Aggressivität (jedenfalls dann, wenn die von Geiger registrierten Antworten als Indikator erhöhter Aggressivität anerkannt werden). Damit – wie auch mit ihrer Ausrichtung auf das Thema der Gewalt – sind sie typisch für die gesamte Wirkungsforschung, die sich weitgehend um die Pole „Katharsis-Hypothese" und „Stimulations-Hypothese" organisiert hat.

Nach der (von Kellner vertretenen) Katharsis-Hypothese besitzt der Medienkonsum Ventilfunktion; er nimmt sie dadurch wahr, daß er erlaubt, in der Phantasie reale Versagungen zu kompensieren, reale Wünsche zu erfüllen. Grundlage ist im allgemeinen das Persönlichkeitsmodell der Psychoanalyse, das schon im Autoritarismusbegriff impliziert ist und ja viele Einzelzüge der Texte verstehbar macht. Die so gestützte Hypothese findet allerdings im vorliegenden Zusammenhang keine empirische Bestätigung.

Geigers Ergebnisse sprechen dagegen für die Auffassung, daß Medieninhalte (z. B. aggressive) Einstellungen und Handlungen anregen, fördern und verstärken können – eine Auffassung, die sich sowohl aus der Lerntheorie als auch aus den besonders intensiv diskutierten Gleichgewichtstheorien ableiten läßt. (vgl. Dröge et al. ²1973). – Es soll im Folgenden jedoch nicht darum gehen, die verschiedenen Ansätze unter dem Aspekt ihrer Adäquanz, Reichweite und eventuellen Vereinbarkeit zu erörtern. Stattdessen wird über eine neue, äußerst fruchtbar erscheinende Konzeption berichtet, die die gesamtgesellschaftlich relevante, integrative Sozialisations- und Kontrollfunktion der Medien ins Zentrum der Aufmerksamkeit rückt.

Ausgangspunkte sind die Kriminalitätsdarstellung im Fernsehen (genauer: in allen Sendungstypen des Massenprogramms) und die in der Bevölkerung verbreiteten Vorstellungen über Kriminalität:

– Der Straftäter (so die Tendenzen des vom Fernsehen vermittelten Bildes) ist ein negativ gezeichneter Charakter. Er ist „männlich, erwachsen, einheimisch, intelligent, äußerlich und von seinem physischen und psychischen Gesundheitszustand her überwiegend unauffällig"; er ist „materiell gut gestellt und eher der sozialen Mittelschicht/Oberschicht zuzuordnen" (Stein-Hilbers 1977, S. 90). Das Verbrechen erklärt sich weder aus der Lebensgeschichte noch aus dem gesellschaftlichen Kontext; es entsteht vielmehr aus der hypostasierten Persönlichkeit oder aus momentanen individuellen Konflikten. Es ist nichtsdestoweniger geplant. – Gewaltdelikte dominieren, und sie können als um so bedrohlicher empfunden werden, als die relativ positiv beurteilten Opfer unschuldig, unbeteiligt und hilflos dem Täter ausgeliefert sind. – Die einzige mit der Verbrechensbekämpfung befaßte Instanz ist die Kriminalpolizei (selten ein Privatdetektiv oder das Gericht); sie wird generell und in ihren Einzelvertretern positiv bewertet, zuweilen idealisiert. Ihre Arbeit ist das unentbehrliche, erfolgreiche Mittel, die Kriminalitätsrate zu senken und die gesellschaftliche Ordnung aufrechtzuerhalten. – Die weitgehende Übereinstimmung mit den Inhalten des Heftromans ist evident.

– Nach einschlägigen Umfragen verbindet die Bevölkerung mit Kriminalität am ehesten Gewaltkriminalität (unter 5 % der amtlich registrierten strafbaren Taten); sie betrachtet sie als ständig ansteigend, überschätzt ihre Häufigkeit stark und sieht in ihr eine konkrete Gefährdung, „die das Handeln von Menschen in ihrer Alltagspraxis bestimmt". Sie macht „für die Entstehung kriminellen Verhaltens vor allem Straftäter selber, ihre familiären Verhältnisse oder zu ‚weiche' Sanktionen verantwortlich" und lehnt jeden Kontakt zu ihnen, den Straftätern, strikt ab. Schließlich hält sie staatliche Repressionsmaßnahmen – das sind im wesentlichen polizeiliche Maßnahmen – zur Bekämpfung der Kriminalität für notwendig. Anzufügen ist: „Je schlechter Ausbildung und Einkommen und je höher das Alter der Befragten, desto rigider und repressiver" sind im allgemeinen diese Einstellungen (Stein-Hilbers 1977, S. 4 f.). Um beide Sachverhalte miteinander zu verknüpfen, entwickeln Schneider und Stein-Hilbers die jetzt zu referierende Argumentation: Der Einzelne erwirbt Wissen – Ideen, Meinungen, Einstellungen usw. – durch eigene Erfahrungen, aber auch durch „Mitteilungen". Mitteilende Institutionen sind Familie, Schule, Kirchen, Berufsgruppen, Polizei, Justiz und die verschiedenen Medien. Mit steigender gesellschaftlicher Komplexität verringert sich

Dem entspricht, daß die kriminelle Karrriere auf die Planung und den Vollzug der Tat sowie die Überführung des Täters verkürzt wird und daß der Rechtsbrecher sozial desintegriert, d. h. ledig und nicht berufstätig, ist.

118

der Anteil des direkt Erfahrenen am gesamten Wissensbestand; zugleich erlangen die Medien infolge ihrer Reichweite und Nutzung sowie ihrer „Vorgaben" für die genannten anderen Institutionen den Rang eines zumindest partiellen Informationsmonopols (Stein-Hilbers 1977, S. 12f.). Auf das diskutierte Thema angewendet: Eigenerfahrungen mit Kriminalität (zumal Gewalt- und darunter Tötungsdelikten), ihren Ursachen und ihrer Bekämpfung liegen nur punktuell vor, und sie erklären nicht die aufgezählten Vorstellungen, die einerseits sehr detailliert sind, andererseits die Realität systematisch verzerren. Für die Annahme, daß diese Vorstellungen – unbeschadet individuell unterschiedlicher Wahrnehmungs- und Verarbeitungsprozesse – wesentlich von den Medieninhalten vermittelt, bestätigt und verstärkt werden, spricht u. a. deren gleichförmige Verzerrungstendenz.

Wissen (im hier gemeinten weiten Sinn) strukturiert soziales Handeln. Das Wissen über Kriminalität prägt die Verhaltensweisen gegenüber Straftätern und staatlichen Kontrollorganen, und zwar derart, daß erstere gemieden, letztere unterstützt werden (z. B. durch Anzeigeerstattung); da es Einschätzungen enthält, die „die Risiken des Normbruchs" für den Täter, „die Gefahren des Verbrechens" für das einzelne Gesellschaftsmitglied übertreiben, begünstigt es „eine Tendenz zum Mißtrauen gegenüber anderen und zur sozialen Selbstisolierung, die Forderung nach einer Intensivierung der sozialen Kontrolle und erhöhte Gehorsamsbereitschaft gegenüber den etablierten Herrschaftsinstanzen", kurz: es fördert Konformität und legitimiert geltende Normen- und Kontrollsysteme (Pfeiffer/Scheerer 1979, S. 125). – Es ist wohl sinnvoll, die Argumentation auf andere Medien und Wissensbereiche (etwa die literarische Gestaltung der Geschlechtsrollenproblematik) anzuwenden, und das heißt: auch für die Trivialliteratur Sozialisationsfunktionen zu vermuten.

Schlußbemerkungen

Die Entscheidung, den Heftroman als Beispiel für gegenwärtige Erscheinungsformen des Trivialromans, den Trivialroman als Beispiel für die Trivialliteratur überhaupt zu wählen, war pragmatisch begründet. Sie soll nicht vergessen lassen, daß auch Zeitungs-, Zeitschriften- und nach Vertriebsarten und/oder Publikum unterscheidbare Buchromane (z. B. Leihbibliotheksromane, Jugendliteratur) wichtige Untersuchungsgegenstände sind. Sie soll ebensowenig vergessen lassen, daß parallel zum Roman und in stetem wechselseitigem Austausch mit ihm eine Reihe dramatischer Genres sich entwickelt hat: das empfindsame oder rührende Lustspiel (sentimental comedy, comédie larmoyante), das Rührstück, die Räuber- und Ritterdramen, das Volksstück. Diese Genres vollständig zu behandeln, würde verlangen, ihre Verankerung in der europäischen Theatergeschichte (Fastnachtsspiel, commedia dell'arte, barockes Drama, Oper und Operette, Laienspiel) zu erhellen; es würde erfordern, sie – da sie von Hörfunk, Film und Fernsehen übernommen und modifiziert wurden – in deren Entwicklungszusammenhang zu stellen. Punktuell ist auf solche Aspekte verwiesen. – Während Roman und Drama (bzw. Film) aus demselben Repertoire von Stoffen, Motiven und Figuren schöpfen und insoweit gemeinsam analysierbar sind, bietet sich von ihnen her kein direkter Zugang zu den erzählenden und lyrischen Kleinformen (Witz, Anekdote, Ballade, Bänkelsang, Volkslied, Schlager); sie einzubeziehen, war im gegebenen Rahmen nicht möglich.

Dieser Rahmen gestattete auch nicht, die Frage nach der historischen Entwicklung von Produktion, Vertrieb und Leserschaft zu beantworten. Die einzelnen Angaben müssen, was Produktion und Vertrieb betrifft, in einen zweihundertjährigen Prozess eingeordnet werden, dessen bewegende Kräfte Industrialisierung und „Kapitalisierung" sind. Er manifestiert sich in verstärkter Arbeitsteilung, in Kapazitätsausweitung und wirtschaftlicher Konzentration, in der Ablösung des Kolporteurs durch Buch- und Zeitschriftenhandlungen, Büchervereine, kommunale, konfessionelle und kommerzielle Leihbibliotheken sowie Buchgemeinschaften. Er bringt für den Autor eine Veränderung der beruflichen und finanziellen Situation („freies Schriftstellertum", Urheberrecht), vor allem aber eine „Entsubjektivierung", die mit dem Individualismus, dem Fortleben „handwerklicher" Arbeitsweisen im Bereich der kanonisierten Literatur kontrastiert. – Die Entwicklung der Leserschaft läßt sich zunächst als Erweiterung und Differenzierung erfassen, dann als Wandel in den Lektüreinteressen. Die Erweiterung erklärt sich aus der Bevölkerungszunahme und der Alphabetisierung. Die Differenzierung, d. h. die Existenz von mindestens zwei Leserschaften mit spezifischen inhaltlichen Präferenzen, Vertriebs- und Herstellungssystemen (angedeutet mit dem Begriff der zwei Kulturen), ist verursacht durch Unterschiede im familiären Milieu, in der Schulbildung, den Arbeitsbedingungen (Arbeitszeit und -belastung), in der Freizeitgestaltung und in den Einkommensverhältnissen (Buchpreise); die Grenzen und Überlappungen zwischen den Lesergruppen im besonderen, den entsprechenden Kommunikationsnetzen im allgemeinen bedürfen freilich noch der Präzisierung. Der Wandel der Lektüreinteressen ist, von den Stoffen her, als allmähliches „Absinken" zu beschreiben; von den unteren sozialen Schichten her gesehen, signalisiert er die Übernahme bürgerlicher Themen und bürgerlicher Wertvorstellungen. Er kann so als Ausdruck einer gesamtgesellschaftlichen Formierung gedeutet werden.

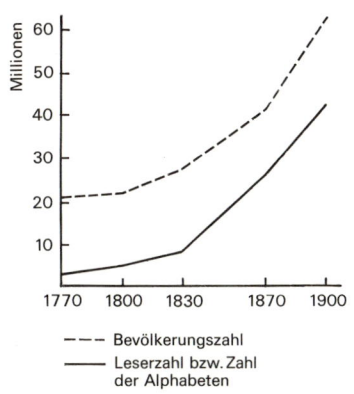

Zahl der potentiellen Leser in Deutschland (geschätzte Höchstwerte nach Schenda 1970, S. 444)

Literaturverzeichnis

Adorno, Th. W.: Studien zum autoritären Charakter. Frankfurt a. M., 1973.

Albert, H. u. E. Topitsch (Hg.): Werturteilsstreit. Darmstadt, 1971.

Anzengruber, L.: Anzengrubers Werke in zwei Bänden. Berlin-Weimar, ²1977.

Apell, J. W.: Die Ritter-, Räuber- und Schauerromantik. Zur Geschichte der deutschen Unterhaltungs-Literatur. Leipzig, 1859 (Nachdruck: Leipzig 1967).

Arbeitsgruppe Massenliteratur: Verwertbare Unmündigkeit. Zur Romanheftserie Jerry Cotton. In: Ästhetik und Kommunikation 5/6 1972.

Asimov, I.: Plädoyer für Science-fiction. In: Der Spiegel Nr. 11/Jg. 26 (6. 3. 1972).

Auerbach, E.: Vier Untersuchungen zur Geschichte der französischen Bildung. Bern, 1951.

Baumgärtner, A. C. (Hg.): Lesen – ein Handbuch. Lesestoff – Leser und Leseverhalten – Lesewirkungen – Leseerziehung – Lesekultur. Hamburg, 1973.

Böschenstein-Schäfer, R.: Idylle. Stuttgart, ²1977.

Broch, H.: Dichten und Erkennen. Essays. Gesammelte Werke Bd. 6. Zürich, 1955.

Bürger, C.: Textanalyse als Ideologiekritik. Zur Rezeption zeitgenössischer Unterhaltungsliteratur. Frankfurt a. M., 1973.

Charle, C.: L'expansion et la crise de la production littéraire (2e moitié du 19e siècle). In: Actes de la recherche en sciences sociales 4 (juillet 1975).

Conrad, H.: Die literarische Angst. Das Schreckliche in Schauerromantik und Detektivgeschichte. Düsseldorf, 1974.

Davids, J.-U.: Das Wildwest-Romanheft in der Bundesrepublik. Ursprünge und Strukturen. Tübingen, 1969.

Dröge, F., Weißenborn, R. u. H. Haft: Wirkungen der Massenkommunikation. Frankfurt a. M., ²1973.

Eberlein, G.: Das Bild der Unternehmerin in deutschen Banalromanen der Gegenwart. In: Soziale Welt 15/1964.

Egenter, R.: Kitsch und Christenleben. Ettal, 1950.

Eibl, K.: Kritisch-rationale Literaturwissenschaft. Grundlagen zur erklärenden Literaturgeschichte. München, 1976.

Ellerbrock, B., Ellerbrock, J. u. F. Thieße: Perry Rhodan. Untersuchung einer Science-fiction-Heftromanserie. Gießen, 1976.

Emrich, W.: Geist und Widergeist. Wahrheit und Lüge der Literatur. Frankfurt a. M., 1965.

Escarpit, R.: L'image historique de la littérature chez les jeunes. Problèmes de tri et de classement. In: Littérature et société. Problèmes de méthodologie en sociologie de la littérature. Brüssel, 1967.

ders.: Sociologie de la littérature. Paris, ⁵1973.

Foucault, M.: Surveiller et punir. Naissance de la prison. Paris, 1975.

Frege, G.: Funktion, Begriff, Bedeutung. Fünf logische Studien. Hg. und eingeleitet von G. Patzig. Göttingen, 1969.

Frenssen, G.: Jörn Uhl. Rastatt, 1958.

Fröhner, R.: Das Buch in der Gegenwart. Eine empirisch-sozialwissenschaftliche Untersuchung. Gütersloh, 1961.

Gaida, E.: Belletristische Heftreihenliteratur in der DDR. Eine erste Bestandsaufnahme. In: Weimarer Beiträge 1970/12.

Ganghofer, L.: Das Schweigen im Walde. München–Zürich, 1977.

Gattégno, J.: La science-fiction. Paris, ²1973.

Genin, L. E.: Die volkstümliche deutsche Räuberdichtung im 18. Jahrhundert als Protest gegen den Feudalismus. In: Weimarer Beiträge 6/1960.

Gerhard, U.: Verhältnisse und Verhinderungen. Frauenarbeit, Familie und Rechte der Frauen im 19. Jahrhundert. Frankfurt a. M., 1978.

Giesz, L.: Phänomenologie des Kitsches. München, ²1971.

Girardi, M.-R., Neffe, L. K. u. H. Steiner (Bearbeiter): Buch und Leser in Deutschland. Eine Untersuchung des DIVO-Instituts, Frankfurt a. M. (= Schriften zur Buchmarkt-Forschung 4). Gütersloh, 1965.

Goethe, J. W.: Autobiographische Schriften. Erster Band (= Goethes Werke. Band IX). Hamburg, ⁵1964.

Greiner, M.: Die Entstehung der modernen Unterhaltungsliteratur. Studien zum Trivialroman des 18. Jahrhunderts. Reinbek, 1964.

Hackforth, J.: Massenmedien und ihre Wirkungen. Kommunikationspolitische Konsequenzen für den publizistischen Wandel. Literaturexpertise. Bibliographie. Göttingen, 1976.

ders.: Wirkungsforschung ja, aber anders! Plädoyer für eine alternative Forschungsstrategie. In: Bertelsmann Briefe 92/1977.

Hartmann, N.: Ethik. Berlin, ³1949.

ders.: Ästhetik. Berlin, 1953.

Hebbel, F.: Hebbels Werke. Achter Teil. Ästhetische und kritische Schriften. Herausgegeben von Theodor Hoppe. Berlin–Leipzig, o. J.

Hein, J.: Dorfgeschichte. Stuttgart, 1976 (= Sammlung Metzler 145).

Henning, F.-W.: Die Industrialisierung in Deutschland 1800 bis 1914. Paderborn, ³1976.

Hessen, J.: Lehrbuch der Philosophie. Zweiter Band: Wertlehre. München, 1948.

Hirsch, E. D.: Validity in interpretation. New Haven–London, 1967.

Hirsch, W.: The image of the scientist in science fiction: A content analysis. In: American Journal of Sociology 63/5 1958.

Hofmann, W.: Universität, Ideologie, Gesellschaft. Beiträge zu einer Wissenschaftssoziologie. Frankfurt a. M., 1968.

Hofstätter, P. R.: Gruppendynamik. Die Kritik der Massenpsychologie. Hamburg, 1957.

Horowitz, R.: Vom Roman des Jungen Deutschland zum Roman der Gartenlaube. Breslau, 1937.

Hügel, H. O.: Untersuchungsrichter – Diebsfänger – Detektive. Theorie und Geschichte der deutschen Detektiverzählung im 19. Jahrhundert. Stuttgart, 1978.

Kaupp, W.: Plädoyer für die Unterhaltungsliteratur. In: Börsenblatt für den deutschen Buchhandel 31/1975, Heft 40, 43, 45, 47.

Kayser, W.: Entstehung und Krise des modernen Romans. Stuttgart, ²1955.

ders.: Die Vortragsreise. Studien zur Literatur. Bern, 1958.

Keller, G.: Der grüne Heinrich. (Sämtliche Werke und ausgewählte Briefe 1. Band). München, ²1963.

ders.: Sämtliche Werke und ausgewählte Briefe. Drei Bände. Hg. von C. Heselhaus. München, ²1963.

Kellner, R.: Schlachtfeld Heftroman. Der Abenteuer- und Kriminalroman als Beispiel zielgerichteter Aggression. In: Grimm, G. (Hg.): Literatur und Leser. Theorien und Modelle zur Rezeption literarischer Werke. Stuttgart, 1975.

Ketelsen, U. K.: Völkisch-nationale und nationalsozialistische Literatur in Deutschland 1890–1945. Stuttgart, 1976.

Kienzle, M.: Der Erfolgsroman. Zur Kritik seiner poetischen Ökonomie bei Gustav Freytag und Eugenie Marlitt. Stuttgart, 1975.

Kierkegaard, S.: Die Wiederholung. Die Krise. Reinbek, 1961.

Kirchner, J.: Redaktion und Publikum. Gedanken zur Gestaltung der Massenzeitschrift im 19. Jahrhundert. In: Publizistik. Festschrift für Emil Dovifat. Bremen, 1960.

Klockhaus, R.: Soziale Dispositionen und Sozialisationschancen der Massenmedien. In: Ronneberger, F. (Hg.): Sozialisation durch Massenkommunikation. Der Mensch als soziales und personales Wesen. Band IV. Stuttgart, 1971.

Kreuzer, H.: Trivialliteratur als Forschungsproblem. In: Deutsche Vierteljahresschrift für Literaturwissenschaft und Geistesgeschichte 41/1967.

Kunkel, K.: Ein artiger James Bond. Jerry Cotton und der Bastei Verlag. In: Vogt, J. (Hg.): Der Kriminalroman. Zur Theorie und Geschichte einer Gattung. 2. Band. München, 1971.

Langenbucher, W. R.: Der aktuelle Unterhaltungsroman. Beiträge zu Geschichte und Theorie der massenhaft verbreiteten Literatur. Bonn, 1964.

Leinfellner, W.: Einführung in die Erkenntnis- und Wissenschaftstheorie. Mannheim, [2]1967.

Lotze, R. H.: Lotzes Mikrokosmos. In Auswahl herausgegeben von Dr. O. Richter. O. O., o. J. (1908).

Mandrou, R.: De la culture populaire aux 17e et 18e siècles. Paris, [2]1975.

Marlitt, E.: Reichsgräfin Gisela. München, 1974.

dies.: Im Hause des Kommerzienrates. Illustrationen von Heinrich Schlitt. Mit einem Vor- und Nachwort von J. Schulte-Sasse u. R. Werner. München, 1977.

Marsch, E.: Die Kriminalerzählung. Theorie – Geschichte – Analyse. München, 1972.

Marx, K.: Einleitung zur Kritik der politischen Ökonomie. In: Marx, K., Engels, F.: Werke. Bd. 13. Berlin, 1964.

Mayer, G.: Buch und Lesen 1973. Ergebnisse einer Umfrage des Ifak-Instituts, Wiesbaden. In: Bertelsmann Briefe 81/1974.

Meschkowski, H.: Einführung in die moderne Mathematik. Mannheim, [3]1971.

Möser, J.: Patriotische Phantasien I. Historisch-kritische Ausgabe in 14 Bänden, Bd. 4. Oldenburg–Berlin, o. J.

Motte-Haber, H. de la (Hg.): Das Triviale in Literatur, Musik und Bildender Kunst. Frankfurt a. M., 1972.

Müller-Fraureuth, C.: Die Ritter- und Räuberromane. Ein Beitrag zur Bildungsgeschichte des deutschen Volkes. Halle, 1894.

Müller-Seidel, W.: Probleme der literarischen Wertung. Über die Wissenschaftlichkeit eines unwissenschaftlichen Themas. Stuttgart, 1965.

ders.: Wertung und Wissenschaft im Umgang mit Literatur. In: Der Deutschunterricht 21/1969 Heft 3.

Narcejac, T.: Le roman policier. In: Encyclopédie de la Pléiade. Histoire des littératures III. Paris, 1958.

Neuschäfer, H.-J.: Bürgerliche Populärromane im 19. Jahrhundert. München, 1976.

Oesterreich, D.: Autoritarismus und Autonomie. Untersuchungen über berufliche Werdegänge, soziale Einstellungen, Sozialisationsbedingungen und Persönlichkeitsmerkmale ehemaliger Industrielehrlinge. Band II. Stuttgart, 1974.

Ortega y Gasset, J.: Der Aufstand der Massen. Hamburg, 1956.

Pascal, B.: Pensées et opuscules. Paris, o. J. (1963).

Pfeiffer, D. u. S. Scheerer: Kriminalsoziologie. Eine Einführung in Theorien und Themen. Stuttgart–Berlin–Köln–Mainz, 1979.

Pleyer, P.: Die James-Bond-Filme als Spiegel gesellschaftlicher Dispositionen. In: Publizistik 13/1968.

Poe, E. A.: Rezensionen II. Das gesamte Werk in zehn Bänden, Bd. 7. Olten–Freiburg i. Br., 1976.

Praz, M.: Liebe, Tod und Teufel. Die schwarze Romantik. 2 Bände. München, 1970.

Rarisch, I.: Industrialisierung und Literatur. Buchproduktion, Verlagswesen und Buchhandel in Deutschland im 19. Jahrhundert in ihrem statistischen Zusammenhang. Berlin, 1976.

Reiwald, P.: Die Gesellschaft und ihre Verbrecher. Neu herausgegeben mit Beiträgen von H. Jäger und T. Moser. Frankfurt a. M., 1973.

Riffaterre, M.: Analyse von Baudelaires „Les chats". In: Sprache im technischen Zeitalter 29/1969.

Rossbacher, K.: Heimatkunstbewegung und Heimatroman. Zu einer Literatursoziologie der Jahrhundertwende. Stuttgart, 1975.

Rucktäschel, A. u. H. D. Zimmermann (Hg.): Trivialliteratur. München, 1976.

Scheler, M.: Der Formalismus in der Ethik und die materiale Wertethik. Neuer Versuch der Grundlegung eines ethischen Personalismus. Gesammelte Werke, Bd. 2. Bern, [4]1954.

Schenda, R.: Volk ohne Buch. Studien zur Sozialgeschichte der populären Lesestoffe 1770–1910. München, 1977.

Schiller, F.: Erzählungen/Theoretische Schriften. Sämtliche Werke, Bd. 5. München, [4]1967.

Schmidtchen, G.: Lesekultur in Deutschland. Ergebnisse repräsentativer Buchmarktstudien für den Börsenverein des Deutschen Buchhandels. In: Börsenblatt für den Deutschen Buchhandel (Frankfurter Ausgabe) 70/1968, S. 1977–2152.

ders.: Lesekultur in Deutschland 1974. Soziologische Analyse des Buchmarktes für den Börsenverein des Deutschen Buchhandels. In: Börsenblatt für den Deutschen Buchhandel (Frankfurter Ausgabe) 39/1974.

Schneider, H. J.: Kriminalitätsdarstellung im Fernsehen und kriminelle Wirklichkeit. Bericht über die Ergebnisse einer empirisch-kriminologischen Teamforschung. Opladen, 1977.

Schober, R.: Zum Problem der literarischen Wertung. In: Weimarer Beiträge 19/1973 Heft 7.

Schönbach, K., Fischer, M., Bodenstein, R. u. A. Bendler: Zur Funktion der Romanhefte. Eine Studie zur Charakterisierung von Romanheftlesern. In: Publizistik 16/1971.

Schopenhauer, A.: Parerga und Paralipomena: kleine philosophische Schriften II, 2. Werke in zehn Bänden. Band X. Zürich, 1977.

Schücking, L. L.: Soziologie der literarischen Geschmacksbildung. Bern–München, [3]1961.

Schulte-Sasse, J.: Die Kritik an der Trivialliteratur seit der Aufklärung. Studien zur Geschichte des modernen Kitschbegriffs. München, 1971a.

ders.: Literarische Wertung. Stuttgart, 1971b.

123

Škreb, Z.: Welches gesellschaftliche Kollektivbe-
dürfnis befriedigt die Detektivgeschichte? In:
Lange, V./Roloff, H.-G. (Hg.): Dichtung – Sprache – Gesellschaft. Akten des IV. Internationa-
len Germanisten-Kongresses 1970 in Prince-
ton. Frankfurt a. M., 1971.

Stegmüller, W.: Wissenschaftstheorie. In: Diemer,
A./Frenzel, I. (Hg.): Philosophie. Frankfurt a. M.,
1958.

Stein-Hilbers, M.: Kriminalität im Fernsehen. Eine
inhaltsanalytische Untersuchung. Stuttgart,
1977.

Stock, F.: Kotzebue im literarischen Leben der
Goethezeit. Polemik – Kritik – Publikum. Düsseldorf, 1971.

Suchsland, P. (Hg.): Deutsche Volksbücher in drei
Bänden. Berlin–Weimar, 1968.

Sue, E.: Die Geheimnisse von Paris. Mit einem
Nachwort von N. Miller und K. Riha. 2 Bde.
München, 1974.

Szondi, P.: Hölderlin-Studien. Mit einem Traktat
über philologische Erkenntnis. Frankfurt a. M.,
²1970.

Teckentrup, K. H.: Das sogenannte Triviale. Daten
zum Bereich der Unterhaltung aus der Studie
„Kommunikationsverhalten und Buch" die im
Auftrag der Bertelsmann-Stiftung von der Infra-
test-Medienforschung durchgeführt wurde. In:
Bertelsmann Briefe 99/1979.

Ueding, G.: Glanzvolles Elend. Versuch über
Kitsch und Kolportage. Frankfurt a. M., 1973.

Ullrich, H.: Robinson und Robinsonaden. Bibliographie, Geschichte, Kritik. Weimar, 1898.

Unholzer, G.: Kommunikationsverhalten und
Buch. Eine intermediale Untersuchung im Auftrag der Bertelsmann-Stiftung, durchgeführt
von der Infratest-Medienforschung München.
In: Bertelsmann Briefe 96/1978.

Weimann, R.: Literaturgeschichte und Mytholo-
gie. Methodologische und historische Studien.
Berlin-Weimar, ³1974.

Weinmayer, B.: Frauenromane in der BRD. In:
Kürbiskern 1/1971.

Willenborg, G.: Von deutschen Helden. Eine
Inhaltsanalyse der Karl-May-Romane. Diss.
Köln, 1967.

dies.: Autoritäre Persönlichkeitsstrukturen in
Courths-Mahler-Romanen. In: Kölner Zeitschrift
für Soziologie und Sozialpsychologie 14/1962.

Willi, J.: Die Zweierbeziehung. Spannungsursa-
chen – Störungsmuster – Klärungsprozesse –
Lösungsmodelle. Analyse des unbewußten Zu-
sammenspiels in Partnerwahl und Paarkonflikt:
Das Kollusions-Konzept. Reinbek, 1975.

Wutz, H.: Zur Theorie der literarischen Wertung.
Kritik vorliegender Theorien und Versuch einer
Grundlegung. Tübingen, 1957.

Zängle, M.: Einführung in die politische Sozialisa-
tionsforschung. Paderborn, 1978.

Ziermann, K.: Romane vom Fließband. Die imperialistische Massenliteratur in Westdeutsch-
land. Berlin, 1969.

Zschokke, H.: Das Goldmacherdorf. Eine anmuti-
ge und wahrhafte Geschichte vom aufrichtigen
und wohlerfahrenen Schweizerboten. Ratin-
gen–Kastellaun–Düsseldorf, 1973.

Quellennachweis

Buchloh, P. G. u. J. P. Becker: Der Detektivroman.
Studien zur Geschichte und Form der englischen und amerikanischen Detektivliteratur.
Wissenschaftliche Buchgesellschaft, Darmstadt 1973.

Buono, O. del u. U. Eco (Hg.): Der Fall James
Bond 007 – ein Phänomen unserer Zeit. Deutscher Taschenbuch Verlag, München 1966.

Courths-Mahler, H.: Der Scheingemahl. (= corso
15011) Gustav Lübbe Verlag, Bergisch Gladbach
⁶1978.

Fohrbeck, K. u. A. J. Wiesand: Der Autorenreport.
dnb 11. © Rowohlt Taschenbuchverlag GmbH,
Reinbek bei Hamburg 1972.

Geiger, K. F.: Kriegsromanhefte in der Bundesrepublik Deutschland. Inhalte und Funktionen.
Tübinger Vereinigung für Volkskunde e. V., Tübingen 1974.

Hausen, K.: Die Polarisierung der „Geschlechtscharaktere". Eine Spiegelung der Dissoziation
von Erwerbs- und Familienleben. In: Rosen-
baum, H. (Hg.): Seminar: Familie und Gesell-
schaftsstruktur. Suhrkamp Verlag, Frankfurt
a. M. 1978.

Mettenleiter, P.: Destruktion der Heimatdichtung.
Typologische Untersuchungen zu Gotthelf, Au-
erbach, Ganghofer. Tübinger Vereinigung für
Volkskunde e. V., Tübingen 1974.

Nagl, M.: Science Fiction in Deutschland. Untersuchungen zur Genese, Soziographie und Ideologie der phantastischen Massenliteratur. Tübinger Vereinigung für Volkskunde e. V., Tübingen 1972.

Pehlke, M. u. N. Lingfeld: Roboter und Gartenlaube. Ideologie und Unterhaltung in der Scien-
ce-fiction-Literatur. Carl Hanser Verlag, München 1970.

Schramm, P. E.: Neun Generationen. Dreihundert
Jahre deutscher „Kulturgeschichte" im Lichte
des Schicksals einer Hamburger Familie (1648–
1948). 2 Bde. Vandenhoeck & Ruprecht, Göttingen 1963 f.

Schuhler, C.: Perry Rhodan – Auf Raketen zurück
in die Zukunft. In: Kürbiskern 1970, S. 588–597.

Waldmann, G.: Theorie und Didaktik der Trivialliteratur. W. Fink Verlags KG, München 1973.

Wellershoff, D.: Literatur und Lustprinzip. © 1973
by Verlag Kiepenheuer & Witsch Köln.

Wernsing, A. V. u. W. Wucherpfennig: Die „Groschenhefte": Individualität als Ware. © Akade-
mische Verlagsgesellschaft Athenaion, Wiesbaden 1976.

Wesollek, P.: Jerry Cotton oder „Die verschwie-
gene Welt". Untersuchungen zur Trivialliteratur
am Beispiel einer Heftromanserie. Abhandlun-
gen zur Kunst-, Musik- und Literaturwissenschaft, Bd. 205. Bouvier Verlag Herbert Grund-
mann, Bonn 1976.

Zimmermann, P.: Der Bauernroman. Antifeudalis-
mus – Konservatismus – Faschismus. Metzler-
sche Verlagsbuchhandlung, Stuttgart 1975.

Register

126

Bildnachweis

S. 27: Bayerisches Nationalmuseum, München. –
S. 28: Verlag Lintz & Co., Trier. – S. 31: aus Lotte-
H. Eisner, Die dämonische Leinwand. Kommuna-
les Kino, Frankfurt a. M. 1975. – S. 41: aus H. R.
Keating (Ed.), Crime Writers. British Broadcasting
Corporation, London 1978. – S. 66: Bayerische
Staatsbibliothek, Bamberg. – S. 76: Württember-
gische Landesbibliothek, Stuttgart. – S. 83: aus
E. Marlitt, Im Hause des Kommerzienrates. W.
Fink Verlags KG, München 1977. – S. 83: Bayeri-
sche Staatsbibliothek, Bamberg. – S. 87 aus E.
Marlitt, Im Hause des Kommerzienrates. W. Fink
Verlags KG, München 1977. – S. 91: Bayerische
Staatsbibliothek, Bamberg. – Alle anderen Ab-
bildungen: Bildarchiv Herder-Verlag.